博客

生性·生存·生态

赵雅文 / 著

中国社会科学出版社

图书在版编目（CIP）数据

博客：生性·生存·生态/赵雅文著 . —北京：中国社会科学
出版社，2008.7

ISBN 978-7-5004-7062-5

Ⅰ.博… Ⅱ.赵… Ⅲ.互联网络—传播媒介—研究 Ⅳ.G206.2

中国版本图书馆 CIP 数据核字（2008）第 101653 号

特约编辑	蓝垂华			
责任校对	蓝云翔　刘亚祺			
封面设计	李尘工作室			
版式设计	戴　宽			

出版发行　中国社会科学出版社

社　　址　北京鼓楼西大街甲 158 号　　邮　编　100720

电　　话　010—84029450（邮购）

网　　址　http://www.csspw.cn

经　　销　新华书店

印　　刷　新魏印刷厂　　　　　　　装　订　广增装订厂

版　　次　2008 年 7 月第 1 版　　　印　次　2008 年 7 月第 1 次印刷

开　　本　880×1230　1/32

印　　张　11.25　　　　　　　　　　插　页　2

字　　数　295 千字

定　　价　28.00 元

目　录

中编　博客生存

自 序

阵 痛
——从书名产生过程谈起

有过孩子的人都会有一种深刻感触：孩子好生，名字难起。本书的书名也经历了这样一个"难产"的过程，其实这也正是许多专家学者同样走过的路径。这个路径表面看是书名的不断变化与完善，但实质上是学术研究的逐渐拓展与延伸。

2005 年初，当我首次面对《互联网博客与播客产生的原因及发展态势研究》这个省部级社科基金备选课题的题目时便激起了一种"要征服它"的冲动，虽然是"被动应战"，但已转化成了一种内在的动力，从"要我研究"发展成为"我要研究"的"主动请战"。

顺利地拿到了这个研究课题后，我便开始了招兵买马、四处请教和广泛调研。半年之后，形成了第一个研究框架，包括博客形态、博客技术、博客真相、博客名人、博客赢利等系列内容，但这个框架更多着眼的是博客本质与生存状态的研究，没有走出原有命题的束缚，仍停留在"实务"层面上。再过半年，形成了第二个研究框架，在原有内容基础上增加了传播学理论与博客传播、博客伦理与道德、博客匿名与实名、博客自律与他律等博客生态环境的深入思考，这个框架提升了本书的理论层次，拓展了研究视野，使本书体系得以"立体"起来。又过半年，初稿完成,我起了一个暂定名《博客传播理论与实务》。说心里话,这个名字我一点儿都不满意,因为太死板、太直白,没有想像的空间,无法引起读者的兴趣。我认为,好听的书名并不仅仅是文学作品的专利,学术作品也应讲究起名的艺术。好的学术书名应该介于学术性与文学性之间,要比纯学术性的名字活泼一些,比纯文学性的名字严肃一些。于是我拿着书稿广泛征寻、征集既好听又恰当的书名,《博客传播研究论稿》、《博客传播学概论》和《博客经营管理概说》等都曾进入我的视线,但我对它们仍然都不满意。

书名的阵痛和我的困惑引起了我的研究生的极大关注和强烈兴趣,他们在每周的例行讨论中提出了重新梳理结构的启发性建议,于是我们从中发现了博客本性、博客现象和博客环境三个异常分明的逻辑层次。应该说,直到这时,也就是拿到课题的两年以后,其框架才真正明朗、清晰起来,于是我把它划分为生性、生存、生态三大板块,并结构成上、中、下三编,重新命名为大家如今看到的《博客:生性·生存·生态》。

这是我目前最为满意的名字。到此,孩子出生了,有了好名,也正式在中国社会科学出版社落了户口。书名伴随着课题研究的一路,有痛苦有欢笑,有苦闷也有欣喜,但最终是沉甸甸的收获。原来,幸福就在研究的路上,幸福就在研究的过程中。

赵雅文
2007 年 12 月 30 日于天津解味书斋

上　编

博　客　生　性

第一章

博客形态与形式

第一节　博客的基本形态

博客是个多元化、多词义、多形态的名词术语，最早来源于英文单词 Blog，是 Weblog（网络日志）的简称，是继 E-mail、BBS、ICQ 之后的一种新的网络传播方式，后来逐渐演变特指利用网络平台进行交流的群体，再后来又泛指网上的交往活动。博客这个概念一体多面、一词多义、一形多态。

一、第一种形态——名词 Blog

Blog，其最初也是最基本形态是指物的名词，是写在网络上的日记，是记录心灵的一种方式，因此它是一种传播现象。

二、第二种形态——名词 Bloger

Bloger，是对在网上写东西人的一种类别划分和圈定，是指写博客的人，它着眼的是表达主体，因此它是一种静态描述。

三、第三种形态——动名词 Bloging

Bloging，是 Blog 的动名词形式，指的是一种基于网络平台的交往活动，这种活动是双向互动的，侧重于过程，因此是一种动态展现。

四、第四种形态——动词 Blog

Blog，今天已成为一种表示博客行为与动作的词，指在 Blog 上写文章。如"今天你博客了吗?""如果稍不注意，你就将被博客"等。在这里，第一个博客是指"开博客"，为中性词；第二个博客是指"遭受嘲弄、羞辱和抨击"，① 为贬义词。

方兴东和王俊秀在他们的《博客：E 时代的盗火者》中上述四种形态都有所涉及：如第 21 页"'9·11'事件与博客的崛起"中的"博客"是名词，指的是一种传播方式；第 9 页"著名博客丹·吉尔默"中的"博客"也是名词，指的是撰写博客的人；第 50 页"博客'入侵'军队"中的"博客"是动名词，指的是网络交流的过程；第 18 页"美国参议院多数党领袖洛特被'博客'了"中的"博客"是动词，指的是批评和指责。

另外，在一段话里还可同时出现上述几种意义，如"随着 Bloging 快速扩张，Blog 的目的与最初的浏览网页心得已相去甚远。目前网络上数以千计的 Blogers 发表和张贴 Blog 的目的有很大的差异。"②

---

① ［美］休·休伊特（hugt hewitt）著，杨竹山、潘浩译：《博客：信息革命最前沿的定位》，中国铁道出版社 2006 年 8 月第 1 版，第 16 页。

② 我为博狂：《打造你的金牌博客》，中国时代经济出版社 2007 年 6 月第 1 版，第 6 页。

第二节　博客的基本类型

一、按存在方式分

方兴东和王俊秀在他们的《博客：E时代的盗火者》一书中，按存在方式将博客分为托管博客、独立博客和附属博客三类。

1. 托管博客

托管博客，无须自己注册域名、租用空间和编制网页，www.blogger.com 等提供这样的服务，是最"多快好省"的方式。

2. 独立博客

独立博客，是自建独立网站的博客，有自己的域名、空间和页面风格，需要一定的条件，如中国博客、博客中国、歪酷网等。

3. 附属博客

附属博客，是将自己的博客作为某一个网站的一部分、一个栏目、一个频道或一个地址，许多媒体网站都开始有了这样的举措。

当然，上述三类划分不是绝对的，三类之间也是可以演变的，甚至可以兼得，一人拥有多个博客网站。

二、按表现形式分

按表现形式，博客可分为文字博客、音（视）频博客和图片博客。

1. 文字博客

文字博客即我们常见的博客，是以文字表达为主的交流方式，这是博客的最初形式，也是最常见的形态，这种类型博客大约占博客的 90％以上。如名人博客中的徐静蕾博客、韩寒博客、潘石屹博客等都属这种类型。

2. 音（视）频博客

音（视）频博客就是博客的另一种表现形式——播客，它与博客的区别是在网络传播中使用了广播的音频和电视的视频，比文字博客更生动、形象和直观。这类博客一般所占比例较小，有名人也有普通人：名人如美国加州州长、前影星阿诺·施瓦辛格的播客，英国前首相布莱尔的播客，德国总理默克尔的播客；普通人如芙蓉姐姐的播客等。

3. 图片博客

图片博客是以图片为主、文字为辅的博客表达形式，这类博客又分为两种：一种是以美女或靓男自己形象为主的，一般形象较好，对博友具有强烈的吸引力和亲近感，但相比较于文字博客，给人的感觉是较直露浅白，缺乏思想深度，如名人博客中的郭敬明、李冰冰、袁立和苗圃等；还有一种是以拍摄新闻或风景图片为主的，这类博客平时外出较多，注意观察生活，一般很有文化品位、很惟美，通常以普通人居多。

三、按博客主体分

按主体性质，博客可分为名人与草根博客、个人与企业博客和专业与业余博客。

1. 名人与草根博客

从博客身份来看，博客可分为名人博客和草根博客。名人博客就是名人开的博客，这类名人主要包括 IT 界名人、文化界名人和演艺界名人，其中演艺界名人的社会知名度高，因此博客影响力也最大，如笔者 2006 年 8 月 20 日 17 时 20 分对新浪网站的博客排名统计发现，前 20 名中演艺明星占了 12 位，比例高达

60％。草根博客就是普通人开的博客，这类博客虽然总数占95％以上，但影响力却极小或根本没有影响力，基本上是处于自娱自乐状态，"是博客世界里沉默的大多数"，① 这与名人开博的塑造形象和商业炒作目的相比形成了鲜明对照，而且两者的开博人数与影响力恰恰构成了我们通常所见的"倒二八"结构。应该说，这不是一种正常现象，违背了博客初衷，也为博客的顺利发展埋下了隐患。

2. 个人与组织博客

从博客单位来说，博客可分为个人博客和组织博客。其中个人博客是博客的主体，这也是博客凸显个性、自由表达的初衷体现，上一种分类中的名人博客和草根博客都属于个人博客。但近几年许多单位或为经济效益、或为社会服务、或为树立形象纷纷以组织形式开博，如青岛啤酒"企业博客"、中国第一公安"政府博客"、《时尚健康》"媒体博客"等。组织博客是组织单位的产品、服务以及理念的扩大性表达，从某种程度上说既是组织传播的延伸与扩展，也是提升组织形象、提高竞争力和影响力的"软性广告"，因此越来越受到组织单位的喜爱和利用。由于Blog的沟通方式比电子邮件、讨论群组更简单和容易，因此越来越成为家庭、公司、部门和团队之间日益盛行的重要沟通工具。②

3. 专业与业余博客

从博客的职业上看，博客可分为专业博客和业余博客。专业博

---

① 方兴东、王俊秀：《博客：E时代的盗火者》，中国方正出版社2003年8月第1版，第47页。

② 我为博狂：《打造你的金牌博客》，中国时代经济出版社2007年6月第1版，第6页。

客是指那些职业属性分明的博客,这类博客经过一段时间自然会形成凝固的交流团体,即"博客圈",如IT圈、明星圈、作家圈、学者圈、商界圈、体坛圈等,这类博客大多为名人或有影响力的人;业余博客指那些在网络交流中职业属性不分明的博客,这类博客中普通人居多,一般以平常心开博,目的是为心灵的沟通与交流,虽然有职业但职业特点往往体现不清。

四、按使用用途分

按使用用途,博客可分为信息发布博客、交际沟通博客和商业经营博客三大类别。

1. 信息发布博客

信息发布博客是以发布信息为主的博客,这类博客的服务性较强,主要是针对大众和消费者的,如招聘博客、交通博客、汽车博客和食品博客等。

2. 生活交际博客

生活交际博客是人与人之间以沟通和交流为目的的博客,这类博客的个性化突出、表达方式迥异,有抱以平常心的,有急功近利的,有牢骚满腹的,也有出卖色相和危言耸听的,上面提到的名人博客和草根博客都属于这一类型。

3. 商业经营博客

商业经营博客是以商业往来为目的的博客,这类博客又可称为"企业博客",如服装纺织行业中的罗蒙西服博客、食品饮料行业中的古井集团博客、汽车汽配行业中的广州本田博客等。目前共有企业博客网 41713 个。[①]

---

① 数字来源于企业博客网 http://www.bokee.net/#1,2007 年 4 月 20 日。

五、按开博动机分

按使用动机，博客可分为表达政治理念、日常交流沟通、经济利益驱动、漫天炫耀吹嘘、转移社会压力和追求时尚掺和六大类型。

1. 表达政治理念

这类博客大多为政治家或政界人物，在西方有英国前首相布莱尔、德国总理默克尔、伊朗总统内贾德等政治风云人物，在中国有教育部副部长韦钰、海南省临高县县长符永等。如今博客已成为"政治的新通道、民主的宽桥梁"，成为政治家拉近与百姓距离的重要方式。

2. 日常交流沟通

这类博客是源于一种情感需求，它恰好体现了博客的初衷和本质，它的风格是清新、淡雅、轻松、率真、自如，应该说是进入了一种怡然自得的淡定境界，潘石屹、徐静蕾和吴小莉等就是这类博客的典范代表，他们的博客既不是生活的庸俗性实录，也不是卖弄和谩骂的胡闹，而是事业与生活的有内涵、有品位的"意义链接"。

3. 经济利益驱动

这类博客的动机对企业博客来说是最初的原动力，而对个人博客来说一开始是没有想法的，通常是在市场意识点拨下的滞后反映，如新浪博客点击量排名第一的徐静蕾就是在 3000 万点击率之后醒悟的。相对而言，IT 界著名评论家洪波觉醒得较早，2005 年就在自己的博客网页上挂上了"和讯网"的广告。

4. 漫天炫耀吹嘘

这类博客的动机主要是指那些怀有不正当开博野心和目的的，以演艺界明星为代表，如专报娱乐圈猛料的大嘴宋祖德的博客、拿同学周涛开涮的张彤博客、以自己身段取悦于人的"芙蓉姐姐"博客等，都是以炒作为能事，借曝名人隐私或自吹自擂之机大扬自己之名。

5. 转移社会压力

这类博客由于在生活和工作中压力较大，急于寻找"出口"进行释放，这种情况下人的缓解压力需求与博客的自由开放空间恰好形成了"一拍即合"的"默契"，于是便转而把博客当成了"释放压力和宣泄情感的渠道"，① 部分名人博客和大众博客均属于这种类型。

6. 追求时尚掺和

这类博客大多为20～40岁热衷于时髦和表面形式的中青年人，他们中有的人开博就是为了表明自己在新传播技术和方式上不落伍，而且开博既无过高技术要求也不收取费用，因此本着"不求打鱼图混水"的态度跟着起哄式地瞎"掺和"，② 写不写、多长时间更新一次没有过多考虑，基本上属于"半死不活"的"睡眠博客"。

六、按使用工具分

博客交流与发布目前有两大工具，一是固定的电脑，一是移动的手机。这样从设备使用上我们可以将博客分为固定博客和移动博客两大类。

固定博客就是我们大多数人在电脑上使用的博客功能，它主要以文字表达为主、图片传输为辅，一般来说较为正规，写作数

---

① 赵高辉:《博客传播中传者浅析》,《当代传播》2005年第3期。
② 老愚:《每一个个体都将成为发光的媒体》,《格言》2007年第2期，第21页。

量和传输内容不受限制。

移动博客（MobileBlog 或 Moblog）是建立在博客、可拍照手机与移动互联业务三者基础之上的一种以便捷手机为载体、以图片发布为内容的适宜于朋友之间的互动交流方式，它以大型无线日记社区为概念，向手机用户提供集体写日记、看他人日记、搜索日记和日记排行等众多功能。它以一种全新的形态出现在世人面前，打破了电脑和网线的束缚，可随时随地通过手机发表日志、上传手机图片、查看好友的精彩图片以及分享好友的心情日记。

第三节　博客的相关主体

自 1998 年博客在美国诞生以来，网络大家庭又增添了系列"客族"，如黑客、闪客、维客、炫客等，它们与博客同属一个"大家庭"，都是网络的延伸和扩展，其本质区别是博客的传播目的侧重于信息交流，而其他着眼于技术和物品交流。但他们在一起已"构成了风起云涌的网络亚文化浪潮"，也有人称之为流行的"客文化"。① 分析和了解这些与博客相关主体，使我们既能够清楚地认识到博客的生存大背景，也能准确找到自己的位置，更能知道自己与周边群体之间的关系。

一、黑客

黑客是个"让人感到神秘的名词"，有人说它是"黑夜里的不速之客"，是英文名词 Hacker 的音译，源于动词 Hack "劈"、

_____

① 邢珊：《"客文化"融入社区生活》，《每日新报》2007 年 4 月 12 日第 26 版。

"砍"原意引申后的"干了一件非常漂亮的事"的意义,原指"精通网络、系统、外设以及软硬件技术的人",专指"寻找并破解网络漏洞的人",享有"互联网的园丁"① 美誉;后来词义由褒义演变为贬义,特指非法闯入他人网络领域并发起攻击肆意破坏的人,有人称为"入侵者"。为与前期的黑客区分,有人将后期发展为专搞破坏的这种"入侵者"称为"骇客",并认为两者最根本的区别是:黑客们重在"建设",而骇客们重在"破坏"。

技术是一把双刃剑,当技术让黑客自鸣得意、骄傲无比的同时,也成了进攻和破坏他人网络空间的罪魁祸首。这些黑客高手,依靠高超的网络技术盗窃他人 QQ 号、篡改他人网络主页、骚扰他人电子邮件、阻塞用户消费和窃取银行密码等。特别是那些年少无知、爱自我表现的电脑天才们的"恶作剧"向网络安全发起挑战,直逼网络的基本保障和安全底线。黑客让人防不胜防、头痛无比,成了网络用户的"大敌",似"过街老鼠,人人喊打"。

黑客的危害极大,它的攻击目标不仅指向上述提到的个人邮件、网页和密码,而且还指向政府、金融和军事等组织网络,如美国司法部的网络主页就曾被纳粹标志所取代、美国空军网站也由于遭到黑客攻击不得不暂时关闭、美国金融界也由于计算机网络犯罪造成近百亿美元的经济损失。近几年来,我国网络受黑客侵犯事件也屡屡发生,且呈明显上升趋势,因此我们应加大对黑客和计算机犯罪的打击力度,加强对网络安全的防护,让黑客技术像一把利剑成为避免违法与犯罪的"预防工具"。

"黑客群"可细分为红客、蓝客和飞客。红客(honker)喜欢探索软件程序,是一群为捍卫中国的主权而战的黑客们,他们

---

① 引自《格言》2007 年第 10 期,第 64 页。

的精神是令人敬佩的、让人肃然起敬；蓝客指一些利用或发掘系统漏洞的人，带有强烈的爱国色彩；飞客经常利用程控交换机的漏洞，进入并研究电信网络，它对电信系统做出了很大的贡献。

二、闪客

闪客特指用 Flash 制作图片的技术高手，它源于 1999 年开设的"闪客帝国"个人网站的"Flash 论坛"，是有人无意说出的"闪客"一词激发了创建者边城浪子的灵感，于是还没等网站开通，"闪客"概念已深入人心、颇具影响力了。Flash 的中文也正有"闪"的意思，同时也对应传统静态图片有闪亮动人的意思。闪客与博客、播客等都是用来与别人交流思想与内心情感的，所不同的是博客用文字、播客用声音和图像，而闪客用动画图片。闪客们一般喜欢在晚上交流，每当夜幕降临，他们选择了"闪光"，用一种叫 Flash 的软件，把隐藏在心里那些若隐若现的伤感故事或幽默段子做成动画或 MTV，然后将这些作品传播到网上，或博得大家开怀一笑，或是赚取几滴眼泪。闪客大多为较为浪漫的人，注重情感沟通与交流，这从他们所选择的交流时间（晚上）、交流内容（悲喜故事）和传播方式（Flash）就可得到印证。

在个性化、情绪化急剧发展的今天，闪客一族与日俱增，他们利用网络大平台和 Flash 制作技术将自己的内心袒露于世人，日复一日，乐此不疲。

三、维客

维客是面向普通网民的一种多人协作式写作的系统工具，它诞生于 1995 年，其实就是用于超文本系统写作的计算机技术，它可以让大家通过共同修改网页的方式来实现知识的完善和经验共享,它具有内容开放、信息扩增、使用便捷和组织优化的特点。

维客站点的内容由广大网民自由贡献,这明显区别于以往媒体主要由记者、作家、专家提供内容。在内容积累上,维客充分发挥了普通网民的作用,这使它成为 web 2.0 潮流的典范代表之一。

目前世界上已有大量活跃的 wiki 站点,其中规模最大的维客系统是维基百科全书,从 2001 年 1 月开始至 2006 年 7 月,英文条目的积累超过了 120 万。在短短数年间造就了规模超越《大不列颠百科全书》和 Encarta(微软百科全书)的辉煌业绩。

四、炫客

炫客是一种将博客、播客、个人相册和闪客技术完美融合的网络应用,通过图片动态播放技术,用户可以轻松地将自己喜欢的一组图片串接起来,并配以相关的文字、音乐和特效以 Flash 短片的形式播放。这种 Flash 短片就是炫客作品,它可以很方便地展示在论坛、博客、个人主页等应用场合,它符合读图时代的阅读喜好,同时也顺应了移动互联网(Mobile-Internet)家庭娱乐的发展趋势。

炫客的进入门槛很低,不分年龄大小,不分技术高低,不分职业性质,只需掌握粗浅网络技术,只要乐于表达,谁都可以是炫客:小学女生可以把喜爱的明星照片串成炫客作品;耄耋老者可以把书法作品串成炫客作品;eBay 卖价可以把商品图片串成炫客作品;论坛高手可以把收集的搞笑图片制作成炫客作品;漫画大师可以将漫画创作以炫客的形式发布;年轻的妈妈可以直接把宝宝的相册导入成炫客作品,总之人人都可成为炫客。

与其他"客族"相比,炫客有着自己的明显特点:一是它的

"混血儿"构成：博客＋闪客＋播客＝炫客；二是它的移动性传播，可以随时随地通过手机订阅、阅读、制作、发布和与其他用户分享；三是它的家庭娱乐应用，丰富的图文内容可以在盛大易宝、三星电子相册等家庭多媒体终端中进行播放和欣赏；四是它的小众化传播，图片选择与注释能够引起志趣相投人的共鸣，形成传受之间固定化的小圈子；五是它的商业化价值，炫客作品是有效的广告载体，以适当的方式"植入"广告，可以有效地传达给受众群体。

五、换客

换客是借助网络技术进行物品交换的人及活动，它最初起源于古代"The Better And The Bigger"一种物与物交换的游戏，是一种资源共享与充分利用的交易方式，其中网站是它的"虚拟自由市场"，它一般只为换客提供交易的信息。据调查和统计，90％以上的交换行为发生在同一城市，并且绝大多数换客不约而同地选择了当面交易。

换客模式已成为 C2C 电子商务的一种有益补充，其本身一般不太注重物品之间的价格差异，而是强调那种远离金钱交易的温情，换客从中获取的不仅仅是那件可见的物品，更主要的是那种现代与时尚的感觉。

换客最著名的例子是 2005 年 7 月发生在美国、至今已传遍全球的"曲别针换别墅"的故事。故事主人公名叫凯尔·麦克唐纳，他是美国一个比萨店的店员，他首先用曲别针换取一支好看的鱼形笔，然后用这支笔换取一个小手工艺陶器，再然后又换来了烤炉、一大桶啤酒，之后是一次比一次更神奇，依次是雪地摩托车、一次远程旅行、录音签约，并最终在一位落魄女歌手那里换到了一栋两层别墅的一年居住权。这个故事告诉我们，在今天网络时代"一切皆有可能",只要肯付出,加上执著和努力,奇迹总会发生的。

这个充满温情、令人产生无限遐想的故事迅速在地球另一侧的中国传播开来,于是中国的互联网界瞬时诞生出数以万计的"换客"及相关网站。去年中国版的"曲别针换别墅"的故事在中国上演,但到最后人们发现是一场骗局。

此外,还有影响相对较小的酷客、彩客、拼客、威客、拍客、极客和奇客等。

酷客是点对点的一种传输;

彩客是专指移动手机的彩信式信息发布;

拼客是同类人的集中与合作;

威客是在网上从事知识买卖的人;

拍客是指用照相机记录生活片断和精彩瞬间的人;

极客是指思想开放、个性突出、追求自由的人;

奇客是指电脑网络的狂热爱好者。

第二章

博客功能与特征

第一节　博客的主要功能

一、记录情感功能

1. 博客的记录情感功能是由博客的个人化和生活化决定的

博客是传统个人日记的网络表达，只不过是从"私密"的本上搬到了"公开"的网上，因此除了"自己写自己看"转向了"自己写大家看"以外，其他方面没有本质的变化，基本上还是延续、凸显了它的情感表达作用。

传统日记主要记载的是个人情感、情绪与情态，而工作、事业与社会等事务是暗含其中的，情感、情绪与情态可能由生活和家庭直接导出，也可能由工作和事业间接牵引，但不管怎么样，或悲或喜、或急或缓、或浓或淡的个人情感是主线和灵魂。博客也是如此，完全封闭地脱离社会大背景的"小资"表达，缺乏深度，不会引起博友们的兴趣；反之，完全僵化地围绕工作"记流水账"，枯燥干巴，同样会引起博友们的反感。在这方面，徐静蕾的"老徐博客"是最具代表性的：老徐博客虽然也记录拍片过程和公司经营，但不是为记录工作而记录，其博客始终表达的是她在事业中、交往中、学习中和生活中的喜怒哀乐，或喜悦、或悲伤、或宣泄、或无奈，给人一种"淡淡的孤寂与清高"之感，正是因为此，她的博客仅112天就达到了1000万的点击量，如今仍以8627万点击量（2007年4月27日统计）高居新浪博客网的榜首。这是徐静蕾博客成功的根本原因，也是博客传播的作用所在。

2. 博客的记录情感功能有助于个人情绪的宣泄与和谐社会的构建

日记是一个人一生某个阶段喜怒哀乐的"情感轨迹"，但一般来说，"喜""乐"少、"怒""哀"多。据笔者经验和调查，人们的日记主要以记录"逆境"为主，约占每个人日记篇幅总数的90％以上，而记录"顺境"的较少，不到10％，这是因为每当人们面临"高兴事"时都处于极度兴奋状态，因此这时想到和做到的是开怀畅饮、尽情欢乐、不需反思，人们会忘记写日记；而每当面临"不如意事"时都处于痛苦、矛盾之中，因此这时往往是封闭自己、激烈斗争、反复权衡，人们通常要借助日记倾诉、宣泄。从这个意义上说，日记有排解情绪、调节心理的作用，有人称之为最便捷的"心理治疗师"。

这一"心理治疗"的优势与作用，在网上日记——博客中得到了更加淋漓尽致的展现。在这方面，博客有优越于传统日记的两大特点：一是阅读对象的广泛性，二是双向交流的互动性。这在当下人们压力重重、缺少缓冲的社会背景下，更具现实意义，其实博客1999年诞生于美国和2002年传入中国正是适应了社会的这种大背景。经济压力、家庭压力和就业压力等已使当代的许多年轻人不堪重负，于是博客就成为这种"重负"和压力的释放"出口"。据统计，目前我国近两千万博客中，90％为"上有老下有小"的中年人和正在读书和刚毕业不久的青年人，家庭压力、就业压力、工作压力、交际压力"一古脑"砸向他们，于是他们借助博客宣泄不满情绪、表达内心痛苦，甚至展现无聊与无奈。比如有的博友夜里一、两点钟不睡觉，等候徐静蕾的博客"主帖"，然后以最快速度"第一个跟帖"抢到"沙发"，虽然在论坛上抢"沙发"看起来是一件很浅薄、很无聊、也很低俗的事，但它却在某种程度上转移并缓解了这部分人的心理压力，正因为如此"偏偏有网友乐此不疲"，显示出一种笑看风云、"宠辱不惊的味道"与风格。[①]

在中国，明星开博已成为一种时尚，其实对他们来说也是一种必需。众所周知，演艺界最乱，是"花边新闻"和"潜规则"最集中的群体，因此也是竞争最为激烈、心理压力最大的群体，于是他们几乎不约而同地到博客里去寻找排泄压力的"出口"。如今明星博客占据着中国博客 80% 的点击量，占据着新浪博客排行榜的绝对优势，笔者 2006 年 8 月统计时，前 20 名中明星博客占 12 名。明星博客的成功，一方面在于他们先天具有的知名度，另一方面还在于博友们"集体窥视欲"的心理需求，正是明星们在博客中的生活描述和情感释放吸引了人们的关注，从这个角度说，是博友们承载了明星的情感倾诉、成全了明星的成名。

从这个意义上说，小而言之，博客有助于平衡、舒缓一个人的紧张情绪和失衡心理，有助于"博客个体"之间的关系协调；大而言之，博客有助于平抑社会矛盾和避免社会冲突，有助于整个社会的稳定与和谐。

二、沟通社会功能

博客与传统日记的本质区别是：后者是重在个人的"我——我交流"，是封闭的和私密的，而前者是与此恰恰相反，是开放

---

① 王佩：《无聊的沙发》，《格言》2007 年第 10 期，第 43 页。

的和互动的，是"个人参与社会组织和人际沟通的网络协同"，①
将个人置于有秩序和分类别的社会关系网络平台之上，因此它具
有社会沟通与交友功能。

　　博客是一种"自媒体"形式，它既具有个人表达的自由性，
又兼具媒体传播的扩散性，因此博客走出了传统日记的自我小天
地，投身到了社会大熔炉之中，同时也由阴暗封闭走向了阳光开
放，走向了与大众的交流与互动。如李亚鹏自 2006 年女儿出生
后，针对公众对女儿兔唇的关心，于 2006 年 8 月在博客上发表
了一系列信息向全社会披露女儿兔唇事件，回应大家的关心，并
积极筹建慈善基金会，这充分显示出博客的沟通与交流功能。再
如号称"博客大姐大"、"博客女王"② 的"老徐博客"，成了徐
静蕾与外界交流的平台，扩大了徐静蕾的交流半径和空间，如果
没有博客这个交流平台，徐静蕾无论如何也无法实现近九千万博
友的单向或多向互动，这主要源于博客这个带有私人性质的公共
交流平台的特有功能，也源于徐静蕾与众不同的交流内容与交流
方式。依靠互联网，通过"老徐博客"、"鲜花村网站"和《开
啦》电子杂志"这循序渐进的"三级跳"，徐静蕾成功地向近
9000 万中国人展示了自己作为演员和导演的影视事业，作为女
人和名人的心路历程，这不仅使她博得了冲天的人气，而且还赢
得了经济利益，促进了事业的快速发展。

　　徐静蕾博客的成功，彰显了她平易的人格魅力，也印证了博
客平台的延展性和开放性以及博客在人际交往与交流中的巨大

---

　　① 顺风、吴祐昕:《顺风新博客论——互联网 2.0 新思维》，东南大学出版社
2006 年 8 月第 1 版，第 4 页。

　　② 杨早、萨支山编:《话题 2006》，生活·读书·新知三联书店 2007 年 4 月第
1 版，第 11 页。

作用。

三、提升自我功能

博客作为一种媒体的新形式，具备媒介传播的所有功能特征，它不仅能够用来记录情感、沟通社会，还能够传播和构建知识体系，但它的知识传播与构建不同于传统大众媒体，是以个人知识构建为立足，旨在参与并融合社会知识，其目的是"为个人在知识时代参与知识经济、挖掘知识价值服务"，[①] 提升自我的学习能力和综合素质。

这在 IT 界和文化界名人博客中体现得最为明显：IT 界如把博客从美国引入我国的方兴东，他的博客不仅给人们带来了一种互联网新理念，而且还把博客知识与博客经济传授给了广大受众，建立起了系统的博客理论体系，此外 IT 界精英王志东、洪波等也在自己的博客里向广大博友解读了新经济知识、互联网技术以及媒介经营案例等；文化界如余秋雨、孔庆东、易中天等，从他们的博客中我们领略到了厚重的民族历史、深刻的文学内涵和隽永的人生哲理。

从这个意义上说，其实博客也是一种学习的工具和学习的渠道。孔子曰："三人行必有我师。"那么，在不计其数的互动博客中老师更是随处可见、随时可见，成了博友"随身携带的老师"。除了上述我们提到的 IT 界和文化界的名人博客以外，即使一般的普通人博客也都会受益无穷，虽然里面的内容可能不是他或她的原创，但他或她所提供的知识源头以及信息索引本身就是学习的一种帮助，再加上互联网超链接技术，完全实现了博客信息的

---

① 顺风、吴祐昕：《顺风新博客论——互联网 2.0 新思维》，东南大学出版社 2006 年 8 月第 1 版，第 5 页。

直接或间接连接,这样就等于有无数人在帮助你获取知识、寻找信息,真正形成了一个"学习化"的网络空间。

于是,在博客交流中你在提高着自己,你也在提高着别人,博友们彼此形成了互相依赖的"学习共同体"。

四、商业营销功能

伴随博客的迅猛发展和不断普及,博客越来越成为互联网最引人注目的关注点,"互联网注意力"越来越表现为"博客注意力"。鲜明的市场理念和商业意识使得人们也越来越认识到它的商机和经济价值,他们从"注意力"中看到了"点击量",从"点击量"中看到了滚滚的财源,于是人们从博客的记录情感、沟通社会和提升自我中转向更加重视它的赢利模式的探讨,更加重视博客技术平台对个人职业与事业的促进与帮助。

从博客个人角度看,最先意识到博客商业价值的是 IT 界著名评论家洪波,他于 2005 年在自己的博客网页上挂上了"和讯网"的广告,虽然广告价格才达四位数,但这已是方向和本质上的引导和证明。然后是博客点击量达到 3000 万时徐静蕾的觉醒,她不甘心成为别人"赚钱的工具",于是便向新浪网索要属于自己的那部分"应得利益",争论的结果是徐静蕾被迫采取了"狡兔三窟"的网络生存模式,在这种情况下"鲜花村"网站就成了她承载影视事业的更大平台和赢利空间。但目前这种个人博客市场化倾向还很不明显,一般只发生在极为少量的名人博客中。

从博客组织角度看,对博客经营高度重视和迅速启动的媒介机构是新浪网站。早在博客被引入我国不久,新浪网就看到了它潜在的巨大商机,于是总编辑陈彤就策划邀请名人加入新浪,并为他们专门开辟"名人博客"频道。据统计,目前新浪网已聚集 2000 多名人到此开博,占各大网站名人博客总数的 2/3,其点击率每天达几十万，徐静蕾、韩寒、潘石屹、李冰冰、李亚鹏、杨澜等一直在此"寄居"，如今名人博客频道已成为新浪网的知名品牌。"拉名人"加入博客，这的确是新浪的伟大创举，这种高瞻远瞩表明了他们对媒介传播规律和本质的深刻把握，这是媒介产品二次销售理论的具体而科学的运用。实际上，"拉名人"直接体现是拉人气、拉点击率，但间接体现的是"拉广告"和"拉效益"。打个比喻，名人以及他们的人气和点击率好似媒婆，广告好似"犹抱琵琶半遮面"躲在名人后面的腼腆姑娘，广告商往往要让受众打头阵去试探、考察市场，然后才做出决定是否露面"相亲"，是否与媒体"牵手联姻"。

将博客商业属性发挥到极致、充分体现博客应用价值的是企业博客（Corporate Blogging），企业博客是博客商业营销功能和最大经济效益的最集中体现。企业博客不同于一般的博客，是将最新的博客技术与商人及企业的实际需求相结合的一种与时俱进的产物，它不是简单地在原来电子商务网站的论坛中增加一个博客功能或者成为"商人文集"，而是立足商人和企业的实际应用，开创性地将博客的概念与电子商务有机地结合在一起，为企业构建一个真正意义上的网上商务与办公门户，它涵盖了企业的全部网上商务活动，并不只是限于"发布文章和日志"，而是覆盖了与商务活动有关的各个方面，是一个名副其实的"一站式"企业的商务门户。

五、展示价值功能

今天各种传媒已不仅仅是获取信息的主要渠道，它已融入人们的生活，成为人们生活的重要组成部分，人们越来越依赖媒体，越来越以使用媒体类型和方式来判断一个人的理念与价值。读报纸、听广播和看电视早已司空见惯，上网特别是在网上写博客和看博客成为一种入流和时尚的标志。博客作为一种互联网技术下的交流与沟通平台,它表明的不仅是传播技术的进步,更是一种与时俱进生活方式的选择。更主要的是,使用博客也是选择了一种文化,也是选择了向自我价值实现的挑战,"通过综合的博客化在线生存,从知识、能力、思维、品牌、经验等方面全面激发个人潜能、挖掘个人潜力、提升个人价值。"①

徐静蕾在自己的博客中找到了怡然自得的快乐,挖掘出自己的潜在能力,博得了更大的人气,博客成了她延续事业的"加油站"和实现自我价值的"生长点"。从2005年在新浪网开博到现在,徐静蕾没有满足和骄傲点击量第一的辉煌成绩,而是借助互联网这个浩瀚宽阔的平台,拓展了自己的影视事业空间,成功地完成了个人博客——鲜花村网站——《开啦》电子杂志的人生与事业的"三级跳"。应该说,徐静蕾是在互联网及博客中玩得最快乐、最成功的人,她利用博客成就了她的影视事业,升华自己的人生价值。

然而,也有一些另类人靠博客炒作而走红的,如木子美、芙蓉姐姐、竹影青瞳和流氓燕等,她们以自己的性经历或裸体等大胆出位的诱惑来招引人们的眼球,博取较高的博客点击量。她们自以为这是挖掘出了自己的优势与潜力,实现了个人的自我价值,实际上这是一种变态、扭曲的价值观,她们无一例外都是借助女性的所谓优势,以出卖自己的隐私和尊严引起人们的"鄙视的注意"。还有那个靠炮制大学同学——央视著名主持人周涛"婚姻艳史"出名的张彤,本是一个极为普通的常人,为提高自己博客点击量竟然使出了"写名人故事提高点击率"的绝招、损

---

① 顺风、吴祐昕:《顺风新博客论——互联网2.0新思维》,东南大学出版社2006年8月第1版,第5页。

招，到头来是"火"了自己、害了别人。这更印证了博客的双刃
剑作用：对徐静蕾来说，博客的确是拓展了个人事业，提升了自
我价值；而对木子美等人来说，博客成了她们的"名利场"，成
了她们的博取名声的"道具"。

第二节　博客的基本特征

一、自由开放性

自由开放，本是互联网区别于报纸、广播和电视三大传统媒
体的本质属性，这在以"个人媒体"自居的博客中更是发挥到了
极致。

其实，博客正是在网民追求自由、张扬个性、开放心灵的强
烈需求下产生并发展的。1999 年 8 月，Pyra 软件公司的三个创
始人就是为了更好地"保持彼此的沟通与协同"，[①] 于是便编写
并在网上免费发布了 Bloger 软件，从此博客队伍由最初的"只
有几打""迅速繁衍"壮大起来。

博客的初衷源于人们的交际自由与便捷，近十年的博客发展
更是延续和凸显了博客这一重要属性，从而使得博客异常火暴，
成为互联网家族中一颗最耀眼的"新星"，人们趋之若鹜，竞相
开博，并以此作为时尚与入流的标志。

其实这种"博客热潮"的出现不是无缘无故的：从主观上
看，20 世纪末期部分白领阶层已不满足于从传统媒体获取单向
信息，更渴望借助已有的互联网技术在较大范围内充分、自由地

---

① 方兴东、王俊秀：《博客：E 时代的盗火者》，中国方正出版社 2003 年 8 月
第 1 版，第 45 页。

与他人互动交流,这是博客产生与发展的内在动力;从客观上看,国际互联网的宽大平台和 Pyra 软件公司的 Bloger 网上发布为博客产生提供了强大的技术支持。这样一来,主观和客观上的一"需"一"供",如同"干柴遇到烈火""一拍即合",便"一发而不可收拾"地迅速"燃烧"起来。

但近几年博客传播却将"自由""开放"发挥"过了头",超越了法律和伦理的基本"底线",出现了许许多多攻击他人、炒作出名、恶搞经典等有悖博客初衷的案例,如专门编造影视圈新闻的宋祖德博客、敢向名家开火的韩寒博客、以性描写著称并走红的木子美等。其实博客的自由与开放不是无限制的,正像互联网不是随心所欲的一样,博客传播也要把握好合适的"度",如此条件下它才是对人有益的"好事",否则就是演变成"坏事"走向反面。

二、平等共享性

通常情况下,博客传受双方是互为传播和被传播的,这就打破了传统大众媒体"你传我受"单向、被动的"以媒体为中心"的传播模式,重新建立起了网络媒体"众人互动"双向、主动的"以传者为中心"的传播模式,这就满足并回归到了博客本身具有的"平等性"天然属性。追求平等、追求草根,这是博客叫得最响的口号,也是博客的最本质性目标,它突破了传统媒体的精英报道与主流传播的束缚,给平凡百姓的生活琐事和日常感受找到了媒体表达平台,并堂而皇之地登上了本该精英与主流群体占据的大雅之堂。

平等是建立在草根化传播对象与平和性传播方式基础上的,草根化与平和性应是博客传播的初衷和常态。名人博客正是因为违背了"草根"属性的传播规律,因此 2006 年仅仅火了一年就于 2007 年初即开始"集体降温",走向了衰落,高晓松、郭德纲、陆天明、高圆圆、戴军、何炅、池莉等人或为逃脱压力、或为躲避论战、或为免遭攻击纷纷关博,这是名人博客不可避免的下场,因为它抢占了普通人的"地盘",除非名人放下架子能与普通人平等交流,否则他们的博客难以维持长久、必死无疑。"骂战""恶搞""暴私"也是当下博客传播的另一种畸形反映,它违背了博客的平民身份、平常心态和平和表达,违背了博客的非功利性追求,因此博客一旦被利用为炒作出名、诋毁他人的"道具",也必将走向歧途和死亡的终点。

　　平等是"共享"的前提,只有博友之间关系平等才能使信息、知识、思想等网络资源在博客世界中得到更大范围内的分享,从而实现最大化的博客价值。① 由于匿名、虚拟等系列特点,网络及博客中的传受双方不像传统媒体那样差异显著、主次分明,他们的职业、年龄、性别、学历、单位等通常是模糊的、淡化的,就像来到浴池里脱掉衣服裸体呈现的浴客一样,没有贵贱之分,没有等级差别。目前,博客的繁荣呈现的是一种畸形、扭曲的传播状态,更多表现为名人向普通人的传播、普通人对名人的追逐,正是这种不平等造成今天博客的"乱哄哄",导致有效信息传播的失灵和损耗,这非但未形成共享,反而却产生了难以抗拒的"分力"。

　　三、沟通延时性

　　互联网是一种现代化的"交际工具",它扩大、突破了人们口头交际的范围和半径,让人们在虚拟空间里实现了与众多形形

---

　　①　顺风、吴祐昕:《顺风新博客论——互联网 2.0 新思维》,东南大学出版社2006 年 8 月第 1 版,第 6 页。

色色人的个性化交流与沟通，这是网络媒体区别于报纸、广播和电视三类传统媒体的最大优势。但这种交流与沟通又是有区别的，呈多元化形式：一类是"即时沟通"，如 MSN、QQ 等，另一类是"延时沟通"，如博客、BBS、电子邮件等，就像现实生活中的人际沟通一样，有喝茶聊天方式，也有信件往来方式，前者时效性强、沟通快捷，后者缜密性突出、有深度和个性。①

博客正属于第二类"延时沟通"的典型代表。其沟通的延时性主要体现在：第一，它是长篇大论有体系、有逻辑的表达，不像 QQ 那样随意、简洁，通常是或叙述、或议论、或说明的完整的一篇文章或一个话题；第二，它是一种书面式的表达，不像 QQ 那样口语化，通常是或文字、或图片、或声音、或图像的规范性传播；第三，它的思考较为缜密，不像 QQ 那样满足于"来言去语"的肤浅表达，通常是事出有因、有感而发。

与 QQ 的"即时沟通"相比，"延时沟通"的博客在简洁及时上、现场互动上都存在着明显的缺欠与不足，因此未来的"网络交际"可能会呈现出靠拢、融合的趋势，或者是 MSN、QQ 向博客靠拢，或者是博客向 MSN、QQ 靠拢，这是由"即时沟通"和"延时沟通"两种不同沟通结构形式的"互补性"和"吸引力"的规律与特征决定的。终归会有一天，技术会根据人的交际需求"抹平两种沟通方式的差别"，让人们领略到"不受速度限制、文件体积限制的'即发即得'、'即点即得'"的高度统一的人际沟通效果。②

---

① 顺风、吴祐昕：《顺风新博客论——互联网 2.0 新思维》，东南大学出版社 2006 年 8 月第 1 版，第 6 页。

② 同上书，第 7 页。

第三节　博客的文化价值

博客不仅是一种网络交际工具，而且也是一种文化现象。博客应该符合时代精神、民族传统和基本国情，应该是一种由基本文化、扩展文化和时代文化构成的综合性文化体系。①

一、自由与开放

自由是博客传播的基本特征，也是博客基本文化价值的重要体现。"国家繁荣、社会发展、人民幸福、法制健全是博客大发展的根本基础；博客的自由文化是真正自律和遵守法律法规、社会公德的文化；促进中国特色的博客生态的健康发展，是法制和谐社会建设的重要环节；博客的自由文化是责权利高度统一和平衡的健康文化。"②

博客将个人传统日记搬到了网上，使原有"自言自语"的自我封闭式交流变为今天"集体论坛"的群体互动式沟通，人们开阔了心胸、敞开了心扉、放飞了思想；博客使个人以开放心态参与了社会、接纳了新鲜事物，从而实现了信息传播效益的最大化；博客提倡公开、透明、共享，使互联网资源得以整合，并实现了优化配置。

---

① 顺风、吴祐昕：《顺风新博客论——互联网 2.0 新思维》，东南大学出版社 2006 年 8 月第 1 版，第 13 页。
② 同上书，第 13～14 页。

二、感性与理性

博客是个人内心情感的表达，因此是充满激情的，或者是出于对国家的热爱，或者是出于对事业的忠诚，或者是出于对自己的信任，总之正像传统的日记一样它要为情而动、为情而写。

但是，博客又绝不仅仅是个人情绪的张扬与发泄，作为新传播方式之一，它也要有理性的任务遵循，如补充自身进步的营养与力量，启迪他人的学习与思考，承担弘扬民族文化的艰巨重任等。

三、宽容与责任

宽容是互联网自由属性的根本要求，也是博客传播的基本原则。宽容的基本涵义是网民们在宽松的传播环境下以宽广的胸怀、宽阔的渠道进行沟通交流，我们应允许博友适当的情绪发泄和对人与事的评论，但宽容是有底线的，绝不允许博友以自私阴暗、目光短浅和狭隘心胸来攻击、谩骂、诋毁和污蔑他人。

责任是所有具有社会属性的传媒的要求，博客作为互联网的特殊传播形式当然也不例外。博客及网络虽然具有个性化特征，但最本质的还是社会属性框架下的扩展，必须以人民幸福与安乐、社会稳定与和谐作为最高目标来衡量和评价。博客提倡严肃、认真、客观、公正的责任文化，提倡尊重别人和自尊，并坚决反对损害他人和危害社会的恶语劣行。

四、沟通与和谐

沟通是博客的精髓和本质，博客传播的目的在于沟通与交流，在于共享资源、处理信息和分享快乐。徐静蕾博客的成功正是在于抓住了"沟通"二字，在"沟通"中人们了解到了徐静蕾的人生体悟、影视事业和未来理想。

博客的相互交流有力地提升了公民的思想和道德素质，促进了社会成员之间的学习和进步；博客的平等传播打破了学历、财富、地位和地域上的界限与障碍，促进了地区之间、城乡之间、行业之间等多方面的沟通。从这个意义上说，博客在凝聚人心、缩小社会差距中发挥着积极的作用，为建设和谐社会奠定了良好的沟通基础。[①]

---

① 顺风、吴祐昕：《顺风新博客论——互联网 2.0 新思维》，东南大学出版社 2006 年 8 月第 1 版，第 14 页。

第三章

博客理论与应用

第一节　博客与把关人理论

一、把关人理论及特征

把关人又称为"守门人"（Gatekeeper），"是指信息传播过程中的信息控制者"。[①] 1947 年美国传播学者库尔特·卢因在《群体生活的渠道》一文中最早提出了"把关人"这一概念，在研究群体传播的过程中，他认为信息的流动是在一些含有"门区"的渠道里进行的，在这些渠道中，根据公正的规则或者是"把关人"的标准，决定信息是否可以进入渠道或继续在渠道里流动。

传播学认为，"把关人"是一种普遍存在的现象和行为，它体现在各类信息传播媒体中，也反映在每一类媒体的各个传播环节之中。"把关"是各类信息传播渠道中"进口"和"出口"的必备要素，不存在"有"与"无"的争议，只有"自觉与不自觉"和"严格程度"的差别，不同媒体传播形式的把关其要求或

---

① 黄晓钟、杨效宏、冯钢主编：《传播学关键术语释读》，四川大学出版社 2005 年 8 月第 1 版，第 58 页。

标准也有明显差异，一般来说，传统媒体把关要严格，网络等新媒体把关相对宽松，"把关严格度"是由媒体表达方式、把关人身份和受众的信息接受习惯决定的。

"把关人"决定着信息传播继续或中止的"生杀大权"，有人形象地称为信息传播的"过滤器"，控制并决定着信息流动的质量与方向，而新闻作品正是他们原始信息流经"信道"时他们选择过滤之后的产物或产品。"把关人"的把关有恒定、统一的标准，但也实在避免不了"把关人"的个人偏好和主观色彩，因为把关人都生活在一定的社会阶层中，他们都有自己的生活阅历、个人好恶和是非判断标准，这些都自然而然地反映在信息"筛选"或"过滤"的把关过程中。把关人的"把关"主要来自于作为自身原有经验、看法、兴趣等总和的"预存立场"，同时也受到周围环境如上级、同僚以及受众等的影响。

把关人的把关是一种群体组织行为，像车间里的流水作业一样，记者、编辑、总编或台长分别从各个不同流程、不同环节执行筛选或过滤任务，这在报纸、广播和电视等传统媒体中体现得最为明显。从整个社会视角看，大众传播媒介是全社会信息流通的把关人；从大众传媒内部看，在新闻的提供、采集、写作、编辑和报道的全过程中存在着的许多把关人中，编辑对新闻的取舍又是最重要的。但把关人的把关有时也是个人的，如互联网中论坛、博客等信息的发布大多是个性化的和自我的，只要不是反党反社会主义，只要不是违背伦理道德，个人论坛和博客本人就可自由发表，在这里博客把关人就是他（或她）自己。

把关人的把关行为可分为"抑制"和"疏导"两大类：所谓"抑制"，就是禁止一些新闻流通或将其暂时搁置的把关行为，如那些违背出版、发行要求的"违法信息",毒害青少年身心的"黄色信息"等;所谓"疏导",就是把关人准予某新闻流通或"放行"的行为,如那些有利于社会和谐发展的技术革新能手、见义勇为英雄的报道等。"把关"类似于城市道路上的"红绿灯"或交通警察,控制、疏通、指挥车辆通行是他们义不容辞的职责,对于那些该停的信息要坚决叫停,一旦出现"违法闯红灯者"要坚决打击和给予严惩,决不姑息;同时那些该放行的信息也要顺利放行,而且要全力支持并力争将信息"放大",实现新闻"效益最大化"。

二、"博客世界"的把关现状

博客是以个人为中心的传播方式,其内容发表与传统媒体相比门槛较低、约束较少,只要一按"粘贴"键,任何人都可以出版自己的作品,这将彻底改变、打破传统媒体层层严格把关的出版模式。博客的出现便对把关人理论产生了强烈的冲击和挑战,动摇了把关人理论的牢固根基。

1. 博客的大容量空间使信息筛选失去意义

以木子美博客、芙蓉姐姐博客等现象为参照,我们可以看到:报刊、广播和电视等传统媒体分别受到版面、时间上的限制,这使得它们不可能把采集到的所有信息都发布给受众,把关人必须要经过周密的考虑、慎重的筛选,进行去伪存真、去粗取精,有时甚至不得不忍痛割爱,因此我们从这些传统媒体上看到的报道是少量的,但含金量很高;相反,博客的时空无限性和超链接技术使信息可以无限延展,就像"无底洞"一样深不可测,这就为海量信息的存在和发布提供了技术支持和物质保证。博客的巨大空间使博客"把关人"——网络编辑可以不必像传统媒体那样严格压缩、删减稿件;多媒体、超文本和超链接技术的运用更使得受众可以不依赖于把关人而自由方便地调阅到丰富多彩的背景资料以及其他相关信息。所以博客信息空间容量的急剧膨胀也就意味着把关人对信息的控制权、优先占有权被大大地削弱了。

2. 博客信息的高度开放使信息把关形同虚设

博客是个高度开放的电子信息空间，其出现一下子将受众从以往被传统媒体的信息把持、约束和限制中解脱出来。博客空间可以不受某一政府和商业机构的控制，博客传播可以不分国家、民族以及思想、政见的约束，博客用户可以"随写随贴"实现自己的言论自由权。在思想表达上，博客实现了言论自由权，可以无需把关人的审查；在信息获取上，博客也实现了真相知情权，他们可以利用多节点的连通访问轻易绕开把关人设置的障碍来获取需要的信息。不仅如此，他们还可以全方位地了解事件的各个方面情况，主动地听取经过把关人过滤处理后的一面之辞，并做出自己的分辨和判断。

但博客也是一把双刃剑，其空间的高度开放给网民带来高度开放信息的同时，也使泥沙俱下、鱼目混珠的负面信息、黄色信息和破坏信息（如网上招嫖、枪支贩卖、窃听器兜售、自杀指南等各种犯罪方法的传播）大量滋生并迅速蔓延开来，这样把关人的把关就变成了"聋子的耳朵"——形同虚设。目前，从我国网络来看，博客内容控制主要在网站，网站在强大的点击量和利益驱动面前，把关便让位自由泛滥，再加上国家、政府层面的把关力不从心和匿名的发布方式，造成博客传播炒作、开骂、论战不断，被一些人搞得乌烟瘴气、极不和谐。政府的控制不力、网站的鞭长莫及、博客的缺乏自律等必然导致博客信息把关的缺失。当然，我们不能就此说是把关人"玩忽职守"，没有尽到自己的责任，只能说他们在防不胜防的网络世界中失去了自己的位置。

3. 博客传受角色的模糊颠覆了传统的把关人理论

随着媒介竞争的加剧和以人为本理念的强化，受众的主体地位和传受之间的互动得到明显加强。虽然如此，但传统媒体中的传者仍然还是处于"强势"和"支配"地位，受众的"弱势"和"从属"身份依然没有得到根本性改变。互联网及博客的出现使受众能够主动获取信息、自由发布信息，在一定程度上真正实现了资源面前、信息面前的"人人平等"，传者与受者之间的落差和界限已越来越缩小、越来越模糊，甚至已分不清谁是传者、谁是受者。

这种传受角色模糊与互换以及传受内容的自由与开放，必然造成网络及博客对信息内容的失控，把关人的地位和作用被严重削弱和降低。如克林顿性丑闻事件的报道中，政府能够控制《新闻周刊》等传统媒体，禁止相关稿件刊登，但它却控制、阻止不了"网上个体户"德拉吉利用个人博客向全球发布这一消息，这就是两种不同把关机制的影响及作用，同时也是传统媒介能够形成垄断的重要原因。

我们再以木子美博客为例。我们暂且不讨论木子美在网络上公布隐私的动机以及事件本身给社会造成的负面影响，引发我们深思的是：在这里，把关人是谁？起到了什么样的把关作用？或者说到底有没有把关人？可以肯定地说，有把关人，只是把关主体不是传统媒体中的编辑和记者，而是木子美本人，是她决定何时发布信息和发布什么样的信息，整个事件从写作到修改、再到发布在私人网页上都是由她一个人完成，她兼具了传和受的双重角色，包揽了采访记者、被采访对象、稿件写作、版面编辑、技术发布等全部系列过程。可以说，在整个传播过程中，木子美是《遗情书》这个信息源的主要控制者，网站的把关只是个"聋子的耳朵——摆设"，面对这样吸引眼球的内容它也甘心情愿地放弃了把关的权力与责任，一切让位于点击率和博客经济，木子美摇身一变从信息接受者变成了信息传播者，变成了信息把关人。其实木子美的博客只是千万个人博客中的一个，但它表明了一种越来越明晰的事实和规律：当今时代，个人"信息小站"林立丛生，传受之间趋于平等，大小规模媒体并存，特别是小媒体（博客）一样可以制造轰动效应，传受双方角色模糊甚至颠倒，在某种意义上颠覆了传统的把关人理论。

4. 博客信息发布的自由性使把关标准无法统一

传统把关人的把关具有统一的标准和原则，盖尔顿和鲁奇在《国外新闻结构》一文中提出的"选择性守门模式"认为：一般情况下，编辑在选择一则新闻是否进入下一步流动领域，主要是审视新闻是否具有时间跨度、强度或阈限价值、明晰性、文化相近性、一致性、出乎意料、连续性、组合性等要素，除此之外就是社会或把关人观念和文化价值也会影响选择。

博客是一种与传统媒体有明显本质区别的传播方式，广大博客在进行自身信息把关时，虽然也要遵循"选择性守门模式"提到的标准，但它的"个体性传播特征"决定它不可能有统一的、集权的标准。在非中心化、无集权的博客世界中，传统媒介中的绝对的"把关人"已不复存在，代之而起的是相对的、个性的"把关人"。在博客中，传统把关人的至高无上的权力被广大用户无情地剥夺、分散和分享，失去了它的昔日严肃和威力。

我们可以列举几例看一下博客把关的个性化、相对性标准。一般来说，IT界、文化界名人博客较为严肃庄重，少哗众取宠，如方兴东、余秋雨等；年轻作家、演艺明星名人博客较为浮躁肤浅，追名逐利，如韩寒、宋祖德等；还有普通人为出名不择手段地炒作和曝丑，如木子美、芙蓉姐姐等。

三、博客传播的把关主体及策略

不可否认，在克林顿性丑闻、印度洋海啸和伦敦恐怖爆炸等事件报道中，博客的确体现了不可忽视的强大力量，但它同时也制造了关于灾难的垃圾、谬误和谎言。中国博客的里程碑——木子美事件成了一场冲击波，由此引发了人们关于网络伦理、网络把关等一系列深层思考。

其实，绝对无止境的自由并不是一件好事，自由是相对的，博客世界同样需要把关人、同样需要一定的伦理规范。博客也要与传统媒体一样对内容进行审查和监管，只是这种把关更为宽松，且具有延时性和滞后性特征。网络及博客不同于传统媒体的是，它更侧重于通过自律来遵循应有的伦理准则，来对社会负责。在博客里，把关人更多地应由我们博客自己承担。

1. 国家和政府要充当博客引导者角色

一般来说，国家和政府是媒介传播的宏观性、外围性的把关，但不同媒体所采取的方式和手段又是不同的：在传统媒体中，是通过政治、经济或法律的手段来过滤和堵塞信息的；而网络及博客主要是通过正面扶持网站来鼓励依法传播、以技术手段来"封杀"不良网站的。

在网络发达的今天，尤其是面对博客这种开放性的交流方式，"堵"所发挥的作用越来越有限，并且可能会更加走向反面。因此，国家和政府作为是最深层次、宏观和方向上的"把关人"，应该对信息进行有效的引导，积极充当引导者和疏导者的角色。

2. 网络引擎要坚决拒绝不健康博客信息

网络及博客传播的特点是倚赖"引擎"搜索和不断链接，因此只要控制住"搜索引擎"就能筛选过滤到不良信息，减轻或降低网民点击不良博客网站的几率。

　　从教训来看，凡是那些点击量高的黄色或炒作的博客大多都是由于网站的把关"不作为"、把关的失职。木子美博客、芙蓉姐姐博客、宋祖德博客等的迅速走红，应该说网络引擎具有不可推卸的责任，因为仅凭木子美个人是不可能兴起较大风浪的，客观上是新浪网络的巨大作用使之迅速成名，从某种程度上说，这是木子美等人与网络传媒"合谋的一场盛宴"。如果新浪网站能够采取低调处理的态度，担负起一点儿内容把关的职责，就不至于在社会上造成严重的负面影响。由此可见，网站要真正当好用户的"网络导游"和"信息参谋"并非易事，必须要抵制住经济利益的诱惑，必须要具有强烈的社会责任感，要采取"进攻性"和"防御性"的各种措施，切实做好正面引导，使自己成为网民观察世界的一双"慧眼"。

　　3. 博客中的意见领袖应发挥把关人的作用

　　美国传播学者卡茨和拉扎斯菲尔德研究认为，大众传播中信息大多并不是直接到达普通受众的，往往要通过"人际交流圈"中意见领袖来"传导"和影响。所谓"意见领袖"，就是某一"人际交流圈"中有威望和有影响的信息先知先觉者、思想独立者。某一事件发生时，总是先影响这样一批"意见领袖"，然后再由他们去影响周围的人，博客传播同样遵循这样的规律。比如近几年新浪网络强劲推出的名人博客"专门频道"就起到了"意见领袖"的作用，网民们争先阅读他们的博客，并持续性与他们进行互动交流，特别是对他们如醉如痴的崇拜和迷恋，自然而然地形成了以此为轴心和"主心骨"的"粉丝博客圈"。从博客圈中网民接受信息角度来看，意见领袖不自觉地起着一种把关的作用，因此那些名人博客的确应该谨慎自己的言行，要知道作为众人追捧的对象，你的一言一行会给你的"粉丝"带来连锁或持续的反应，这种反应可能会是正面的积极引导，也可能会是负面的严重后果,你有责任为你的"粉丝"把好关。

4. 广大博客要通过自律为自己把关

网络及博客这类媒体特殊传播方式决定了博客本人是最近的、最具体的"第一把关人"。上述提到的博客传播中的每一个把关的"关卡"者是客观的、外在的,只有博客本人的把关才是主观的、最实际的,因此也是最重要的把关要素。每一名博客都要提高自身觉悟与素质,在遵守法律的基础上,不断地在道德层面上加强自律,我们都要牢记"博客中国"创始人方兴东提出的诚实公正、伤害最小化和承担责任三条"博客道德规范"的倡议,力争做一名守法规、负责任、有素质的博客。

第二节　博客与议程设置理论

一、议程设置理论的产生及内涵

议程设置又称为"议题设置",最早由李普曼在 20 世纪 20 年代提出,然后是 20 世纪 40 年代拉扎斯菲尔德和默顿、20 世纪 60 年代科恩以及 20 世纪 70 年代麦库姆斯和肖的进一步研究和发展,最后是德弗勒和丹尼斯、休梅克和瑞斯总结升华,使得该理论得以完善和深入。其理论发展过程从最一开始的"人对传媒的依赖和传媒对现实的歪曲"到"权力集团以及大公司对媒介的微妙控制",从"议程设置对受众认识问题的正向引导和影响"再到"议程设置的五大功能和五大因素"。

媒介的议程设置功能表明:"大众传媒不仅是重要的信息源,而且是重要的影响源。"① 一个不争的事实是今天的人们已经离

---

① 郭庆光:《传播学教程》,中国人民大学出版社 1999 年 11 月第 1 版,第 214 页。

不开大众传媒了，大众媒体先期选择所形成的议程设置为我们建构了"整个外在世界的图像"，[①] 它在左右着我们的认识、思想、观点和态度。

媒介的议程设置功能隐含大众传播者是媒介内容的把关人。议程设置理论与把关人理论关联极大，从传播者这个视角看，媒介的议程设置就是传媒人的一种"把关"，二者是一体的两面，是研究传播出发点的两个侧面或视角，议程设置理论着眼于媒体传播内容视角，而把关人是着眼于媒体传播者视角，两个理论互为补充、互为印证、互为利用。复旦大学新闻学院的黄旦教授认为，议程设置就是在建构现实，就是在"为社会定调"，[②] 而媒介把关人正是这一目标的实施者。

媒介的议程设置功能暗示大众传媒的政治属性。拉扎斯菲尔德和默顿的"是谁设置了传媒议程，它对社会带来了什么影响"的研究揭示了议程设置的本质，那就是"议程设置本身天然地就是一个政治过程"。[③] 中国人民大学新闻学院郭庆光教授认为，议程设置的背后"存在着复杂的政治、经济和意识形态的力学关系，具体来说就是传播媒介和占统治地位的信息源之间的关系"，[④] 资本主义社会通常使用"新闻发布会"和"私下放风"的方式来对舆论进行操作和控制。在我们社会主义国家，目前所强调的正确舆论引导实质上就是"议程设置"。

媒介的议程设置功能揭示出大众传媒的强势背景。在拉扎斯

① 黄旦：《作者图像：新闻专业主义的建构与消解》，复旦大学出版社 2005 年 12 月第 1 版，第 212 页。
② 同上。
③ 同上书，第 215 页。
④ 郭庆光：《传播学教程》，中国人民大学出版社 1999 年 11 月第 1 版，第 218 页。

菲尔德和默顿两位专家看来，媒介议程的真正设置者并不是指所有的政党、企业或普普通通的人，而是指那些居于领导和支配地位的强势集团，是资助大众媒介生产和发行的有组织和实力的大企业。媒介是个"吹笛人"，谁向"吹笛人"付钱、谁的钱付得多，那么"吹笛人"就会按照谁的要求去"选调"，就会变成它的"专职演奏者"，沦为它的政治工具或经济先锋。这在任何一个国家、任何一种国体都不例外，在我国，媒体是党和政府的喉舌，在美国，媒体是政府和财团的工具。这种强势背景对大众传媒的影响恰恰证明了"大众媒介是重要的影响源"这一科学论断，大众媒体的议程设置之所以规定着广大公众的信息源泉、信息数量和信息强度，主要是因为媒介中作为"意见领袖"的强势集团不仅占据了媒介的话语权，而且也在引导着公众的舆论，是他们所设定的媒介议程形成了公众议程。

二、博客议程设置的特征体现

议程设置理论是适用或贯穿于所有媒介形式之中的，当然博客传播也不例外。但博客传播中的议程设置与上述提到的传统媒体中的议程设置是有明显区别的。与传统媒体议程设置的目的性、计划性和艺术性相比，博客传播缺乏明确的议程设置，即使形成了也是无序的、随意的，因此通常产生于一种自发状态下，这是由博客的自由开放、传受角色模糊的特性决定的。

1. 自发无序性

博客属于"自媒体"，其传播内容分别来自于每一个人，因此属于单兵作战、松散联合，较为零散、不集中，经常处于一种无序的自发状态，但这种自发性和无序性也并非没有一点儿规律可循。一般来说，一个博客圈内或同一个领域中的博客其表达的内容具有相同或相似性，某个时期围绕社会某一热点问题也会形成一致性的议题，但这往往要经过长期艰苦的过程。这个艰苦过程中能够形成议程或民意的毕竟是少数，大多形成不了集中性、合力性的气势或力量。

2. 形成渐进性

由于博客的自发、无序和随意，因此其话语表达缺乏人为的组织与设置，这必然造成其议程形成的缓慢甚至"流产"或"夭折"。即使形成了博客议程或民意，也是由一个个松散的"点"逐渐汇集成区域性的"小规模"，然后再酝酿成总体性的"舆论风暴"。[①] 这个过程是个积少成多、聚沙成塔、集腋成裘的量变过程，充分体现出它的渐进性和不可预知性。

3. 力量凶猛性

虽然博客的议程形成无序而缓慢，但这个积聚力量、等待释放的量变过程一旦演变为质变——形成议程或民意，那就像破堤的洪水一样一泻千里、不可遏止，从而形成异常凶猛的"摧毁性力量"。[②] 厚积而"博"发，如同一江春水喷薄而来的博客风潮让更多的传统媒介中的人清晰地感受到了博客那势不可挡的力量。是博客率先捅出的"克林顿与莱温斯基绯闻案"使克林顿的总统宝座岌岌可危、频遭弹劾；是小丫和柴静的博客促进了博客提案和博客上访，像一把舆论监督的利剑在捍卫着民意。

三、"博客蜂群"的形成及特征

美国著名作家休·休伊特认为，"当很多博客选择了一个主

---

① ［美］休·休伊特（hugt hewitt）著，杨竹山、潘浩译：《博客：信息革命最前沿的定位》，中国铁道出版社 2006 年 8 月第 1 版，第 12 页。

② 同上书，第 13 页。

题或者开始跟踪一条新闻时，便可形成博客蜂群。"① 简单说，"博客蜂群"就是拥护或支持相同议题的博客群体。以下几种情况都出现过博客蜂群：如 2002 年的特伦特·洛特事件、2003 年的豪厄尔·雷恩斯事件、2004 年约翰·克里的越南服役事件以及 2004 年丹·拉瑟的伪造文件事件等。

"博客蜂群"是博客议程形成的前提。"博客蜂群"指的是围绕某一主题或某一新闻讨论或表达的群体，而博客议程是"博客蜂群"苦心经营的产物，"博客蜂群是舆论风暴酝酿的早期征候"。②

"博客蜂群"是一种精心组织与协调的方式。博客蜂群的组织活动带有一种隐蔽性，表面看似乎缺乏组织与协调，而实际上是"通过一种持续不断的力量和火力的脉冲，从各个方向对某个特定点或多个点进行打击"。③

"博客蜂群"具有较强的战斗性。"博客蜂群"形成的群体力量使它们能够指向强大的舆论风暴或博客议程，因此它是一个引人注目的群体，是个具有战斗力的群体，是个具有极强摧毁力的群体。

四、博客议程的演变模式

博客的议程产生往往是自下而上，由点扩展到面，再由面形成体。一般情况下，它要遵循"公众议程——博客议程——政府议程"这样的发展模式。首先是来自于零散博友逐渐聚集的民意，然后在网上汇集成统一的议题，最后是得

---

① ［美］休·休伊特（hugt hewitt）著，杨竹山、潘浩译：《博客：信息革命最前沿的定位》，中国铁道出版社 2006 年 8 月第 1 版，第 12 页。
② 同上。
③ 同上书，第 14 页。

到政府的高度重视并纳入到政府欲解决问题的工作方案之中。这里以 2002 年发生在美国的"特伦特·洛特被博客赶下台"事件为例：

特伦特·洛特是美国密西西比州的参议员和多数党领袖，2002 年 12 月 5 日在南卡罗来纳州的参议员詹姆斯·斯托姆·瑟蒙德的百岁生日聚会上，其发言表现出了对主人的"完美恭维"和"对过去种族隔离的明显怀旧"，[①] 这一系列口误便成了他遭到批评并被迫下台的导火索。刚开始并没有得到人们的重视，甚至新闻媒体对聚会之事和洛特的评论都没有什么反应，是 ABC 记者埃德·奥基夫的强烈呼吁和不懈努力使得 ABC、《今晨世界新闻报道》和 www.ABCnews.com 在第二天的凌晨和上午提及或刊登了洛特的看似正确的不恰当评论，但随后这一事件似乎就在华盛顿特区销声匿迹了。使这一事件发生逆转的是第二天（12 月 6 日）下午一位匿名的博客记者 Atrios。

12 月 6 日下午 1：21，Atrios 在其博客 Eschaton（atrios. blogspot. com）针对洛特的言论作了简单的评论："政治正确性是社会的灾祸。我不想说的就是，洛特所提及的问题就是《民权与投票权法案》。"两个小时后，在华盛顿特区为《华盛顿月刊》和《美国国会报》担任作家的乔舒亚·迈卡·马歇尔在其博客 Talking Points Memo（www. talking pointsmemo. com）上跟进评论，对洛特在聚会上的言论再次提出质疑。此后的整个周末，博客都在讨论这一话题，要求洛特辞职的呼声在博客中逐渐强烈、清晰起来，其中保守派安德鲁·沙利文的博客言辞最为激烈。这样在十几天内"博客界便形成了一种堆

<hr>

① ［美］休·休伊特（hugt hewitt）著，杨竹山、潘浩译：《博客：信息革命最前沿的定位》，中国铁道出版社 2006 年 8 月第 1 版，第 17 页。

积效果",① 圣诞节之前洛特被迫辞职,距事发不到 20 天,由此可见民意的强烈呼吁和博客的强大力量。

洛特下台的整个事件过程中,博客界走在前面,而主流媒体的关注较为迟缓和被动,但不可否认的是,最终还是主流媒体的协助和配合才实现了斗争的目的。在这个过程中,博客激起了主流媒体的关注和相信,起到了"点燃"和"放大"的作用。能把洛特赶下台,博客功不可没,但主流媒体的作用亦不可忽视。这一事件给我们这样两点启示:一是博客尽管觉醒早、反应快,但其作用是有限的;二是在议程设置中只有传统主流媒体与现代网络媒体的联动与合作才能达到预期的传播效果。

第三节　博客与"沉默的螺旋"理论

一、"沉默的螺旋"理论内涵

"沉默的螺旋"理论最早出现在德国社会学者纽曼 1974 年在《传播学刊》上发表的一篇论文中,1980 年以德文出版的《沉默的螺旋:舆论——我们的社会皮肤》一书对这个理论进行了全面的概括。② "沉默的螺旋"理论描述了这样一种现象:人们在表达自己想法和观点的时候,如果看到自己赞成的观点并受到广泛欢迎,就会积极地参与进来,从而使这类观点传播越发扩散和增强;反之,如发觉某一观点无人或很少有人理

---

① 〔美〕休·休伊特(hugt hewitt)著,杨竹山、潘浩译:《博客:信息革命最前沿的定位》,中国铁道出版社 2006 年 8 月第 1 版,第 22 页。

② 马兰等:《点击传播》,经济管理出版社 2003 年 11 月第 1 版,第 157 页。

会，甚至有时会群起而攻之时，即使自己赞同它，也会保持沉默。这样就形成两种截然相反的"螺旋式"状态指向：意见一方的沉默造成另一方意见的增势，如此循环往复，便形成一方的声音越来越强大，被无限放大延伸，而另一方的声音是越来越小，以至于沉默下去。

安徒生童话故事《皇帝的新衣》的传播骗局就是对这种"沉默的螺旋"理论的最好诠释。国王先后指派忠诚大臣和侍从官分别到织布房查看两个骗子正在编织的"美丽的新衣"，由于他们怕别人说自己"是个愚蠢和不称职的人"，特别是不愿意"被孤立起来"，因此面对"空空如也的织布机"都违心地说"漂亮极了"。应该说，第一个大臣的明确称赞和在皇宫里的广泛扩散，"美丽的新衣"这一概念和结论已经逐渐占据了舆论的主导，成为了一种强势声音，深刻地影响、左右了第二个侍从官的态度，因此他只能屈从于这个"优势意见"的压力而不敢揭穿真相，只能随声附和地交口称赞，此时宫内宫外已完全被这种"意见气候"① 所笼罩。后来当"美丽的新衣"被拿到皇帝面前时，皇帝虽然很吃惊，但由于害怕自己被别人嘲笑，也延续了前两个大臣和侍从官的越来越加强的称赞观点，最后是全城人众目睽睽之下的"皇帝裸体游行"将这种"沉默的螺旋"推向了高潮，人群中一个不受他人思维影响"不懂事小孩"的一句"原来皇帝什么也没穿"彻底打破、终止了"美丽的新衣"这个"沉默的螺旋"。

二、"沉默的螺旋"理论的启示

上述案例"沉默的螺旋"形成过程中，充分体现了"群体传

---

① 　郭庆光：《传播学教程》，中国人民大学出版社 1999 年 11 月第 1 版，第 219 页。

播"对"个体意见"的影响。其实当两个骗子策划"美丽的新衣"并约定"只有最愚蠢和最不称职的人才看不到"时,这实际上就限定了一个"群体规范":无论皇帝的新衣是否真的存在,作为个体都要假装看到它并且对之赞不绝口。这个"群体规范"虽然十分荒谬和可笑,但又是每一个人必须跳下去的"陷阱"和"圈套"。在骗子设计的"群体规范"面前,每个意见个体对皇帝的新衣的真实看法和态度都发生了偏差,虽然他们什么也看不到,但是还必须要在群体动力的感召下不断地夸耀着皇帝的新衣是如何的美丽和新奇,从而用以证明自己是如何的聪明和称职。

《皇帝的新衣》这个童话故事非常典型地体现了"美丽的新衣"意见的不断增强和"什么也没穿"意见的逐渐衰减这样一个此消彼长的双螺旋过程。其实这样的例子并非只出现在童话故事中,在现实生活中特别是媒介传播中,我们都曾自觉不自觉地屈从过"沉默的螺旋"的影响,都曾自觉不自觉地深受"群体传播"的左右。这个理论给我们的启示是,在群体传播与动力状态下,"沉默的螺旋"一方面表明舆论正确导向循环加强的正面效应,另一方面表明遏止多元观点表达的舆论负面效应。从这个意义上说,媒介传播的"沉默的螺旋"也是个双刃剑,在某个新闻事件报道中遏止不同观点的自由表达更是十分有害的,因为它不利于受众多角度思考与观察问题。因此,为了避免这种负面的"沉默的螺旋",大众传播媒体应该进行多方面、多角度的报道,允许不同观点的自由表达。这对博客传播形式来说尤为重要。

三、"沉默的螺旋"理论在博客中的运用

"沉默的螺旋"主要体现的是"群体传播"动力对"个体意见"表达的影响,这恰好与博客这个"自媒体"媒介关联极大。博客表达虽然具有"自由性"和"个性化",但每一位博客

也都是生活在"话语场"中的,并非是脱离"大媒介环境"而存在的,因此博客的表达话语内容、话语视角、话语倾向都不可避免地要受到"话语场"要素的影响和左右,这主要体现在博客与现实议题的互动、博客与媒体议题的互动,而这种互动呈现的正是一种"沉默的螺旋",即对表达话题的不断增强或逐渐衰减。

从传播学视角看,传统媒介生态下的议程设置是组织议程,是自觉、主动地设置,其主体是媒体机构;网络媒介生态下的议程设置走向了多元,产生了一种新议程设置形式——个人议程,往往是无意识、自发形成,而博客就是这种"个人议程"的最典型代表,有研究者撰文将此称为网络公众的"自我议程设置"。①

博客议程设置的基本模式是:个人发布显著信息,引起网民广泛关注和交锋,然后扩展到所有网络社区——传统媒体跟进集中报道,引导网络舆论走向,讨论话题延展到整个社会——形成社会舆论,引发公众思考,得到政府相关部门重视,这个模式恰恰吻合了公众议程——媒介议程——政府议程的发展脉络和传播规律,②而这个过程也正是"沉默的螺旋"理论的最好体现。当个人信息在网络社区发布以后,不断引起关注、支持、争论和呈涟漪状的扩散,这就形成了第一轮螺旋式的上升,从而使初始的"个人话题"影响得到增强,并演变成一种势不可挡的民意;而后是新闻嗅觉灵敏的传统媒体的热烈响应和积极跟进,有时甚至是极其狂热、扭曲、变态的追捧,对网络话题起到了进一步的推波助澜作用,这是第二轮螺旋式的上升,使博客初始的个人话题增容、增量、延伸,演变成一种正式的"媒介议程";最后是引

①　梅潇、王丽:《网络公众自我议程设置》,《新闻爱好者》2007年第2期。
②　赵雅文:《"三贴近"在政治与公众议程和谐统一中的作用》,《新闻界》2006年第2期。

发全社会对该议题的理性思考,特别是引发政府相关职能部门的高度关注和解决方案的出台,这是第三轮螺旋式的上升,博客的个人话题借助媒介议程的中介环节转化为"政府议程"。

近几年有许多类似的经典案例,如:博客对"大学生虐猫"的关注,引发了全社会关于动物保护和大学生人文关怀的深层思考,国家教育部门和许多高校纷纷出台政策进行条例约束和教育引导;博客对赵丽华诗歌的攻击与贬损,引发了人们对当代诗歌的深刻反省,诗歌界开展了捍卫尊严的"保卫战";博客对人民大学张鸣教授揭高校评职和管理黑幕的声援和支持,引发了"大学行政化""大学官府化"的深层讨论和对我国高等教育体制的忧虑与深思,等于为一些高校敲响了警钟。

博客"个人传播"深受"群体传播"的影响和左右,这就是我们心理学所说的"从众心理",这种"从众心理"如果放到传播学中的"沉默的螺旋"理论背景下,会得到更进一步的深化和拓展。从这个意义上说,这两种理论在博客传播中得到了一种内涵上的映照和心灵上的"会意"与"默契"。

第四节　博客与意见领袖理论

一、意见领袖理论的内涵及特征

1. 意见领袖理论的基本内涵

20世纪40年代,拉扎斯菲尔德和他的助手们通过对美国总统大选的传播现象研究,发现"选民们决定选谁主要受到人际传播的影响而不是大众传播的影响",① 由此在《人民的选择》中

---

① 马兰等:《点击传播》,经济管理出版社2003年11月第1版,第152页。

提出了"意见领袖"和"二级传播"的理论假设，即大众传播并不是直接流向一般大众，而是"大众传播→意见领袖→一般受众"的两级传播过程。

"意见领袖"（Opinion Leader）又叫"舆论领袖"，是指那些"较多或首先接触大众媒介并将经过自己再加工后的信息传播给其他人的人"。[①] 这些人具有较大的亲和力和影响力，喜欢接触并得天独厚地掌握着某一方面的丰富信息，并乐于向周围人进行扩散性传播。比如人们购买 DV 机和汽车、足彩和股票，甚至去医院看病和美容等都要听从身边有购买经验、信息理解较为权威的邻居、同学或朋友的意见。"意见领袖"在日常生活中随处可见，并对人们施加着各种各样的影响。

"二级传播"又叫"流动传播"，是指那些掌握权威信息的意见领袖们将媒体上的信息传递给其他较为被动或不积极获取资讯的人的传播活动。这种传播活动是个无限延展的过程，形成了环环相扣的"n级传播"链条，从而使传播活动呈现为由无数个"意见领袖"连接起来的多级"传播链"，下图形象地说明了这种"多级传播"与"意见领袖"的影响关系（见下页图）。[②]

2. 意见领袖理论的特征及运用

在后续研究中发现，意见领袖这一角色在复杂的传播网络中只是一个"相对"的概念和角色，一个人在某个问题或某个领域中充当"意见领袖"，在另一个问题或另一个领域中可能就不再是"意见领袖"而是"追随者"（"意见领袖"的传播对象）；"意见领袖"尽管比其他追随者能够更多地接触大众媒介，但他也仍

① 马兰等：《点击传播》，经济管理出版社 2003 年 11 月第 1 版，第 152 页。
② 同上书，第 154 页。

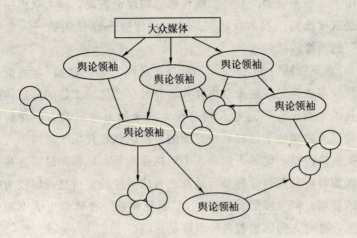

图 1　N 级传播和舆论领袖

注：小圆表示追随者。

然要受到他人意见的影响，也就是说他的上层还存在着"意见领袖"；"意见领袖"实际上是媒介与周边群体的连接者和灵魂，这个角色不可缺少。

　　"意见领袖"和"两级传播"理论揭示了媒体传播与人际传播在效果上的明显差异：一般来说，在告知新信息上，大众媒体的传播效果要好于人际传播；而在说服人们改变态度上，人际传播比大众媒体传播更有效。

　　在"意见领袖"和"两级传播"理论的运用上，安利产品营销和广告经营策略是两个经典性案例。安利产品的销售不是店面"一对多"的出售，而是会员"一接多"的"网络层级式"销售，安利对会员的培训实际上也就是对拥有安利文化和理念的"意见领袖"的培养，现在社会上一些不法分子进行的非法传销活动就巧借了"意见领袖"和"两级传播"理论。汽车广告的投放策略

中，出现在电视媒体中的广告对应的是普通消费者，而出现在
《21世纪经济报道》、《经济观察报》等报纸和《财经》、《世界经
理人文摘》等杂志中的广告对应的是具有话语权的特定的"意见
领袖"。

二、博客"意见领袖"的独有特征

博客传播中的"意见领袖"与传统媒体中的意见领袖有明显
区别：

其一是非权威性。"偶像崇拜"与"权威信任"是博客意
见领袖与传统媒体意见领袖的本质性区别。一般来说，传统媒
体中的意见领袖是某一领域、某一学科、某一问题的专家或学
者，他们的话语权是建立在权威的专业知识之上的，比如美伊
战争报道中坐在电视直播室的军事专家张召忠和宋晓军、
SARS报道中的卫生部部长高强和院士钟南山等。博客中的意
见领袖往往与他们所从事的职业关联不大，他们的话语权和影
响力依靠的是"人气"和"魅力"，比如徐静蕾和韩寒的博客
一直独领风骚，保持着稳定的冠亚之先，吸引无数博友和"粉
丝"狂热追随，其中原因并不直接是他们的演艺明星或文学新
秀的身份，而是依恬淡、率性个性聚集而成的"人气"或"人
脉"，于是他们便成了某一群体中被崇拜至极的"偶像"。徐静
蕾和韩寒的博客如此，余秋雨和孔庆东的博客如此，木子美和
芙蓉姐姐的博客也是如此。在博友和"粉丝"眼中，他们并不
是以演员、作家、学者和前卫的身份而著称，更多地是以被崇
拜的"偶像"而扬名。

其二是非理性化。"盲目追随"与"理性信任"是博客意见
领袖与传统媒体意见领袖的外在区别。这与上一个"非权威性"
特征是紧密相关的，由于传统媒体中的意见领袖大多是学科专家

或专业权威，因此他们的"意见"真实、深刻、客观，具有较高的真实度和公信力，表现为"理性信任"。而博客中的意见领袖大多为各行各业明星，他们的"意见"一般较为随意、肤浅、率性，受众对他们的喜爱和信任缺乏理性判断和责任约束，表现为"盲目追随"。如徐静蕾的博客点击量 113 天（2006 年 2 月 16 日）达 1000 万，185 天（2006 年 8 月 20 日）达 5000 万，九个多月后的今天（2007 年 6 月 26 日）又创造了 9163 万的"点击神话"，号称"世界博客排名第一"、"全球知名博客"，但实际上她的博客点击量有很大的水分，如一张"关于说得很累的"的七字帖点击数是 27522 人，评论 515 人，估计水分有 60%～70% 那么多，还有一批人专门以抢徐静蕾博客的"沙发"为目的，只求博得一时的"浅薄满足"。

三、博客圈与"意见领袖"的形成

随着博客数量的急剧增加，于是自然而然形成了以专业领域和各类群体为单位的博客圈，如新浪博客网"精品博客圈导航"中列出的明星、教育、文学、科技、娱乐、房产、汽车等属于以专业领域划分的博客圈；而超女博客圈、北漂博客圈、高三家长博客圈、上海摄友博客圈等为自由群体博管圈，像北京电影学院博客圈、北大附中博客圈、丽江博客圈等为组织群体博客圈，黄义达博客圈、陈楚生博客圈、金巧巧博客圈为个人博客圈。

不管哪一类博客圈，每一个圈子都有一个话语表达或思想凝聚的中心，处于这个中心的人就是"意见领袖"。如房地产博客圈中的潘石屹、任志强；娱乐博客圈中的徐静蕾、李亚鹏；超女博客圈中的李宇春、张靓颖等等。

在这里，特别指出的是个人博客圈中的意见领袖。个人博客圈就是以一个人为中心的开放式博客空间，就像学术沙龙一样，旨在交流思想、分享快乐，如 2006 年 8 月 5 日，林国峰在新浪博客网上创建了"个人博客圈——国峰管理新视野"，并阐明创建的目的是"交流管理思想，分享管理经验，畅谈人生感悟"，截止到今天（2007 年 5 月 29 日）加入他个人博客圈的共有 737人，显然他就是这个圈子中的"意见领袖"。但需要特别指出的是，个人博客圈中的"意见领袖"又是相对的，在自己创建的博客圈中是"意见领袖"，而在其他博客圈中可能就是追随者，林国峰在创建自己个人博客圈的同时，也加入了 92 个其他人创建的博客圈，在其中只能是居于从属地位。

四、博客"意见领袖"与"群体感染"

在博客传播中，意见领袖不仅体现为微观上博客圈中核心人的引领性作用，而且还体现在宏观上网络媒体的导向性价值。如"芙蓉姐姐"网络博客走红，并不能简单地理解为是凭借了网络技术，更主要和深层次的原因是展现了网络的"意见领袖"和"群体感染"的传播现象和传播规律。

其实对"芙蓉姐姐"的网络传播，是先期的水木清华和北大未名 BBS 以及后来的天涯、博客中国、新浪等具有较强影响力的网络媒体逐渐扩大了传播效果，但同时也正是它们分别以"传播个体"的形式起到了"意见领袖"的作用，如水木清华和北大未名 BBS 影响了高校 BBS 的传播倾向，天涯、新浪等权威性的网络媒体又影响了其他商业性媒体的传播倾向，它们很好地承担并肩负起了博客意见领袖的功能，应该说，"芙蓉姐姐"的网络走红，上述意见领袖的个体传播"功不可没"。

紧接着，在"芙蓉姐姐"的网络博客走红中，继意见领袖之后，"群体感染"机制又发挥了它的效用，比如对"芙蓉姐姐"

的关注和追捧就是"群体感染"效果的一种体现，这种体现带有一种强烈的情绪性和行为暗示作用，它通常要以异常的速度在人群中迅速蔓延，于是芙蓉姐姐很快遍及了网络环境，甚至还影响到了网络以外报纸等其他媒体的介入和跟进式报道。

中　编

博　客　生　存

第四章

博客技术与战略

第一节 博客网站

一、博客网站概况

博客网站是博客"信息内容的储存空间模式",是博客的栖息地,是博客自由出入的"家",它像一个放置信息的"柜子",具有许许多多的"格子"和"抽屉";同时它还是博客信息空间的"外包装",是"信息柜子"本身的样子;作为一种新媒体,博客网站具有与报纸、广播、电视等传统媒体不同的特征和个性。[①] 正像我们人类由于民族不同、信仰不同、爱好不同所居住的地点、风俗、个性不同一样,博客所栖息的家也是遍布各地、多姿多彩、风格迥异,这就自然构成了各种各样的网络博客住所,即网站。

2006 年 12 月 6 日,百度发布《2006 年中国博客发展报告》称:截至 2006 年 11 月 3 日,全球中文博客网点(博客网站)数

---

① 梁景红编著:《网站设计与网页配色实例精讲》,人民邮电出版社 2004 年 8 月第 1 版,第 39 页。

量已达到 5230 万个，比 2005 年有较大幅度增长。^① 目前中国排名前十位的十大网站是：博客网、DoNews、博易、中国博客、博客动力、天涯博客、博客大巴、中国软件、歪酷网和你的博客网，^② 其中博客网（www.bokee.com）为全球中文第一大博客网站。见《中国十大博客网站排名表》。

表1   中国十大博客网站排名表

序号	博客网站名称	博客网站地址	博客网站特征
1	博客网	http://www.bokee.com/	以精英群体为主，对市场及主流舆论敏感
2	DoNews	http://www.donews.com/	定位 IT、记者行业，版面简洁
3	博易	http://www.anyp.cn/	玩网的年轻群体居多，缺乏影响力
4	中国博客	http://www.blogcn.com/	依赖热点、辩论和擂台的互动，稳定性不够
5	博客动力	http://www.blogdriver.com/default.html	强调最新，忽视精华，定位模糊，风格单调
6	天涯博客	http://www.tianyablog.com/	根植成熟社区，注册和使用简单，欠完善

---

① 上海文广新闻集团发展研究部编著：《传媒主张》，学林出版社 2007 年 6 月第 1 版，第 34 页。

② 来源于 http://hi.baidu.com/guangzhiwu/blog/，2007-06-30。

续表

序号	博客网站名称	博客网站地址	博客网站特征
7	博客大巴	http：//www.blogbus.com/	秉承简洁、易用、人性化原则，模板精致美观
8	中国软件	http：//blog.csdn.net/	主打IT领域，侧重技术和评论文章，风格简洁
9	歪酷网	http：//www.yculblog.com/	专心做博客，但模版和系统较为初级，验证码要求繁琐
10	你的博客网	http：//www.yourblog.org/	模版制作崇尚个性自由，页面简陋，操作不够人性化

资料来源：http：//hi.baidu.com/guangzhiwu/blog/

　　博客网站作为第二代互联网站门户，作为"中立、开放和人性化的精选信息资源共享平台"，[①] 可称是互联网技术与内容发展的"里程碑"式标志。从互联网发展历史上看，迄今为止经历了三个大的阶段：第一阶段是1998年至2002年，使用1.0技术，以信息传播为主，着眼于"信息共享"，它仅仅是信息的门户，是"以信息为主"，虽然可以有多层的链接，但都是信息之间的链接，还是属于"平面的"、"单维的"的门户，称为"第一代信息门户时代"；第二阶段是2002年至2005年，使用2.0技术，以知识传播为主，着眼于"思想共享"，体现的是"以人为

―――――――――

　　① 引自博客网（www.bokee.com）简介。

本"，呈现出的是博客人与机构、博客人与组织之间以及多种多样、错综复杂的关系，已从第一代的"平面的"、"单维的"门户发展到"立体的"、"多维的"门户，称为"第二代知识门户时代"；第三阶段是 2005 年至今，使用 3.0 技术，以经济传播为主，着眼于"商业利益"，充分体现了市场经济理念、市场经济本质以及市场体制下的社会风貌，使网络从第二代的"立体的"、"多维的"门户走向了"功能多样化"和"运营社会化"的门户，称为"第三代商业门户时代"。

其中第二阶段的"知识门户时代"正是我们所研究的博客的产生、发展和繁荣时期。博客的繁荣以及博客网站的迅速增长，"标志着以'信息共享'为特征的第一代门户，开始正式过渡到以'思想共享'为特征的第二代门户，开始真正凸现网络的知识价值，标志着互联网发展开始步入更高的阶段"，① 标志着互联网从一种工具理性升华为一种价值理性。

二、博客网站类型

博客网站的分类因标准不同，呈现出多种多样的类型。

1. 根据博客寄居方式分类

博客的"家"从大类上说有两种寄居方式：一种是单门独户、独立托管的专门性博客网站，如博客网、中国博客和歪酷网等；一种是寄居于大型综合网站门下、依附于门户的单元式博客频道，如新浪博客、网易博客和搜狐博客等。

博客网（www. bokee. com）是专门性博客网站的典型代表，是全球中文第一大博客网站，是由 IT 分析家方兴东先生于 2002 年 8 月发起成立的知识门户网站，其网站原名为"博客中国"

---

① 引自博客网（www. bokee. com）简介。

（www. blogchina. com），成立一年零四个月就冲到"老大"位置，2005 年 7 月正式更名为现在的"博客网"，它为全球第一博客门户的发展立下了汗马功劳，做出了开拓性的、卓越性的贡献。

　　新浪博客是寄居性质的单元式博客频道，在博客圈中是知名度最广、影响力最大的博客家园，其成功主要是源于它的"名人战略"。名人博客是新浪网站的突出特色和主打优势，徐静蕾、韩寒、郭敬明、李亚鹏等文化及演艺明星借助这个平台博取了自己的人气，也给网站带来了良好的口碑和丰厚的利益。

　　但实事求是地说，博客网站的影响力与博客的寄居方式是关联不大的，虽然博客网创建最早、规模最大，但其知名度和影响力在博客圈中远不及寄居于新浪网站之下的新浪博客频道。这其中的奥秘就在于新浪博客遵循了市场规律，充分利用了"名人效应"，采取了商业化的运营模式。如今，新浪博客是博客讨论的第一提及对象和获取信息的第一进入区域，在广大博客中享有较高的威望和良好的声誉。

　　2. 根据博客覆盖范围分类

　　不同的博客网站承载内容、覆盖范围不同，有的综合复杂，覆盖广泛；有的单一专业，小众互动；还有的崇尚个性，独具特色。据此可将博客网站分为综合性、专业性和特色性三类。

　　（1）综合性博客网站。其互动内容和博友范围覆盖广泛，如博客网和中国博客等博客网站，是针对各个领域的所有博友。

　　（2）专业性博客网站。以某个专业领域为主要内容，如 DoNews 和中国软件博客网站，博友都是 IT 领域的技术专家或精英。

　　（3）特色性博客网站。不同于综合性博客网站的全面覆盖性，着眼于部分小众博友，如博易网站的博客群体是"玩网"的年轻人，"你的博客网"其模版制作崇尚自由、凸显博友个性。

3. 根据博客基本属性分类

博客网站根据其属性又可分为信息类、专业类、商务类和时尚类等四个种类。

（1）信息类博客网站，如博客网、新浪博客、天涯博客等。博客网"以强调信息为主，拥有的一大批'精英群体'，在信息力量和引领舆论方向上起到了非常关键的作用，他们的声音正是大众关注的焦点，其门户的影响力是所有博客网站中最突出的"。①

（2）专业类博客网站，如 DoNews、中国软件等。它们的新闻及评论涉及的都是 IT 界精英和专家，其特点是内容集中、气氛热烈、风格简洁，但其影响力较小，仅限于 IT 圈内。

（3）商务类博客网站，如企博网（Bokee. net）。企博网是在美国 2004 年建立"企业博客"和"职业博客"影响下，结合"博客网（bokee. com）"和"易创网（ectrade. com）"的经验和优势而推出的"一站式"企业与职业博客服务。这种商务类博客网站区别于通常意义上的"生活和娱乐博客"，同时也突破了常规的电子商务服务功能，而是独创性地将博客的概念与电子商务、职业发展有机地结合在一起构建的一个真正意义上的网上商务与工作平台，它的宗旨和追求是"你我的职业，你我的企业，你我的网络，你我的机会"。

（4）时尚类博客网站，如博易。其宗旨是给 AnyP（Any-People，任何人）提供更好玩的网络家园，它的技术厚实、服务多样，这便给年轻前卫、思维活跃、充满活力的博客群体提供了

①　引自《中国十大博客网站排名》，http：//hi. baidu. com/guangzhiwu/blog.

良好的物质前提和生存平台。

三、博客网站评价

对博客网站的评价目前还没有一个大家公认的标准，但更多人往往是以点击量来为网站排定座次。其实，点击量决不是惟一的衡量参考项，因为市场和商业原因，有时点击量的水分是很大的，它只能作为一个重要而必须的检验项目。

博客网站是个特殊的信息载体，它与报纸、书籍、广播和电视等传统媒体截然不同，但又同时兼顾了这些媒体的所有特点。因此对博客网站进行评价，既要看它的受众数量，又要看它的实用价值和精美程度。

但不同人、不同的博客网站对其评价标准也是不同的，如博客网和 AnyP 对中国当前十大博客网站的排名就有一定的出入，进入前十名的相同网站有七个，其中有三个是不同的；同时在次序排定上也有出入，如"你的博客网"在前者排名中位列第十，而在后者排名中却位列第二，但第一位都是博客网（或博客中国网），这说明业界和网民对博客网的一致认可和它的超乎寻常的影响力。

2007 年 6 月博客网和 AnyP 分别对国内的博客网站进行了遴选分析，博客网站的排行榜前十名依次是：博客网、DoNews、博易、中国博客、博客动力、天涯博客、博客大巴、中国软件、歪酷网和你的博客网，排序见前文的《中国十大博客排行》。

AnyP 针对国内的综合性博客（Blog）托管网站情况，以各博客主站点在搜索引擎中的综合表现及影响力、受欢迎程度、易用性和美观度为主要参考指标进行了十大排名，结果博客中国、你的博客和博客动力在这次评选中分获前三位。

表2　　　　中国十大博客网站排行榜（AnyP 排行榜）

名次	博客托管网站	网址
1	博客中国	blog. blogchina. com
2	你的博客网	www. yourblog. org
3	博客动力	www. blogdriver. com
4	歪酷网	www. yculblog. com
5	中国博客	www. blogcn. com
6	中华部落网	www. mblogger. cn
7	Blogbus	www. blogbus. com
8	donews	www. donews. net
9	敏思博客	www. meansys. com
10	天涯博客	club. tianyablog. com

资料来源：http://www. blogchinese. com

第二节　博客技术

一、互联网 2.0 介绍

1. 互联网技术的历史沿革

互联网的发展经历了 Web1.0、Web2.0 两个时代，目前正经历着 Web3.0 繁荣时期。

"Web1.0 时代是少数媒体或公司将自己或他人生产的内容挪到各自的网站上，而且各网站各行其道、互不相通。因此，信息的生产并没有脱离传统的记者→编辑→发布的所谓'精英模式'。"① 它是将传统媒体搬移到互联网上，做的是一个 Ctrl＋C、Ctrl＋V 的工作，通俗地说做的就是"搬运工"的事情，它并没有很好地发挥出网络媒体的传播作用，因此 Web2.0 的出现使 Web1.0 受到了强烈的冲击。Web1.0 的不足和弊端在于："网络只是少数人的网络，网络上的知识仅仅是少数人创造的知识。"② "它是很硬的东西，一个框架、一个模式、一个观点，例如反沟通、反互动、反平等、反共享、反自由等等"，③ 总之 Web2.0 提倡的文化它都反对。

Web2.0 与 Web1.0 就完全不同了，甚至有些对立，两者之间是没有办法调和的，只能暂时分开以避免"打架"和给互联网造成混乱。Web2.0 是"技术工"，做的是技术工作，是对 Web1.0 的否定和升华，凸显的是互联网的个人化、交互性和全息性的本质，④ "实现了网络内容从下载到上载的转变"。⑤ 它的最核心特征在于它是一种结构性的社会需要，体现的是社会与互联网以及个人的关系。⑥

如果说 Web1.0 的本质是联合、Web2.0 的本质是互动，那么 Web3.0 的本质就是商业价值及价值的均衡分配。Web2.0 是

---

① 赵凯主编：《解码新媒体》，文汇出版社 2007 年 5 月第 1 版，第 170～171 页。

② 同上。

③ 顺风、吴祐昕：《顺风新博客论——互联网 2.0 新思维》，东南大学出版社 2006 年 8 月第 1 版，第 17 页。

④ 同上书，第 247 页。

⑤ 赵凯主编：《解码新媒体》，文汇出版社 2007 年 5 月第 1 版，第 170～171 页。

⑥ 顺风、吴祐昕：《顺风新博客论——互联网 2.0 新思维》，东南大学出版社 2006 年 8 月第 1 版，第 17 页。

Web1.0 的超越，它使网民更多地参与信息产品的创造、传播和分享，从这个角度来说，web2.0 是具有革命性意义的。而 Web3.0 又是对 Web2.0 的超越，它弥补了 Web2.0 对商业价值的忽略，更好地体现了网民的劳动价值和互联网的商业追求。web3.0 使所有网上公民不再受到现有资源积累的限制，具有更加平等地获得财富和声誉的机会。虽然对此缺乏足够的理解，但web3.0 已经出现，如电子商务领域和在线游戏。

"web3.0 跟 web2.0 一样，仍然不是技术的创新，而是思想的创新，进而指导技术的发展和应用。web3.0 之后将催生新的王国，这个王国不再以地域和疆界进行划分，而是以兴趣、语言、主题、职业、专业进行聚集和管理的王国。到时候真可谓是'皇帝轮流做，明年到我家'，你有机会打造出一个新的互联网王国而成为一个国王，也有可能会在互联网王国的民主竞选中成为总统，到时，你将拥有来自地球各个角落的网络公民。"①

2. web2.0 技术的产生、特点及趋势

在 web1.0 的谷底和后期，网络的个性化和互动性新要求与 web1.0 所维护的旨在"搬运"的旧框架和旧模式的矛盾和对立更加尖锐和集中，于是"网络的自我适应性机制开始发挥作用，一些传统的存在模式也在自我解体中艰难而痛苦地寻找再生"，这便"造就了寻求网络出口的 web2.0 创新大潮"。② 所以，"web2.0 是一种网络发展到特定历史阶段必须自我适应性地做出的结构重组和秩序重建"。它具有三大基本特征：一是个人化，

----

① 香草的天地博客，http://hi.baidu.com/xiangcao2006/blog/item/，2007-05-18。

② 顺风、吴祐昕：《顺风新博客论——互联网 2.0 新思维》，东南大学出版社 2006 年 8 月第 1 版，第 248 页。

二是自组织，三是全息化。"个人化是 web2.0 的基础，自组织
是 web2.0 的杠杆，全息化是 web2.0 的腾飞翅膀"。 "同时
web2.0 又具有三大文化：首先是自由，自由是个人化的前提；
其次是开放，开放是自组织的基础；第三是共享，共享是全息化
的核心。"①

　　web2.0 技术有力地推动了 2.0 实践，使个人、组织、社
会三个层次的活动都发生了 2.0 质变，"国内以博客网、百
度、豆瓣网为代表的新兴 2.0 网站的实践指导着 2.0 研究的
方向，传统门户适应 2.0 规律的种种努力也为 2.0 事业的发
展提供动力，特别是博客网以国内 2.0 事业的龙头身份，以
高度的奉献精神和责任心，促进 2.0 研究的种种成果广泛传
播和共享。"②

　　中国社会科学院的问卷调查表明，我国网民玩游戏的比例
高达 62.2%，仅次于阅读新闻和一般浏览，这个比例远远高于
美国、英国、德国等互联网发达国家。在美国、英国等西方经
济发达国家，90% 以上的网民首要的上网活动是电子邮件，而
在中国的调查结果显示，经常使用电子邮件的网民仅占
44.8%，连一半都不到。上述调查和事实说明，中国网民行为
的核心特征还停留在"娱乐"阶段，而西方发达国家网民行为
的核心特征已经上升为"实用"阶段，"娱乐"和"实用"的
行为差异，是东西方两种文明在不同经济基础下经历不同的网
络发展路线而导致的结果。③ 今后，中国的 web2.0 发展趋势

---

　　① 顺风、吴祐昕：《顺风新博客论——互联网 2.0 新思维》，东南大学出版社
2006 年 8 月第 1 版，第 248 页。
　　② 同上书，第 252 页。
　　③ 同上书，第 253 页。

将使网民行为逐渐走出低档次、低内涵的娱乐化阶段,向高层次、高含量的"实用"方向纵深发展,其中体现个性、互动的博客将是最大受益者,最近几年《人民网·天津视窗》开始做博客和向 2.0 转型。

二、互联网 2.0 的文化魅力

"央视春晚"自 1984 年开办以来已有 23 年的历史,走过了早期耳目一新带来的啧啧称赞、中期品位提高形成的褒贬不一和后期缺乏创新的视觉疲劳,如今"央视春晚"已成为全国观众食之无味、弃之可惜的"鸡肋"。于是"停办春晚"、"创新春晚"的呼声日益高涨起来,其中后者的声音更为强烈和突出。在这种背景下,一些网络 IT 领域的精英人才充分利用互联网 2.0 的优势与之相呼应,共同创办了"2006 全球人春节网络联欢晚会",为全球亿万华人网民精心烹制了一道丰盛的"网络年夜饭"。①

这道"网络年夜饭"是网络文艺向电视文艺晚会的公然叫板,是互联网 2.0 技术优势的充分体现和文化魅力的特别展示,也符合"以人为本"宏观社会理念的基本要求。从主观上看,"央视春晚"的衰落为"网络春晚"提供了创新的契机;从客观上看,网络 2.0 技术为"网络春晚"提供了运营可能和物质条件。

"网络春晚"的重大意义在于:第一,利用 web2.0 技术向"央视春晚"发起的挑战和冲击,通过电视消费市场两种文化的碰撞给受众带来了更加广阔的选择空间;第二,互联网 2.0 的支

---

① 顺风、吴祐昕:《顺风新博客论——互联网 2.0 新思维》,东南大学出版社 2006 年 8 月第 1 版,第 259 页。

持下的娱乐2.0突破了传统、保守的央视模式，并将两类不同价值取向的元素分别归入1.0和2.0文化范畴，从而推动了国内影音娱乐市场向多样化服务、多元化消费的方向发展；第三，"网络春晚"贯彻了"人民的晚会人民办"的宗旨，体现了娱乐中的双向互动，使之成为一场高度平民化、平等化的晚会，网民观众们在互动式的主人体验中既娱乐了自己也娱乐了他人。①　"网络春晚"的成功举办和未来美好前景，表明了互联网2.0时代的伟大胜利，给我们带来了激动、惊喜和希望，使我们更加感受到了互联网2.0的文化魅力。

三、博客新技术

1. 博客与 RSS、SNS 和 TAG 简介

Blog 是个人或群体以时间顺序所作的一种不断更新的记录，Blog 之间的交流主要是通过反向引用（TrackBack）和留言/评论（Comment）的方式来进行的，Blog 的作者（Blogger），既是这个 Blog 的创作人，也是其档案管理人。

RSS 是站点用来和其他站点之间共享内容的一种简易方式（也叫聚合内容），通常被用于新闻和其他按顺序排列的网站，用于共享新闻和其他 Web 内容的数据交换规范。读者可以通过 RSS 订阅一个 Blog，确知该 Blog 最近的更新。

SNS（Social Networking Service，简称 SNS（社会化网络软件），是 Web 2.0 体系下的一个技术应用架构，基于"六度分隔理论"运作，放在 Web 2.0 的背景下，每个用户都拥有自己的 Blog、自己维护的 Wiki、社会化书签或者 Podcast. 用户通过

---

① 顺风、吴祐昕：《顺风新博客论——互联网2.0新思维》，东南大学出版社2006年8月第1版，第259～260页。

TAG、RSS 或者 IM、邮件等方式连接到一起,"按照六度分隔理论,每个个体的社交圈都不断放大,最后成为一个大型网络,这就是社会化网络(SNS)。"

TAG(标签)是一种更为灵活、有趣的日志分类方式,博主可以为每篇日志添加一个或多个 Tag(标签),然后就可以看到 BlogBus 上所有和本人使用的相同 Tag 的日志,并且由此和其他用户产生更多的联系和沟通。同时我们还通过与 Technorati 的合作,把博主的 Tag 发送到全球 Blog 空间,和全世界的人们共同分享。①

2. 博客与 RSS、SNS 和 TAG 的四个关系点

(1)与博客相比,RSS、SNS 和 TAG 等网络创新属于技术层面,属于技巧性、战斗性和补充性范畴,而不是真正的战略性概念。它们虽然都是互联网 2.0 时代的"宠儿",但在 2.0 结构中的地位和力量完全不等称,博客是整个 2.0 的基础,也是上述运用创新模式的基础。

(2)博客的自组织特征,在 RSS、SNS 和 TAG 中分别在个人自组织、内容自组织和搜索自组织三个角度得以体现,此三类创新都是在 2.0 发展的特定阶段出现的,与博客的 2.0 本质特性相吻合。

(3)RSS、SNS 和 TAG 三类网络创新必然遵循 2.0 时代的"个人化"规律,他们也深知博客在上述创新发展中作为"本"和"泉"的基础性作用。

(4)博客与 RSS、SNS 和 TSG 等创新应用共同具有网络和社会发展新阶段的解构本性,他们在打破旧秩序的基础上力求建

---

① 关于"博客与 RSS、SNS 和 TAG 简介"均引自 http://www.itdoor.net/pages/138。

立面向个人对象、以个人为中心的全新秩序。①

第三节　博客战略

一、服务战略

博客的深度发展或追求目标必须要从"娱乐需求"走向"生活实用"，互联网技术从 1.0 过渡到 2.0 正是为了适应这种需要。在互联网 2.0 时代，美国、英国等西方发达国家早已将战略转到了电子邮件、博客交流等实用服务上，我国也应顺应这种国际潮流，尽快走出恶搞、聊天、游戏的低层次娱乐服务圈子。

互联网 1.0 时代，正是博客外延扩张、增容添量的第一个发展时期；而到了 2.0 时代，标志着博客发展已进入了充实内涵、夯实基础的第二个历史阶段。第二个阶段不像第一个阶段那样浮躁不堪、感情用事了，而是更加理性化、科学化了，由原来规模上量的追求走向了今天内涵上质的向往，旨在拓展博客的价值功能、提高博客的使用品位。

顺风和吴祐昕在他们出版的《顺风新博客论——互联网 2.0 新思维》一书中，独辟专章讨论博客服务战略，并从博客文化和博客技术两个视角提出了具体操作方法。比如对博客模板，他们以星级宾馆电梯地面每天更换的"星期一""星期二"等字样地毯和手机机壳的"随时变脸"、"百变霓裳"等时尚设计为例，提出博客模板也可推出丰富多彩的"套装服务"，让博客用户选择三天或五天的周期

---

① 关于"博客与 RSS、SNS 和 TAG 的四个关系点"参见顺风、吴祐昕《顺风新博客论——互联网 2.0 新思维》，东南大学出版社 2006 年 8 月第 1 版，第 260～261 页。

自动循环更换的"模板组合",这样"可以很好地满足一些追求时尚的年轻博客的需求,同时也改变和优化了浏览的趣味性"。① 这种关于博客模板的创新设计,体现了他们对博客文化的深刻领悟,反映了他们对博客用户心理需求的悉心洞察。

再比如,对博客朋友圈子形成和博客后台结构操作等方面,他们以博客网推出的 BMAIL 服务为例,提出分类加工数据库里的地址信息和将博客与聊天室、IM 和 E-mail 等传统模式整合的两大方案。前一方案不仅着眼于博客对于内容和信息传播的重要意义,更主要的是拓展了博客对于社会关系的全面改造功能,体现了博客自由、开放、共享的服务方式与姿态;② 后一方案主要指栏目名称的通俗易懂、栏目结构的合理搭配以及后台页面的美观大方,其目的是追求操作简单化、服务人性化。显然,这两大方案的实施都需要互联网技术作保证,因此技术升级、技术整合和技术创新就显得异常重要。

二、商业战略

人们对互联网以及博客的认识,最初都是局限于信息传输与搬移,谁也没有认识和重视到它的商业价值与功能,直到互联网2.0 的升级发展致使量的积累达到一定程度之后,互联网的商业潜力与经济价值才引起人们的重视和惊叹,并从而产生了经营方向的转移和互联网与博客的新革命。2005 年,当博客寄居还很分散、没有形成规模影响的时候,新浪网主编陈彤就已超前地意识到了博客的商业价值,于是他以三寸不烂之舌和执著的毅力说

---

① 顺风、吴祐昕:《顺风新博客论——互联网 2.0 新思维》,东南大学出版社2006 年 8 月第 1 版,第 46 页。
② 同上书,第 47 页。

服了徐静蕾、韩寒、郑渊洁等名人的加入，不到半年新浪网的名人博客频道就已在圈子里形成了气候，并成为牵动和影响新浪网经济效益举足轻重的著名品牌。如今专门的博客网站和综合的博客门户都已进入到了商业经营阶段或层次，不仅博客网站组织如此，博客个人也已逐渐重视起博客的盈利追求。演艺明星徐静蕾112天就突破了1000万的点击量，"红"了自己的同时也"热"了新浪网。当3000万点击量来临时，徐静蕾觉醒到了"原来博客不仅能交流思想，还能赚大钱、做事业"，当与新浪利益分成被拒绝后她的"鲜花村"网站顺利开通，如今10753万的点击量（2007年8月6日统计）使她以绝对优势一直牢牢占据着新浪博客排行榜的老大位置，这种良好的态势不仅开拓了她的演艺事业，而且还提升了她的人气和身价。有"四小名旦"之誉的徐静蕾今天已红得发紫，这虽然不能完全归功于她的博客，但可以肯定，两者之间有着较高的相关性。

　　以上只是导入话题的一个引子，而对博客商业战略的真正研究与思考其视角不会这么小和狭窄。既然谈的是战略，就一定得是大背景、大视角、大问题。2006年以来，博客商业竞争异常激烈起来，其主要标志是：从规模上看，到2006年11月3日全球中文博客站点数量已达到5230万个，博客用户数达到1987万个；从战略上看，博客网站已从休闲娱乐走向生活实用、技术整合、商业经营、功能延展、文化需求。在这种硬碰硬、实打实的竞争中，一些经营不善的小博客网站纷纷倒闭退出市场，有的即使活着也是名存实亡。

　　那么博客商业竞争的关键是什么？其发展战略又是什么呢？笔者认为，一是走市场细分与个性化路线，二是突出内容鲜活与时效性特色。

　　如今这个信息时代，表面看是大众传播，但实际上是小众需求，任何媒体要想覆盖所有受众群体都是一件"费力不讨好"的徒劳，因此必须在认真分析广大受众兴趣、爱好、动机的个性需求基础上细分目标市场，有针对性地输送信息，才能以优质的服务吸引住受众的注意力，才能占领属于你的市场，才能在博客的商业竞争中立于不败之地。于是便出现了"企博网"和"台州博客网"这样的企业博客专门网站，出现了"DoNews"和"中国软件"这样的 IT 业博客专门网站，出现了"博易"和"博客动力"这样的个性化博客网站，这几个博客网站都只是满足了某一领域、某一特征的部分受众，这也许正是他们成功的根本原因。

众所周知，博客内容的主要特征是原创，原创以及由此引发的鲜活、深度、独家和主动等五个方面成为"博客内容价值判断的五大标准，也可以推广作为博客行为、博客关系的价值判断的五大标准"，其中"鲜活性日益成为博客价值体系的制高点"。[①]所谓"内容鲜活"，就是强调博客内容、关系、行为的时效性，强调"现在、现实始终是联系过去和未来最核心的环节"，强调信息多少、信息早晚、信息快慢对一个人生存和对一个社会进步的重要作用和关键意义。

三、创新战略

创新是新时期使用频率最高的一个核心关键词，是所有事物和所有领域发展的一个通用性战略，对博客来说也不例外。博客自 2002 年由方兴东和王俊秀两位 IT 先驱引入国门以后，经过近三年的发展已完成了互联网 1.0 时代的信息搬移和单向传播，完成了规模扩张和早期积累，到 2006 年产生了一种停滞不前的

---

① 顺风、吴祐昕:《顺风新博客论——互联网 2.0 新思维》，东南大学出版社 2006 年 8 月第 1 版，第 71 页。

"高原现象"。这时就需要冲出沉寂、走出徘徊，与时俱进地跟上互联网 2.0 时代的技术新要求和传播新模式。而要想实现这一点，必须走创新的道路。

于是，2006 年中国的博客领域发生了理念的创新、技术的创新、服务模式的创新以及商业模式的创新等一系列改革，有人将 2006 年称为博客的创新年。

博客创新改革主要体现在以下几个方面：

首先，通过网线融合实现网人融合。2006 年开始，网络的虚拟化进一步淡化，而网络互动的现实化逐渐加强。以往我们做的是把现实生活的互动拉到网上和线上进行搬运和复制，现在做得更多的是把网上和线上的虚拟交流还原回现实生活的沟通，进而形成一个融合个人与网络的循环系统，这有利于"形成基于个人和关系的网络生态"。这种从网络到现实、再从现实到网络的循环体系说明：个人、社会和网络将会周而复始地相互作用、相互依赖，说明"互联网和现实并不是割裂的关系，也不是对立的关系，最终是融合。没有现实互联网就会消亡，没有互联网现实中的个人和社会就会损失一大块功能"。[1]

其次，通过"深度服务"提升个人价值。"深度服务"的提出，是源于博客第二阶段内涵挖掘、空间发展的需要。这个时期，"博客大发展的关键已经不是数量的堆积，而是文化的弘扬、理念的传播、模式的创新和服务的深化，深度服务是其中非常重要的一个部分。"[2] 所谓"深度服务"，就是博客促使个人自我完善、使草根通过自我学习成为精英的过程。博客源于草根、结于

① 顺风、吴祐昕：《顺风新博客论——互联网 2.0 新思维》，东南大学出版社 2006 年 8 月第 1 版，第 59 页。

② 同上书，第 63~64 页。

精英；博客使草根变精英、使精英更出名。

再次，通过开展互动拓宽博客空间。博客发展第二个历史阶段的主要任务就是挖掘内涵，这是博客腾飞的关键。这个阶段主要的特征是围绕互动开展大量的创新，"中国对于世界博客事业，从博客功能结构的完善、博客服务的完善、博客的细节技术运用等很多方面都应该作出更多更新的创新贡献，在填补空白、开辟新空间方面都会有更好的期待。"①

最后，通过开放思维联通博客体系。建立开放和共享意识，这是国内博客网站发展的遵循和标准。开放和共享，第一要实现技术上的互联互通，第二要实现文化和观念上的互联互通。顺风和吴祐昕在他们的《顺风新博客论——互联网 2.0 新思维》一书中提出了把博客与 BBS 和 RSS 和形成最优化的整合方案的"BBR"模式，打通模式之间互联互通的问题，同时还要解决不同服务商和不同的标准之间的互联互通。

---

① 顺风、吴祐昕：《顺风新博客论——互联网 2.0 新思维》，东南大学出版社 2006 年 8 月第 1 版，第 64 页。

第五章

博客经济与赢利

第一节　博客经济与注意力

一、博客经济与注意力的关系

1. 心理学视角的注意力解读

媒体不管是哪一种，都是用来"听"和"看"的：如报纸是专门用来看的（这是指纸质的，今天的电子报纸也可用来听）；广播是专门用来听的，电视是用来听和看的，网络也是用来听和看的。从心理学角度讲，要想吸引别人"听和看"，就必须得引起他们的注意。奇异的声音和音乐是为引起"听"的注意，"万绿丛中一点红"是为引起"看"的注意。

那么人们为什么要突出自己以引起别人的注意呢？这要从心理学上解释。美国心理学家马斯洛的"层次需要理论"告诉我们：人有生理需要、安全需要、社交需要、自尊需要和价值实现需要等五个方面的物质和精神两大类需要。当一个人衣食住行育等生理需要和身体、生命、财产等安全需要得到满足后，人就要追求一定的社会地位，就要社交和参与社会工作，使其能在社会中沟通情感、展示自我，受到重视、赢得尊重，从而产生幸福感、成就感和价值感。

　　那么怎样才能实现这一精神追求目标呢？当然是要依靠能力、实力和真本事。这是人得以进步和发展的内在原因，并且是决定性原因。但在竞争激烈的时代，有能力、实力和真本事的人到处都是，机会怎样才能落到你的头上呢？如果不积极争取，机会垂青于你的概率恐怕最多只有50％的可能性，这就需要我们主动出击，靠等是没有多大出息的。这种情况下就要胆大心细，有时需要故意弄出点儿声音、故意描绘出异样的图案，以博取人们的眼球，提高人们的注意力和关注度，这就是心理学告诉我们的"无意注意"原理。一个事物已经长期受到关注这是"有意注意"，但是一个事物特别是新生事物，刚开始或某个时期是没有人关注的，这就需要通过奇异的声音或画面来引起他们的"无意注意"。

　　特别是在今天人才济济、媒体林立的时代异常重要，一个人的脱颖而出、价值实现需要展示时那就要"该出手时就出手"，以引起伯乐的注意并得到重用的机会；一个媒体或其中的一个版面、一个栏目要产生影响、被人认可，也要通过宣传形式引起受众的关注。

　　在今天的市场经济体制下，注意或关注不仅仅能够让人精神满足、实现价值，而且还会产生较大的经济效益，带来物质的收获。正因为如此，人们说今天的社会和市场是"注意力经济"，今天的媒体是"眼球经济"。这种物质或经济产生以后又会反哺人们的精神需求，从而使物质和精神形成一种积极的良性循环，不断提升人们的生活质量。

　　2. 哲学视角的注意力解读

　　注意力是观察者对被观察对象的专注程度。"注意力"的产生需要两个条件：一是观察者，二是被观察对象，缺一不可。其中，决定注意力的主体是被观察对象，起辅助从属作用的客体是观察者。从哲学视角看，在影响注意力的两个因素中，被观察对象是内因，观察者是外因。一个被观察对象能不能引起观察者的注意，关键在于它本身是否具有被吸引的魅力，确实能够产生让观察者"欲罢不能"的冲动，这是前提条件，是根本。在此基础上，那就要看观察者的素质了，如果观察者具有识别被观察对象魅力的能力和水平，这时注意力就会产生，这种状态就是哲学所说的内因与外因的统一、主观与客观的统一。反之，如果观察者不懂或没有发现被观察对象的魅力，那就是被观察对象"一厢情愿"、"自作多情"了，注意力当然也就无从谈起。在这种情况下，被观察对象的发展就会受到限制，就不能顺畅而高效率地前行。

哲学的内外因原理和主客观统一原理告诉我们：在分析和判断一个事物与相关事物的关系时，要找准主客体，要明确事物的现象和本质，不能被表面现象所蒙蔽，更不能违背规律草率行事，这方面，经济建设中的急功近利已给我们提供了极其惨痛的教训。那么再反思一下我们的传媒事业呢，那真是"不看不知道，一看吓一跳"，我们今天的传媒已陷入一种极其严重的主客颠倒、本末倒置的误区之中。

应该承认，我们的传媒市场意识很强，虽然是"慢热"，反应晚了一点，但毕竟我们已看到传媒不可估量的巨大商业价值或市场潜力。但我们民族中的那种急功近利、不肯吃苦的劣根性在这方面充分暴露无遗，主要表现为：不从媒体本身的改革上下功夫，而是不惜一切代价、千方百计地调动广大受众的注意力。今天对媒体来说，是个"内容为王"的时代，媒体的注意力主要取决于媒体本身的版面内容和节目质量，而不是投机取巧地依靠形式翻新来"忽悠"受众，依靠"咯吱"观众来提高电视娱乐节目的收视率。如今的受众已经理性起来了，如此这般的"雕虫小

技"已糊弄不住他们了,因而还是要实打实地靠节目内容来调动
受众的注意力。央视的《百家讲坛》就是最典型的例子。当初,
《百家讲坛》的内容来自于大学里的专业性极强的学术讲座,因
此没有市场,尽管也都是学术大家、名人,但就是吸引不了电视
观众的注意力,因此收视率极低,面临淘汰边缘。后来在节目内
容上进行了改革,内容以历史和文学为主,把学术文本转换为电
视文本,这样一改,注意力和收视率一下子就上来了,现在已成
为央视的品牌栏目,同时又造就了易中天、于丹、王立群等一批
学术明星。

3. 注意力在博客经济中的作用

要弄清博客经济与注意力的关系,首先要明确:博客及博
客经济发展到底取决于什么?众所周知,博客的产生和发展是
互联网的必然产物,没有互联网就没有博客,可以说博客是互
联网的"衍生品",是附着和寄居在互联网身上的,就如同毛
与皮的关系一样。博客是伴随着互联网与现实社会的关联日益
增强,伴随着互联网自由、开放、民主、共享的发展趋势,伴
随着旨在"搬移信息"Web1.0 的退去和旨在"互动交流"的
Web2.0 的到来,适应互联网新形势、新背景、新技术的具有
个人化、自组织和全息性特征的一种平台模式。① 因此,从本
质上说,博客及博客经济不是外在的注意力带来的,而是互联
网更加重视实用、具有人性化的一种新的延伸形式和纵深式发
展,是互联网的不断更新、完善的内在需要调动并促进了博客
形式的产生,所以,互联网的生命力、核心价值才是博客及博
客经济的巨大动力和源泉。

---

① 顺风、吴祐昕:《顺风新博客论——互联网 2.0 新思维》,东南大学出版社
2006 年 8 月第 1 版,第 87 页。

　　但毋庸讳言，注意力也是博客及博客经济不可缺少的重要条件。在今天媒体自主经营、自负盈亏的体制下，在媒体林立、节目同质、风格相似的竞争态势下，没有注意力就等于没有收视率，没有收视率就等于没有广告，没有广告就等于死亡。这就需要创新，只有创新才能产生与众不同的"动静"，才能将受众的注意力从别处移向自己，从心理学来说这就是有意注意向无意注意的转化。

　　我们这样反复论述，就是为了表明：博客及博客经济需要注意力，而且是强烈需要，但注意力的获取要走正道，要通过提高节目质量进而增加博客自身魅力来实现，而不是逼迫或强迫受众假惺惺地去注意。另外，注意还有长期或短期的问题，博客经济追求的应是持久的注意力和持久的商业价值。

二、博客经济与竞争

　　我国的博客发展历史还不长，从 2002 年 8 月方兴东引入到今天也不过五年多，因此谈博客经济有点儿底气不足，确实也无特别成功的案例值得剖析，应该说我国的博客还处于萌芽时期，目前体现出来的还属于它的母体——互联网本身"通用的赢利模式"，[①] 如广告、短信和游戏等，这也实在不值得博客拿出来炫耀和吹捧。博客真正的赢利应该是在 Web2.0 时代背景下，在继续发扬光大和升华互联网的通用赢利模式基础上，对博客内容的个性化、娱乐化和商业化进行深入的思考，才能挖掘"更多的创新空间和利润源泉"。[②] 我们预计，在未来数年里，随着博客

---

　　① 顺风、吴祐昕：《顺风新博客论——互联网 2.0 新思维》，东南大学出版社 2006 年 8 月第 1 版，第 83 页。

　　② 同上。

"用户规模的扩大将催生出更刺激和更科学的博客赢利模式,最终迎来更广泛、更深远的博客经济大潮"。①

明确了以上博客经济的努力方向和美好前景后,我们还要清楚博客所面临的竞争形势:一是与同质性媒体的竞争,二是与母体网络的竞争,三是与综合门户和垂直门户的竞争,四是与海外博客网站的竞争。

首先,与同质性平台模式的竞争。在互联网中,与博客相类似的旨在沟通交流情感的网络平台还有 MSN、QQ 和 E-mail 等形式,这样必然会与博客网络平台分羹争食,削弱并减少博客的受众群体数量,从而降低博客的经济收入或利润。因为受众数量就是广告或商业价值的代名词,博客受众少,影响力就小,当然商家关注就少。E-mail 主要用于工作和通信,其用户大多集中在有知识的中年和部分青年中;MSN、QQ 以聊天为主,其用户大多集中在青年和学生中。这些交流平台的每一种用户都多于博客,与这些交流平台竞争,博客并不占有优势。

其次,与互联网母体的竞争。博客是互联网母体衍生出的一个新生命,是"母与子"的关系,具有独立性;博客也是互联网母体上的一个大"器官",是相互包容的依存关系,受互联网制约。这种较为复杂的关系决定了博客必然要受制于互联网,因此只能是"带着镣铐跳舞"。互联网是个庞大的系统,除了博客以外与之相并列的还有新闻、电影、报纸、短信、游戏等项目,他们都在与博客争夺着同一块体积固定的蛋糕,因此要千方百计地压制、阻挠博客的发展。何况,现在博客的势力还很微弱,据统

①　顺风、吴祐昕:《顺风新博客论——互联网 2.0 新思维》,东南大学出版社 2006 年 8 月第 1 版,第 83 页。

计，博客数量仅占互联网网民总数的 10%，因此，目前它也无力与强大的母体互联网相对峙。

再次，与综合门户和垂直门户的竞争。传统博客网站当前正遭遇着综合门户和垂直门户的侧面袭击，比如新浪、TOM、和讯等也都推出了自己的博客服务。这些博客寄居于强大的、权威的、有实力的综合网站中，它们"进可攻退可守"，占有着天然的背景优势，它们可能会开辟出一个新的博客赢利点，也可能会增长原有网站的网页价值。总之，它们会侵占传统博客网站的地盘，剑拔弩张的激烈竞争场面将不可避免。

最后，与海外博客网站的竞争。目前，来自美国、韩国的博客网站对中国博客经济的冲击较大。以 MSN 博客为代表的美国商务博客具有一定的商务性，同时也具有更大的精英性质和社会传播性质，这与美国社会多元化和大众政治以及传播的参与意识密切相关。① 美国的商务博客的服务立足个人，面向精英，满足需求，且服务项目单一，不混杂。以"赛我网"为代表的韩国情感博客，其文化趋同于东方，立足于个人的大众化需求中的娱乐性，并且非常专注地发掘、创造更多的娱乐性、娱乐活动、娱乐事物，包括虚拟的"赛我小屋"，这一发展思路对中国的博客经济影响颇大。而以"博客中国"为代表的中国专业博客，其博客路线是摆脱专业性、技术性和精英文化的影响，真正立足于草根和大众需求，走出更加彻底的娱乐化和大众化路线。由此可见，海外博客网站不可小视。

---

① 顺风、吴祐昕：《顺风新博客论——互联网 2.0 新思维》，东南大学出版社 2006 年 8 月第 1 版，第 84 页。

三、博客注意力特征

随着互联网技术的进步与发展,"网络注意力"也随之进行了升级换代式的转移,以往 Web1.0 时代"网络注意力"主要表现为新闻信息,今天 Web2.0 时代"网络注意力"主要表现为"博客注意力"。

顺风和吴祐昕在他们的《顺风新博客论——互联网 2.0 新思维》一书中,高度评价了"博客中国"和方兴东在寻找和挖掘"博客注意力"方面所作的巨大贡献:以"博客中国"和方兴东为代表的博客服务的先驱们,在寻找和挖掘博客注意力方面作出了历史性的贡献,而他们的回报就是"博客经济"的先发优势。事实证明,博客注意力正是网络金矿刚刚挖出来的"注意力黄金",博客点击将成为网络点击中最有价值的"黄金点击"。[①]

顺风和吴祐昕在他们的《顺风新博客论——互联网 2.0 新思维》一书中将"黄金注意力"总结为四个方面的特征。

第一,"黄金注意力"是具有最大的网络文化的核心代表性,是整合了贵族化、高档化和通用化的最有革命性质的注意力。对其开发,能够迅速而高效地实现网络文化与个性文化的平衡与共存,能够促进个体思想与网络思想的互动。

第二,"黄金注意力"具有最大网络技术的先进性,在提倡个体网络文化建设以及进步的同时,也尊重网络自身的力量,从而保证网络文化与个体文化的并行发展并逐渐呈现出融合之趋势。

---

① 顺风、吴祐昕:《顺风新博客论——互联网 2.0 新思维》,东南大学出版社 2006 年 8 月第 1 版,第 80 页。

第三，"黄金注意力"具有最大的网络意识的运动性，它对于网络变化的领悟、对于网络生存的激情以及对于网络思考习惯建立的高度认同，奠定了它在网络道路中"掘进机"的动力性地位。

第四，"黄金注意力"具有最大的网络联系现实的纽带价值，它在网络思想与现实思想之间、在网络行动与现实行动之间，推动最人性化的实现尽可能"无缝"地对接。

第二节 博客的商业价值

2002 年 8 月，IT 精英方兴东将博客这种网络交流新形式引入中国，不到两年就由最初的分散和零乱逐步变成系统和规模。到 2004 年 6 月，博客"已经成为一个具有明显群体特征的网络社区"，[①] 同时伴随着点击量的上升和影响力的扩大，已初显商业特质。从这一时刻开始，那些具有商业头脑的人开始进行博客商业化或资本的运作，并最终促使国内博客中国、BLOGBUS 和中国博客网等三大博客网站陆陆续续得到了第一笔风险投资。"至此，中国博客商业化趋势初现端倪，中国的博客经济时代已然来临"[②]。那么经过三年多时间的运作，博客商业发展状态如何呢？存在哪些问题呢？前景乐观吗？

一、博客商业现状及发展

实事求是地说，博客 2002 年进入我国之后，最初并没有

---

① 龚艳平：《博客商业化：概念躁动期?》，《网络传播》2005 年第 5 期。
② 同上。

引起人们的关注，对其隐含的商机及商业价值也几乎无人发现，直到两年后的 2004 年才有人从商业视角理解它，并从中觅到了一丝商机。应该说，对博客商业功能及价值的认识在我国还属于"慢热"状态，其发展也是徘徊、缓慢、进展不大，直到三年后的今天仍停留在"高技术、低模式"的初级状态。

所谓"高技术、低模式"，是指博客网站现在使用的是 2.0 技术，但仍按 1.0 的赢利模式在运营，即博客网站现有的商业模式并未突破传统门户的生存框架，找到一个适合自己的赢利模式，仍然是以网络广告、无线娱乐和文化出版等延伸业务为主。因此有专家说，中国博客商业化是理论先行、实践滞后，始终处在一种"概念躁动期"之中，是"概念大于实际的一时噱头"。①这句话说得很到位，也很切中要害，一语道破了中国博客商业化的低迷、不景气现状。

这一点，中国博客运营商们其实也不用发愁，因为目前在国外也没有明晰的赢利模式和更多的典型案例，既然是新生事物，就不可能有现成的经验，就必然要付出探索和失败的代价，前期的实践运营就可能要滞后于技术和概念，这实际上是正常现象，好在我们有人在做了，并且已经有了初步的成果。如新浪网站自 2005 年建立名人博客专门频道以后点击量骤增，其知名度和影响力直线上升，直接或间接为其赚取的经济利润以及未来的潜在商机无法用具体的数字来衡量，已经发生收入腰包的恐怕只有总编辑陈彤知道，而未来潜力谁也无法预料，但不可否认的是，借助其门户下的名人博客新浪的的确确是火了，而且是火得不得了，火得是"一塌糊

① 王正伦：《QQ 的盲点和博客赢利的 N 种猜想》，《投资中国》2006 年 11 月 20 日。

涂"，让人嫉妒不已。

　　在我国，目前看博客商业运营模式主要有两种：一是依靠风险投资作为免费运营的支持，二是利用人气等因素吸引广告商的目光来获得一些广告收入。这两种模式中，前者操作起来很难，因为风险投资商要考虑收益，如果博客网站不能找到合适的赢利模式，时间一长风险投资商就会失去耐心；比较而言，还是后者容易操作，也能保持长久，这是因为它采用的是传统媒体和传统互联网的最常见、最稳当、最现实的赢利模式。因此目前来看，博客的商业收入和赢利主要来源还都是网络广告。如中国博客、Blogbus 和博客中国等博客托管服务提供商（BSP）通过为博客们提供免费的 Blog 空间，吸引了大批用户，同时用户聚集成的庞大网站流量成为这些 Blog 服务提供商招揽网络广告主的手段。像惠普公司、华为技术有限公司以及浪潮集团有限公司等广告主已成为博客中国网站的主要广告商。

　　一般来说，博客的商业化运营有两大类型：一类是纯商业性质博客网站的商业化运营，一类是专门的和托管的间接赢利博客网站。第一类如企业博客，这类博客的目的和意图十分明显，是给广大消费者提供了解企业和产品、沟通信息和情感的交易和交流平台，间接目的是营造企业良好文化，直接目的是企业赢利。这是博客商业化的最直接运作，实际是企业借助互联网及博客进行产品销售，等于利用博客在全球范围内建立了无数个产品销售点。第二类中国博客和新浪博客，这类博客网站的商业化运营与传统媒体的商业运作模式极为相似，是运用了传播学的"二次销售原理"，即通过提高点击率来吸引广告商和其他商家投资，在这方面最为成功的典型就是新浪网站。

二、博客商业化运营中的困惑

虽然中国博客商业运营不是很成功，博客的商业利益也不是很大，但关于那仅有的一点点儿赢利早已或背后或当面地争得不可开交，以至于影响并促进了博客新格局的产生。这方面的最经典案例就是有"全球第一博客"之称的徐静蕾与新浪网站的广告利益之争。

徐静蕾与新浪网站之争的焦点是如何分配广告利益。当初新浪网总编辑陈彤将"半推半就"的徐静蕾拉入新浪名人博客频道里的时候，两方谁也没有想到 112 天、一年、两年就会有 1000万、5000 万和 1 个亿的超高量的点击率。如果没有这么高的点击量，也可能双方至今还会和好相处，这就像夫妻一样"贫贱好处，富贵难久"。其实当初双方邀请和被邀请的动机和目的是完全不同的：新浪网站是商业需要，徐静蕾是为更出名。后来这么高的点击量新浪网站的陈彤是有所估计的，而徐静蕾根本没有预料到，因此当点击量首先突破千万的时候，双方的心情截然相反：陈彤是心中窃喜，眼看腰包见鼓，陶醉于当初的英明决策；徐静蕾甚感吃亏，只见别人收钱，后悔"成了别人的赚钱道具"。[①]

这场争执在业界专家和广大网民中引起了强烈反响，人们都纷纷质问：究竟这"老徐"是谁的博客？是提供网络服务的新浪，还是提供文字的徐静蕾？新浪网总编陈彤坚持"老徐"的博客是属于新浪网的，与徐静蕾无关；而徐静蕾认为新浪网的收益是靠她的点击率获得的，她至少应得到部分广告利益分成。这场"博客所有权"之争"公说公有理，婆说婆有理"，一时陷入僵局，在经过一番对峙、僵持之后，徐静蕾接受了"粉丝"王鹏女

---

① 央视国际：《点击量突破千万，徐静蕾的博客值多少钱？》，2006 年 4 月 20 日。

士的注册域名，被迫另辟了"鲜花村"网站，从此徐静蕾"拿下了博客自主权"，^①拥有了 xujinglei. cn 这块完全属于自己的地盘，并逍遥自在地过上"狡兔三窟"的快乐生活。

这场"博客所有权"最终的结果，表面看是新浪网站赢了，因为它的广告利益没有受到损失。其实抛开眼前有限的广告利益，从长远看我倒觉得是新浪网输了，徐静蕾赢了。虽然徐静蕾的"转移阵地"是被动的，但这个"独门独院"的新"阵地"却拓展和提升了她的演艺事业。相反，由于徐静蕾"另建"博客，新浪网的点击量明显下滑，当然广告也势必会受到影响。

经过这样一场争议后，徐静蕾似乎成熟了许多，提高并增强了自己对互联网及博客的商业意识和价值的认识。最后也终于明白：她在新浪的博客种的是别人的自留地，只有"鲜花村"才是自己"真正可以做主的地盘"；同时也庆幸：幸亏能够及时觉醒，要感谢新浪网站，是它帮助了自己。

对这场争论笔者更倾向于支持徐静蕾。今天这个时代的竞争不是两败俱伤、你死我活的拼杀，而是"抱团取暖"、相互依赖的合作。我们都明白"皮之不存，毛将焉附"的典故，新浪网与徐静蕾的博客其实就是这种"毛"与"皮"的关系，新浪网为徐静蕾博客的高点击率提供了平台，而徐静蕾博客的高点击率也为新浪网赚取不菲的广告回报。一个为"名"，终于"火"了，达到了目的；一个为"利"，终于"赚"了，也实现了预想。因此这是典型的"双赢"战略。

实事求是地说，新浪网实在不该独吞因徐静蕾等名人博客带来的这些广告利益，毕竟这其中徐静蕾个人博客几千万的点击量

① 赵璐苹：《老徐："我的地盘我做主"，徐静蕾拿下博客自主权》，《京华时报》2006 年 3 月 26 日。

起了较大的作用。清华大学新闻与传播学院陆地教授也持笔者这种观点,他认为,新浪网与徐静蕾双方互相依存的关系,并用"登堂入室"这个概念作比喻,把新浪网好比"堂",徐静蕾博客好比"室",进而指出"二者应该是共生、共有、共创、共享、共赢的关系",是"一根线上的蚂蚱",因此倒不如采用一种合理的利润分成方式,从而获得双赢。[①]

上述"徐静蕾与新浪网站的广告利益之争"这个案例说明,目前我国的博客商业化运营仍处于探索、困惑期,还没有形成较为科学的管理办法,还需要我们努力。"徐静蕾博客事件更像一面镜子,折射出我国博客今后发展中可能出现的问题",[②] 同时又是在叩问我们:如何在治标的同时加强治本,以确保博客的商业价值追求向着健康、规范、科学的方向发展。

三、博客商业价值的拓展与前景

未来中国的博客商业探索之路应该向何处走?如何走出"高技术,低模式"、"理论超前,实践滞后"的误区?中国博客商业价值的前景如何呢?

笔者认为,在保证、持续当今的广告收入和风险投资基础上,应进一步拓展博客的商业价值空间,寻找博客新的经济增长点。

1. 细分博客市场,完善小众化服务

正像报纸、广播和电视等其他传统媒体一样,博客也是属于大众传播,而且与传统媒体"点对面"传播不同的是,它属于"所有人对所有人的传播"。这就意味着,博客消费市场是广阔无

---

① 李红艳:《博客广告钞票往谁兜里塞》,《北京日报》2006 年 3 月 1 日。
② 同上。

边的。但今天媒体竞争的规律和态势是：大众传播向小众、分众传播转移，比如报纸栏目化、杂志化，已按新闻、经济、生活、健康、影视、汽车、美容等分成系列专刊或特刊；比如广播和电视也都频道化、频率化，已分成新闻、综合、综艺、国际、体育、电影、农业、音乐、教育、少儿等系列频道。

同样道理，网络及博客也根据职业、领域、性质等标准分割成不同类别的"圈子"，而且还可能再细分，"大圈"套"小圈"。比如新浪博客网站，就分成了明星·娱乐、体坛·名家、草根·名博、文化·评论、精英·学者、商界·英才、报刊·影视、情感·生活、IT·互联网等九大圈子，然后往下还可以依次分成无数小圈，如演艺明星博客圈以及再分的徐静蕾博客圈、李亚鹏博客圈和张艺谋博客圈等，学者博客圈以及再分的余秋雨博客圈、易中天博客圈和孔庆东博客圈等。此外，还可以细分为高三家长、报考播音主持辅导等团体式博客圈，这实际上是建立了某个圈子内的共享资源，能够满足某一类群体的小范围内需求。

既然博客圈的职业领域或专业分得这么细，那么它的商业运作也必须与此一致，按行业或按专业进行小众或分众化的广告投放和附加服务。

2. 汇聚博客资源，彰显个性化特色

根据国外博客发展现状分析，博客的重点和趋势并不是简单、低层次的娱乐性追求，而是要侧重于"思想资源"的有效支撑。因为博客资源是实施博客商业化的基础，只有汇聚并有效地运用博客资源，深入个性化服务，才能拓展博客的商业化领域，提高博客的商业化利润。中国博客网高级副总裁张本伟曾预言中国博客的必经之路："通过以博客圈子为中心，细分博客群体，开展一些周边的商业合作，将有效的商业服务送达到有效的博客群体中去。只有这样，BSP（博客服务提供商）才有可能逐步实现赢利。"

在这方面,韩国的"赛我网"以其独树一帜的经营模式和文化风格显示了它的个性化,给我国博客的商业化运营提供了可资借鉴的榜样和范本。"赛我网的核心功能是被称作迷你小窝(Minihompy)的个人主页,同时提供论坛、相册、日记、虚拟形象和虚拟礼物等综合服务,在个性化表达方面相当完善。""当前,赛我网以其个性化服务为其盈利开辟了一条道路。因此我们不得不承认,在坚持博客资源的前提下,给用户提供个性化服务不失为博客网站发展的一个方向"①。

3. 创新商业领域,提供增值性服务

"增值服务是 Blog 服务商保留用户并实现收费的重要手段"②。目前针对企业博客、移动博客等商业创新领域,为用户提供诸如域名绑定、功能分类、移动发布等高附加值的产品,将有利于开阔原有的视野,寻找到新的商业增长点。

2006 年全球最大的中文博客网站中国博客网宣布将以收费形式推出 M-RABO 和 RABO 两项新业务,这是博客商业化运营的一种尝试和创新,其政策出台和具体实施意义重大。如果能够科学地分析方兴东提醒的运营环境问题,充分地估计到手机、短信、彩铃和游戏等与博客的竞争实际情况,那么这两种收费项目将会达到预期的目的。增值项目和服务质量能否得到认可,除项目本身原因以外,还与博客自身的影响力紧密相关,因此我们要尽可能地提高博客的知名度和影响力。实践证明,"向博客用户提供增值服务和应用程序收取的服务费是可行的选择之一"③。

---

① 龚艳平:《博客商业化:概念躁动期?》,《网络传播》2005 年第 5 期。

② 同上。

③ 同上。

第三节　博客的赢利模式

一、博客赢利模式产生的核心基础

1. 博客结构的完善与优化

著名博客研究专家顺风将博客结构分为平面和纵深两种设计战略：平面设计结构，主要指的是首页或某一频道的设计，如根据来源渠道，可以将更新的内容分为博客原创、博客转载、编辑转载、采编原创和访谈活动等五大类。纵深设计结构，主要指在主页面或频道页面下的多次链接，如"专栏博客"下可链接作家、明星、IT人士等，"明星博客"下可链接到徐静蕾、巩俐、李亚鹏等。同时面对"草根博客"、"专栏博客"、"信息求索者"等不同受众，博客门户在纵深设计上必须体现不同首页或者页面、结构的不同特征，比如在"博客网"首页，假设确定了"草根博客"为主力受众，那么就必须全力以赴地站在草根博客的立场，寻找他们浏览这个页面的理由，否则更多来自传统网站的内容转载出现在黄金位置，就会显得累赘多余。①

不仅博客网站需要完善和优化博客，个人博客尤其是较有影响的名人博客也需要加强结构设计和动态管理，以使其方便博友的点击和阅读。因为博客作者大多工作较为忙碌，因此其目录下的内容来不及归类、梳理，通常较为混杂，经常出现删错文件或归档不明的情况，这样必然会直接影响到博客的点击率，从而间接影响博客的形象、知名度和影响力，当然也就谈不上个人博客

①　顺风：《从"博客中国"改版看博客门户结构设计》，http：//www.blogchina. com，2005年7月7日。

的赢利了。因此，要使个人博客和博客网站产生博客赢利模式，首先必须完善和优化博客结构。

2. 核心写作队伍的发展与壮大

所谓"核心写作队伍"，是指那些经常更新和写作的草根一族的"活跃博客"。

实际上，我们并不缺乏庞大的"核心写作队伍"，但目前已然形成的这个队伍并不是我们上面所说的概念，是走入了误区的变味的队伍。

首先是"庞大"数量的虚假。据统计，截至2006年11月，中国共有博客1750万，其中70%为"有名无实"的"睡眠博客"，他们大约一个多月才更新一次博客内容，更有甚者多次重复开博客，开过之后便闲置起来不管不问。所以有人说，目前中国的博客是"虚假繁荣"，实际上真正长期写博并关注博客的不到总数的30%。

其次是博客群体属性的扭曲。引入中国之前的博客是专指草根和平民的，可在中国，目前活跃在博客舞台上的并不是那些普通的草根，而是那些耀眼的名人。名人成为博客的主流群体，这是对博客概念和本质的彻底颠覆。在国外，名人是不写博客的，因为他们大多在报刊、电视等传统媒体上都有自己的表达与交流平台，因此不需要借助互联网和博客来炒作。在中国，徐静蕾、韩寒、洪晃等名人的博客占据了博客的"半壁江山"和90%的影响力，这是极其不正常的现象。因此，要使博客产生赢利，必须建立属于草根自己的、实打实数量的"庞大写作队伍"。

3. 博客内容的分类与有效管理

博客内容分类是博客产生经济效益和赢利模式的前提条件，因为只有对博客进行科学的分类，才能细分消费市场，才能使广告商和投资商有明确的运营方向。其实对博客分类，就好像超大市场中的五金、电器、饰品等"店面"或"商铺"一样，它给顾客提供的是快捷、方便、明确的购物指向；如果某一个市场没有这么清晰、明确的分类，顾客可能就不会到这里来消费了。同样道理，没有博客内容的科学规范的分类，也就不会有广告商和投资商进入并消费，当然博客要想赢利也就成了空谈。

但对博客分类后，还要随时进行动态管理，并建立一个长期调整机制。因为博客的发展异常迅速，如果不对其现有类别进行及时调整，可能又会造成新的混乱，这就如同伴随建筑市场产品的更新换代，需要随时调整销售"店面"或"商铺"的道理一样。实践证明，只有对博客科学分类并进行长期有效管理，才能受到博友的忠诚"持续点击"，也才能赢得广告商和投资商的青睐。

二、博客赢利的三种主要模式

1. 模式之一：博客广告

博客广告并不是博客的独有模式，它是从互联网借鉴而来的网络广告的转移和变形，目前它占据着博客经济的 80％ 来源，也是博客赢利的最主要手段和渠道。博客网首席技术官卢亮指出：博客产生的价值链的每个环节都蕴含着商机，这就为博客广告投入提供了宽广、可持续性的良机。同时，博客访问流量是商业机会的本源，这样在"注意力经济"背影下高点击率就会吸引更多有力度的广告，当然也包括针对性极强的软广告。目前广告投放形式主要有以下三种：点击付费广告、展示付费广告和行动后付费广告。

2. 模式之二：博客社区

博客的赢利模式有"单打独斗"的个体户方式，也有网站的组织形式，前者如 IT 专家洪波在和讯网上的博客收益，后者如新浪博客。"但从商业的角度出发，一个组织的力量远远大于个体，社会化分工之下，策划、宣传、发布各司其职，仿照现有的杂志模式，形成主题和风格，以网络出版的方式，结合网上支付技术，成为网络准媒体。现在向企业博客征收费用已经成为博客社区的主要形式，博客网已经把企业博客作为一项重要的赢利手段，目前已经有 20 多家企业在上面建立了企业博客。"①

　　3. 模式之三：博客技术

　　这种赢利模式是"以提供方便易用的多媒体博客平台、提供新型媒体订阅基础工具为核心业务内容，在基础平台方面可以采取现实生活中电视台的运作方式，内容服务外包，在传播平台方面可以采取类似邮局订阅的运作模式。此种模式专注于博客工具的提供和博客平台的提供，但博客的技术门槛相对较低，技术赢利难度较大"。②

　　总之，"在目前的行业状况下，广告是最容易实现的赢利方式，而直接向用户收费是不可行的，可以采取 VIP 服务，通过向 VIP 用户提供个人增值服务来收费，对于基本的博客服务，则应是免费的。至于提供内容给第三方，目前规模仍然较小，还远远没有发展成熟，如何通过博客赢利仍处于摸索阶段。网络广告、服务托管、企业博客、移动博客等都是博客服务未来可以选择的赢利模式"③。

三、国内外博客赢利成功案例

1. 国外博客赢利成功案例

这个案例发生在 eBay 上。博客 Jeremy Wright 和 NBA re-

---

① 《博客赢利之路初见曙光》，http://net.Chinabyte.com，2006 年 8 月 30 日。
② 同上。
③ 同上。

foot. com/">Darren Bareboot 登出广告拍卖自己的 Bloging 服务，为期三个月，每周至少 5 篇关于公司产品和服务的日记，还帮助设立博客网站，并提供博客圈动向的咨询。拍卖得到了不少回应，Jeremy's 拍得 3350 美元。拍卖的成功促使他们设立了第一家博客咨询公司 InsideBlogging，并且已经有了 6 个潜在客户。这个案例是从博客方发起，最终达成了双方的商业合作。①

2. 国内博客赢利成功案例

第一例：和讯网为博客写手分到第一桶金。2006 年国内最大的防病毒软件商瑞星出资 60 万元购买了博客广告，在这次对瑞星的广告传播中，和讯通过广告联盟挑选了 1000 名博客作为投放对象（不要求是和讯网的博客用户），其中不乏业界知名的博客，日均流量达到了百万级，受到了客户的肯定。本次广告费作为佣金分给了参与活动的博客用户，佣金收入由三项指标决定：以广告显示次数为主要参考指标，以个人博客的影响力为辅助参考指标，以 7 月份实际投放广告的天数为时间指标。结算基准从 50 元到 1000 元分成五个级别。2006 年 8 月 4 日，参与和讯广告联盟的博客分到了"实打实"的钱。

第二例：博客网点击一次等于 5 分至两角。博客网 2006 年开通了"博客金行"，然后将广告投资的广告挂在博客用户的页面上，根据广告访问量的多少和广告效果影响的测试，按一定比例和博客用户分账。这项业务的广告价格是一个点击等于 5 分到两角，等积累到 20 元时作为中介的博客网将通过"支付宝"向博客用户付账。这一系统开通到现在博客金行已经有 6 万博客用户，占活跃用户的 5%。今天一些用户已从中尝到了收获回报和实现价值的快乐，并把它"当作网

---

① 《博客赢利成功案例》，http：//www.xgdown.com，2005 年 12 月 17 日。

络的家来经营"。①

第三例：和讯网为博客用户发放 500 元广告费。王正鹏的《财经夜谭》是个独立博客，但商业利益是他最重要的诉求之一。他认为，商业利益是博客勤奋写作、赚取人气、产生传播价值的动力，作为"中国第一批私有化媒体"，当务之急是明确"虚拟产权"，否则就会像徐静蕾一样引起与新浪网的广告利益之争。2006 年 8 月博客王正鹏获得了和讯网发放给他的第一笔 500 元的广告费。

四、博客赢利模式的未来前景与趋势

1. 借鉴"QQ 秀"个人虚拟物品的收费模式，将相关产品品牌有效植入"博客秀场"

与 QQ 桌面终端的局限性和 QQ 秀产品开发的女性性别约束相比，博客页面更具展示空间，而且随着博客用户的低龄化，"博客秀"更具想像空间，"秀"的愿望和成分更为突出和强烈。"博客页面的丰富性使得'博客秀'为相关品牌的植入式营销创造了有效空间，比如服饰、钟表、汽车、手机等相关品牌都可以作为虚拟物有效植入博客秀场，从而实现与品牌的无缝式对接，而博主们也可以在虚拟空间里实现与偶像们同步的奢华体验，从而，巴黎、米兰、纽约三大'时尚之都'将不再遥远。"② 当然，更可以将网络游戏行业盛行的"游戏装备"这一概念和产品有效移植到"博客秀"中，从而将消费群体从 QQ 秀的单纯以女性为

---

① 邱启发：《博客的商业价值在哪里?》，http://www.xgdown.com，2006 年 9 月 7 日。

② 王正伦：《QQ 的盲点和博客赢利的 N 种猜想》，《投资中国》2006 年 11 月 20 日。

主扩展到男性群体，从而实现与各类影视和动漫形象的衍生产品开发的有效嫁接，如可以开发"星战系列"、"哈利·波特系列"和"指环王系列"装备等，但这些必须要取得相关形象的授权开发才可以。

2. 找到有效的目标客户，将分众传媒的模式移植到博客空间

当前博客广告推广不力的一个重要原因，就在于博客网和和讯网等博客广告的倡导者始终没有找到最有效的目标客户。从市场营销学我们得知，产品经营的最大忌讳就是消费目标不明确，这一点在博客商业运营中体现得尤为突出。有专家认为，其实最适合于博客营销的还是娱乐产品，如图书、音像、电影、唱片等。目前博客营销也急需一个像"新浪博客成功包装和炒作出一个徐静蕾"这样的经典成功案例。互联网从业者应该从传统媒体学习一些借助事件营销的经验，如央视以"统一润滑油"在伊拉克战争中的崛起做足事件营销的文章，从而也使得央视成为事件营销的一张王牌，博客其实也可以这样做。目前，博客营销主攻娱乐产品已具备一定的可行性，康佳与《无极》、东芝与《夜宴》的捆绑式营销成功，充分说明企业与娱乐产品联合推广渐成主流和趋势，同理博客商业运营可如法炮制。

3. 博客与即时通讯结合，将互联网中的视频窗口移植到每一个博客页面中

目前，博客页面基本上都是文字、图片以及音频、视频的预先设定内容，缺乏由商家投放的动态、神秘、有视觉冲击力的视频内容，应该说这是博客中的一块空白市场。"其实，每一个博客页面都可以看作是 B2B 或者 B2C 的'店面'，而且博客页面一旦增加了视频窗口，其作为电子商务平台的价值将更为突出，当然，在博客页面内直接嵌入的页面语音呼叫等即时通讯功能也将

是一个未来趋势。"① 如果这样，将为王志东 LAVA-LAVA 的推广提供一个难得的契机，相信其他更多的 IT 界专家和普通博客们也会从中悟出并寻找到博客商业运营新的突破口。

博客赢利模式的建立不是一蹴而就的，而是一个渐进的发展过程，如同"媳妇熬成婆"需要多年一样，这就需要我们持之以恒、"上下求索"。正像有的专家所言：未来"媳妇怎样熬成婆"并不重要，重要的是博客的赢利模式一定会走向多元化、个性化和国际化。我们真诚希望博客的"钱景"一路灿烂，期待以博客服务为核心的上市公司早日出现。②

---

① 王正伦：《QQ 的盲点和博客赢利的 N 种猜想》，《投资中国》2006 年 11 月 20 日。

② 孙鱼：《博客赢利的新方向能否成为主流》，http：//tech. QQ. comxgdown. com，2006 年 9 月 1 日。

第六章

博客草根与名人

第一节 草根博客的演变

一、释义及典型举例

博客从大的范围来说有两大类：一是草根博客，二是名人博客。这是从博客的"起始出身"视角来看的，草根博客的出身是普通人，开博时的名字没有任何附加意义，只是个"人名"或代号而已，有人称为"有名字的人"博客；名人博客的出身是名人，像方兴东、徐小平、李亚鹏和余秋雨等分别是 IT 界、教育界、演艺界和文化界的名人，他们的名字在开博时就不仅仅是个普通的名字，而是已具有相当价值无形资产的品牌，比如央视娱乐主持人李咏的身价接近 5 个亿，80 后作家韩寒一年的收入 950万（位列"中国作家富豪排行榜"第 3 位），因此他们的名字已具有商业价值，最起码别人乱用是要侵权和吃官司的，而像张伟、李伟这样草根或普通的名字在商业中怎么使用都不会产生任何纠纷。

草根的博客成为名人博客与名人的博客成为名人博客路线和渠道是大相径庭的，他们往往要采取非常的手段，要付出更多的努力，甚至要依靠裸露自己的身体、暴出自己的隐私、出卖自己的朋友甚至编造离奇的故事等方法来博取人们的点击率，这样想想其实像芙蓉姐姐、木子美等即使成名了也是可怜而悲哀的，因为她们付出了人最宝贵的尊严和最起码的道德。这样的博客即使点击率再高，我们正常人也不会羡慕和称赞，而只有那些浅薄的、变态的、阴暗的、不怀好意的人才会去疯狂点击。

当然，最终成为名人博客的草根还只是极少数、极个别的，99%开博的草根因为是以平和的心态、平等的身份、平实的语言来写博的，因此他们的博客点击率永远都会是很低的，可能只会在几百几千、最多几万范围内徘徊，但他们对此是不会在乎的，因为他们追求的是写博的快乐过程而不是点击的统计结果，当然有更多的人真诚回应和交流，他们也是求之不得的。

最近草根博客的上升和发展突飞猛进，有部分已与名人博客比肩，其影响力不比名人博客逊色多少。这一点从新浪博客排行榜的前后对比上就可以看出，笔者2006年11月统计，新浪博客排行榜的前20位中，名人博客占19位，草根博客仅占1位（排名第五的极地阳光）。2007年8月8日统计，名人博客占12位，草根博客占8位，分别是排名第3、8、11、13、14、16、17、19的极地阳光、当年明月、叶弘、赖崇权、抚摸三下、王奕茗、梦大侠和萨苏。见2006年8月20日和2007年8月8日的两个新浪博客排行榜统计表。

表1　　　　新浪博客排行榜（2006年8月20日统计）　　（单位：万）

明星姓名	排名序号	点击量	明星姓名	排名序号	点击量
徐静蕾	1	5002	苗圃	11	1211
韩寒	2	3845	郑渊洁	12	1159
洪晃	3	2288	伊能静	13	879

续表

明星姓名	排名序号	点击量	明星姓名	排名序号	点击量
郭敬明	4	2167	何洁	14	812
极地阳光	5	1936	范冰冰	15	739
潘石屹	6	1829	李亚鹏	16	731
董路	7	1784	张靓颖	17	710
袁立	8	1561	杨澜	18	671
李冰冰	9	1502	李宇春	19	564
李承鹏	10	1491	叶一茜	20	627

资料来源：http://blog.sina.com.cn/

表2 **新浪博客排行榜**（2007年8月8日统计）　（单位：万）

明星姓名	排名序号	点击量	明星姓名	排名序号	点击量
徐静蕾	1	10801	叶弘	11	2761
韩寒	2	9545	郑渊洁	12	2604
极地阳光	3	5868	赖崇权	13	2375
郭敬明	4	4949	抚摸三下	14	2347
洪晃	5	4673	伊能静	15	2255
李承鹏	6	4487	王奕茗	16	2248
董路	7	4250	梦大侠	17	2163
当年明月	8	4098	张晓梅	18	2124
潘石屹	9	3636	萨苏	19	2072
袁立	10	3115	李冰冰	20	2024

资料来源：http://blog.sina.com.cn/

下面列举并剖析三例草根博客的演变过程。

1. Acosta——极地阳光

Acosta——极地阳光于2005年11月才进入新浪博客，这个大男孩正像他的博客名字阳光、坦荡、纯净,被大家昵称为"草根小 a",其博客在新浪博客年度总排名榜中位列第三,而且至今一直以 5868 万点击率紧随演艺名星徐静蕾和 80 后作家韩寒之后,牢牢地占据了这个"探花"位置(见表 2)。

极地阳光虽然生活在比较典型的中产阶级家庭,但他开博的身份极为普通,与大家没有什么区别,不同的是他处在一种十分悠闲的生活状态中。他把博客看成是一个超大社区,看成是驱赶孤独、自由交流的快乐平台。他的博客图文并茂,色彩艳丽,尤以随性的生活照片为主,猎人眼球。虽然如今他已成了打"飞的"去全国各地赶场的名人,但除出差和特别活动外仍能保持一天一更新的频率。他特别感谢新浪网站,因为是新浪网站为他搭建了一个展示的平台和成名的机会、使他的梦想由虚拟变为现实。

如今,成名的他主要工作就是参加电影、酒会等一些公益活动,同时也触了电,2007 年初在上海参加了由王小帅执导的电影拍摄。①

2. 摄影博客 ZIBOY

被称为"中国第一摄影博客"、中国第一"拍客"的温凌早在 2001 年就已在互联网上广为流传了,尽管当时他还连光圈都不懂,使用的是最普通的数码相机,但却向人们特别是外国人展示了一组组不经修饰的北京街头普通人的生活场景。② 由于这些照片融入了温凌的真诚情感和独特的艺术理念,因此很快赢得了人们的欢迎和认可,依此温凌由普普通通的摄影爱好者迅速成为

---

① 记者曹文雨、解菁、单炜炜:《草根小 a"非明星"博主》,《每日新报》2007 年 1 月 4 日第 25 版。

② 陈赛:《温凌:摄影博客 ZIBOY》,《三联生活周刊》2005 年 11 月 10 日。

了享誉摄影界的名人，其博客也由草根博客自然升级为名人博客。

这个毕业于中央美术学院、现为自由画家的高个大男孩，从小就深受《纽约时报》专栏作家大卫·格拉格的影响，并迷上了大卫·格拉格的摄影博客，于是在 2001 年 9 月花 2500 元买了平生第一台只有 100 万像素的数码相机，然后就是走到哪儿拍到哪儿，经过精挑细选之后传输到自己的网站——ZI-BOY。依靠感人、真实、生活化的镜头和简洁的文字介绍、全球化的互动传播，四年后的 2005 年，温凌终于得到人们的喜爱和拥捧，于是他一举成名。

如今，作为第一批博客元老，作为已经成名的名人，温凌仍然保持着一种谦虚的姿态和上进的追求，起初放下媒体固定工作专搞博客摄影，现在在拍摄好博客照片的同时，又开始专心画画了。将拍摄和绘画完美地结合在一起，这也是温凌摄影博客的最突出特色。①

3. 长沙刁民陈洪的博客

在网上自称为"刁民"的湖南长沙市 48 岁的黑摩司机陈洪，边跑"摩的"边写博客，创下了普通人"开张"107 天博客访问量超百万的神话。当过知青、干过厂长、开过餐馆、炒过股票、办过公司、离异单身、如今已下岗十年的陈洪，应该说生活阅历丰富，对生活和人生体悟很深。由于生活所迫，他干起了东躲西藏的"黑摩司机"。2006 年 7 月 27 日，陈洪在跑"摩的"途中被警察逮住，窝了一肚子气的他回家后花了四个小时写成了一篇"歪文"《一个摩的司机的自白》，发到自己新开的博客上，第二

---

① 参见马驰《温凌：中国第一"拍客"为你拍照》，《每日新报》2006 年 10 月 30 日第 31 版。

天陈洪就遭到了铺天盖地的批评和质疑，"这场被称为'草根阶层'与'精英学者'的精彩对决论战，也引起了网民的极大关注。在短短的四十天时间里，陈洪的博客点击量就达到了789000多次，留言达到了21000多条，最多一天竟然吸引16万'看客'前来观战、助威和反驳"①。一个普普通通的以黑摩为生的长沙"刁民"就这样出名了，其博客也火了，由草根博客演变成了名人博客。

如今，陈洪彻底迷上了"一不赚钱，二不赚米"、当初自己低估的博客，成名后他甩掉了"黑摩司机"这顶"黑帽"，一心一意给杂志社写"专栏稿件"，已成为名副其实的来自"草根第一线"的"准专栏作家"。

二、演变的动机与目的

每一个博客最初都只是一个普普通通的人名，就像 A、B、C、D 英文字母一样，除了它代表的符号以外，没有什么附加的意义，博客最初的情形也是如此。应该说，绝大多数博客到最后也还仅仅停留在"人名"上，只有那些善于抓住各种各样机遇、敢于利用各种各样手段、充分调动各种各样技巧的博客只要"偶尔露峥嵘"，就能脱颖而出，就能借此打出自己的知名度，从而扬名"博坛"、声震"博坛"，于是它的"人名"也就演变成为"名人"。

一个普普通通的博客"人名"演变成叱咤风云的博客"名人"是个极其复杂的过程，这是因为其演变过程中，每一个博客"人名"的追求目的不同、先天条件不同、演变手段不同。

---

① 单炜炜、解菁、黄建高：《写博客"歪文"，"刁民"成了专栏作家》，《每日新报》2007 年 1 月 6 日第 25 版。

普普通通博客由"人名"演变成"名人"一般来说有如下几种目的。

1. 圆己梦想

每个人的心中都有一个梦想，其梦想的实现方式和借助平台也是多种多样，有人就充分并巧妙地利用了今天较为时髦的博客传播平台，他就是正就读于天津工业大学企业管理专业的 28 岁硕士研究生袁智勇。袁智勇从初中开始就迷上了音乐，自己会填词作曲，具备一定的唱功和实力，大学毕业后曾在北京酒吧唱过歌，他一心想成为一名知名歌手。为了圆歌手梦，他没有选择商业公司包装和"热捧"这条便捷的老路，尽管他有很多很多的钱，而是选择了让人不可思议的博客渠道，并且疯狂地投下了 500 万元（自己做歌手挣的和朋友支持的）的赌注来"狂炒"个人博客，以打造"草根"的方式和路线来争取歌迷的认可、寻求音乐的梦想。从 2006 年 9 月启动到 11 月，袁智勇与北京、上海、天津等全国 51 座城市网吧签约合作，用 500 万元作宣传费用，短短两个月迅速引起广大网民的关注，点击率突破 100 万大关，赢得众多网友的支持和肯定。[①]

2. 塑造形象

塑造形象的方法和渠道多种多样，最直接和有效的，是现实生活中在亲戚、朋友和同事面前的思想与行为的表现，然而还有一种目前较为时髦、具有放大效果的渠道——新闻媒体。一般来说，报纸、广播和电视等传统媒体是较为正规的、服务于精英的、主要用来报道工作的；只有网络媒体才是自由的、草根的、可用来发布个人思想和信息，因此网络媒体特别是博

---

① 参见周白石《500 万元"狂炒"个人博客》，《每日新报》2006 年 11 月 5 日第 3 版、6 日第 25 版。

客是最适宜于展示和塑造老百姓形象的。在网络及博客中，可以展示个人形象，也可以展示团体形象：个人形象如韩寒、吴小莉的博客，应该说博客中的99%都是这种个人形象；团体形象如"中国第一公安博客"、台州博客。目前影响最大的团体博客是"中国第一公安博客"，它于2005年10月以"老郝的博客"注册，是河北省公安厅"构建警民交流平台的新模式"。没想到，一个普通公安工作人员的"无意之举"却在一向存有隔膜和介蒂的警民之间搭建起一座相互沟通交流的桥梁，一条彼此增进了解的纽带，他们以平等的口气、用草根化的语言宣传法规政策、讲述警察故事、解决群众难题，他们赢得了百姓的理解、尊重和支持。①

3. 成名成家

不可否认，一些人开博是有着明确的功利目的的，如芙蓉姐姐、木子美就是如此。2003年，连续两次考研未果、长期游荡于北大和清华周边地带的芙蓉姐姐开始在北大未名论坛考研版上发表文章，同时在北大BBS上发表了第一张照片，于是"一发而不可收拾"，凭借她的独特妖媚的S身段、自恋无耻的语言以及条件甚高的大胆征婚，迅速在全国蹿红，点击量一路攀升。有媒体评论说："一颗璀璨的新星在迅速席卷了中国至高学府北大、清华之后终于崛起，成为新世纪年轻人的偶像，并将娱乐的激情重新推上了八卦的巅峰。"② 芙蓉姐姐火了，成名了，成了媒体竞相报道的新闻、专家研究的文化现象。紧随而来杭州和沈阳等城市的商业演出、出演幽默短片《打劫》女主角等活动连续不

---

① 参见曹文雨、解菁、单炜炜《用草根说警察故事》，《每日新报》2007年1月4日第25版。

② 转引自《芙蓉姐姐个人资料》，http://www.blogchina.com。

断，特别是以她为蓝本、由香港女星吴君如出演的电视剧《爱上芙蓉姐》即将拍摄，这又把芙蓉姐姐的知名度及影响力推向极点。如果不考虑使用手段这一要素，芙蓉姐姐博客成名成家的追求与向往无疑是相当成功的。有专家称赞说："芙蓉姐姐制造了文化新生态，颠覆了网络娱乐标准"。笔者认为，芙蓉姐姐的网络娱乐是扭曲的、非健康的，她实际上是"网络低俗化的代言人，制造了互联网视觉暴力"。她的成名是大众给与的，"大众的还是要还给大众，她最终也一定会被大众所抛弃，正如现在被大众所蛊惑一样"①。

4. 追求利益

应该说，博客的商业价值最初并没有被人们所发觉，2005年当"全民皆博"时代到来时，当个别名人博客开始直接或间接产生经济效益时，人们才如梦初醒，于是一些人看准了博客的巨大商机和商业潜力，纷纷通过开博来为自己的事业或人生掘上第一桶金。被娱乐圈称为"毒蛇"的张钰就是这类博客的代表。张钰本是一个名不见经传的极其普普通通的小演员，其姓名仅仅就是个"人名"，2003年至2006年的几年里几乎没有戏演，没有收入，生活窘迫。为了生存和为未来发展掘取第一桶金，2003年12月底她向媒体报料手中有著名导演黄健中的性交易录音带后名声大噪，2006年11月份又在博客中公布了自己与某知名演员的视频，于是点击量骤增，每天都在博客的排行榜中名列前茅。张钰率先在影视圈里挑破潜规则，依靠搅乱影视圈的本事用点击率换取了人气和名气，不久她就迅速走红，其名字由符号式"人名"演变成了全国妇孺皆知的"名人"，也顺理成章地拿到了"被封杀"后的第一笔收入——担任宋祖德电影的代言人，如愿

---

① 转引自《芙蓉姐姐个人资料》，http://www.blogchina.com。

地实现了追求利益的目的。①

三、演变的条件与手段

由普普通通的"人名"博客演变为吸引眼球的"名人"博客，这需要一定的主观条件和充分的客观因素，不是每一个想要成为名人的普通博客都能做得到的。

天津工业大学硕士研究生袁智勇凭借的是主观上对音乐梦想的执著追求和客观上 500 万巨资宣传费用。没有这两条做保证，他的博客点击率不会在两月之内突破 100 万大关，也不会得到众多网友的认可和支持。如果说，主观上对音乐梦想的执著追求可能也会产生在别人身上的话，那么投入全国 51 个城市的 500 万巨资宣传费用那可是其他人无法攀比的，这就是袁智勇博客成功和成名与众不同的地方。

中国第一公安博客依靠的是河北省公安厅的团队力量以及他们的平等姿态、草根语言和警民互动的目标追求。他们"不端架子，不装孙子"，顺应了公安机关同广大公众进行平易交流和真诚互动的现代沟通方式，以此为法宝，一步步由 2005 年 10 月无意之举的"老郝的博客"发展成为"公安机关博客联盟"、"公安机关博客在线"，最后到 2006 年 3 月正式更名为"中国第一公安博客"。2007 年初"中国第一公安博客"在新浪博客排行榜上位居第 16 位，已成为一个响当当的名人博客，成为全国公安干警引以为自豪与骄傲的家。

芙蓉姐姐博客迅速蹿红依靠的是她照片上妖媚的 S 身段、自娱自乐的姿态以及自恋无耻的炒作性语言。特别是博客中前卫、

---

① 参见单炜炜、解菁、黄建高《娱乐圈"毒蛇"张钰：挑破潜规则，点击率换名气》，《每日新报》2007 年 1 月 6 日第 25 版。

裸露的各种姿势的身段展示，构成了她与众不同的博客炒作方式，还有她那征婚条件中诸如 1.84 米身高、皮肤白、长得帅、腰要细、不戴眼镜等苛刻无比的条件。实事求是地说，芙蓉姐姐的这些独特的炒作方法是很恶心的，有网友建议不要在吃饭前后看她的博客，以免影响食欲。但可能正是这种俗到底的东西引起了许多网民幼稚和不怀好意的关注。

张钰的博客凭什么能火呢？凭的是专门暴自己或别人的隐私和那种破釜沉舟"誓与敌人共存亡"的不健康赌徒心理。在网络及博客中，照片和视频是最具视觉冲击力的，张钰连续不断地公布关于某导演或演员的性交易视频赚足了人们的眼球。特别是她那种"既当婊子又立牌坊"的态度促使人们产生了既爱又恨、既批判又同情的复杂矛盾心理。人都说"最毒莫过妇人心"，张钰利用了潜规则达到了部分目的，但也因付出没有得到回报又挑破了潜规则，正因为如此，有"毒蛇"之称的张钰博客才会更具吸引力和关注度。

第二节　名人博客的心理动机

关于名人博客的诞生，可能大多数人会认为是 2005 年的新浪网站，其实 2002 年 8 月博客引入中国时，就已经有了名人博客，如中国博客开创者方兴东和王俊秀都是 IT 界技术精英，他们就是博客中的名人，只不过刚开始时零散量少、领域单一，未形成气候。2005 年，新浪网站为名人博客独辟一个专门频道，把多数名人博客聚集、整合到一起，形成了空前的高潮和巨大的"集体影响力"。据有人统计，现分散在各个网站的名人博客共有 1 万人左右，其中新浪网站有近 2500 人，通过百度搜索就可查到 1957 个"名人博客网址"。那么，为何这些名人纷纷开博呢？他们具有怎样的心理动机？笔者拟从心理视角加以分析。

一、政治动机（表达政治理念）

随着文明、民主社会的发展，政治人物的亲民作风、与民同乐、拉近距离逐渐成了他们追求的目标和形象标准，我国前任和现任两届总理朱镕基、温家宝就以这种形象受到了全国人民的尊敬和爱戴。这种形象的建立关键是要有一个沟通、表达的通道，两位总理的通道是深入工厂车间、田间地头、百姓家里，以这种看得见、摸得着的交流、问候、鼓励等方式达到目的。这种渠道效果好，借助媒体（尤其是电视媒体）扩大宣传影响也不小，的确十分必要，但这毕竟还是原始的人际传播方式，手段落后，范围太小，对象太少，其作用力、影响力也远远达不到多媒体传播方式的全球化视野。于是，聪明的政治家看准了博客的传播优势，并开始利用博客宣扬自己的政治主张。博客作为一种工具在竞选中扮演了不可或缺的角色，很好地服务了竞选、辅助了竞选，当然同时竞选也扩大、促进了博客的拓展和深化。

在美国，2003 年 7 月，总统候选人霍华德·迪安绕过了"传统媒体直接与选民进行沟通，开辟了美国政治家博客的先河"，[①]并提出"为选举而博客"的口号，他在博客中宣传自己的竞选主张和思想，抓住了大部分草根选民，也得到了大量的捐款。尽管最后没有取胜，但博客所起到的重大作用和所扮演的"道具角色"得到了人们的认可和重视。继霍华德·迪安之后，越来越多的美国州长以及法官等政治人物加入了博客阵营，其中

---

① 王晋燕：《探寻政坛领袖的博客生活》，《新华每日电讯》2006 年 4 月 17 日。

加州州长、美国前影星阿诺·施瓦辛格丰富、亲和的播客内容赢得了市民的称赞，成为市民"最愿意接近的父母官"。美国总统布什是一个"间接开博"的政治领袖，在美国专门有一些志愿者开辟博客通道模仿布什的语气写日记，讲述竞选感受，归纳整理布什访谈。

在英国，自称"技术盲"的前首相布莱尔一点没有妨碍他的博客热忱，而且还"博"得游刃有余，通过文字博客发表自己的竞选日记，通过播客与市民交流治理社会秩序的举措，他的时尚思想、幽默文笔和务实作风为他赚取了厚重的政治资本。

在中国，部委级领导开博最早的当属65岁的教育部副部长、中国工程院院士韦钰，人称"博客部长第一人"。从2004年开始，韦钰就在博客里与网友交流儿童成长、青年发展、"海归"未来和教育不公等系列教育及社会热点问题，她喜欢博客这种平等发表意见的空间和民主的单纯表达方式，她把开博看成是用知识回馈社会的快乐行动。但要论知名度，政治人物开博中影响最大的当属海南省临高县县长符永，2006年3月8日，被称为不穿"马甲"的网民县长符永第一次闯进天涯社区"海南一家"的临高版，他在网上公开县长身份，并直言宣称开博目的是"与百姓零距离接触、倾听百姓的心声、实现官民互动"，当然一开始他的县长身份和开博动机都受到了强烈质疑，毕竟这在中国还是第一次。两天后其身份得到了证实，其动机也随着工作的开展真相大白，符永的开博行为得到了政府的肯定、网民的称赞，也得到了媒体的积极报道，新浪名人博客及时向符永发出了加入的邀请。于是，符永迅速地成为网络名人、明星官员，他的点击量直线上升，从原先的几百飙升到数万，跟帖也达数百，天涯社区海南版也跟着人气暴涨。

如今，被人们称为是"政治的新通道、民主的宽桥梁"的博

客受到了国内外广大政治人物的高度重视，很多人通过政治竞
选、与民互动，已领略到它的巨大魅力、重要作用和深远影响。
时下政治名人开博已成为一种时尚，成为政治生活的必需。2006
年6月8日，德国总理默克尔个人播客正式开张，随之伊朗总统
内贾德旨在寻求海外支持的四种语言博客也出现在网上，法国用
来竞选的诸多政治家也纷纷开出了博客。但无论怎样，对像布莱
尔、布什这样的政治家来说，"无论是博客还是播客，只不过是
一个新的政治秀舞台"，① 是被政治所利用的工具罢了。

二、情感动机（交流思想情感）

在名人博客中的确有一批是带着出名、炒作和发泄的功利目
的的，如韩寒、郑渊洁、洪晃等名人的博客动机和效果都已严重
背离了博客的初衷，把博客引向了歧途和误区。其实，发端于美
国的博客其初衷是给草根提供率性、自然、朴实的交流平台，既
不是为哗众取宠挑起事端，也不是为争名夺利、升官发财。在中
国2000多个名人博客中，朱伟、潘石屹、徐静蕾和吴小莉等就
属于喜欢表达情感类的率真型代表。

与众多名人博客的开博形式一样，《三联生活周刊》的主
编朱伟也是被新浪网主编陈彤拉入的，在充分观察和分析了其
他名人博客的内容后，他毅然决定要避开逗趣调侃或展示自我
的模式，力争做一个分享知识型的博客，所以他的博客主要是
与网友交流读书、听音乐的感受，交流周刊杂志的改进意见，
他的目标是把自己的博客建成与网友分享传统文化的场所。房
地产专家潘石屹的博客内容丰富多彩，既有房地产前景预测，
又有充满生活情趣的摄影作品、行程踪迹和人生感悟，更有像

---

① 王晋燕:《探寻政坛领袖的博客生活》,《新华每日电讯》2006年4月17日。

"竹林七贤"、"葵丘之盟"等历史人物与事件的欣赏与思考。徐静蕾的博客善于抓身边平实、朴实、真实的生活，主要以拍戏的感受、儿时的经历和人生的感悟与网民进行真诚坦率的交流，这是她的博客点击量之所以能超过 5000 万的根本原因。凤凰卫视名主持吴小莉的博客也多为随笔或简短日记以及访谈花絮，既不像工作汇报和生活实录那样庸俗，也不像贩卖隐私和泼妇骂街那样胡闹，而是在事业与生活之间找到了一种有品位、有内涵的结合点。

这一类的名人博客清新、淡雅，就像是在休息日的午后品着咖啡与朋友无拘无束地聊天，这实际上正是博客固有的本质和应有的境界。名人博客如果都能如此定位和把握，中国博客才算是实现了真正的平等，才算是彻底打破了精英与草根的界限，才算是走向了淡定、自如、轻松的初衷和境界。

三、利益动机（获取经济利益）

传播学原理告诉我们，媒体既有社会属性又有经济属性，既是公益又是产业，既要追求社会效益又要追求经济效益。[①] 因此，作为网络产业的特殊形式——博客也不例外。

从博客个人角度看，较早意识到博客经济属性的是 IT 业著名评论家洪波，他于 2006 年已在自己的博客网页上挂上了"和讯网"的广告，虽然广告价格才达四位数，但这已是方向和本质上的引导和证明，特别是他以 IT 界作为自己广告的投入对象，既体现了自己的专业优势又符合分众化传播趋势。

对博客经营高度重视和迅速启动的媒介机构是新浪网站。早在博客被引入我国不久，新浪网就看到了它潜在的巨大商机，于

---

① 丁柏铨：《论传媒市场》，《新闻记者》2002 年第 4 期。

是总编陈彤就策划邀请名人加入新浪,并为他们专门开辟"名人博客"频道。据统计,目前新浪网已聚集 2000 多名人到此开博,占各大网站名人博客总数的三分之二,其点击率每天达几十万,徐静蕾、韩寒、潘石屹、李冰冰、李亚鹏、杨澜等一直在此"寄居",如今名人博客频道已成为新浪网的知名品牌。"拉名人"加入博客,这的确是新浪的伟大创举,这种高瞻远瞩表明了他们对媒介传播规律和本质的深刻把握,这是媒介产品二次销售理论的具体而科学的运用。实际上,"拉名人"直接体现的是拉人气、拉点击率,但间接体现的则是"拉广告"和"拉效益"。打个比喻,名人以及他们的人气和点击率好似媒婆,广告好似"犹抱琵琶半遮面"躲在名人后面的腼腆大姑娘,广告商往往要让受众打头阵去试探、考察市场,然后才做出决定是否露面"相亲",是否与媒体"牵手联姻"。

随着点击量的节节攀升,自称没有商业头脑的徐静蕾终于觉醒了:原来名人博客会给网站带来这么大的利益,原来不知不觉自己成了别人"赚钱的工具"。当时已达 3000 万点击率的她实在不甘心眼看别人大把大把地往兜里揣钱,于是她向新浪网郑重提出要回"属于自己的那一份",遭到拒绝后她心里感到非常不平衡,对新浪也顿感心灰意冷,深深领会到"寄人篱下"的酸楚与无奈,就这样承载她影视事业的"鲜花村"网站就成了独自享受、自由自在的"新家",于是她过起了"狡兔三窟"的潇洒生活,也许这才是她的最终归宿,无论从影视事业还是从经济利益来说,这将是她最佳而又"双赢"的选择。

徐静蕾在博客中承认自己确实是为了"利益"才这么做的,她说:"说到利益,这不用遮遮掩掩的,做什么事情都是有利益的，钱是利益，人气是利益，自己的满足感也是利益。"① 在谈到自己和新浪之间利益难以分配的矛盾时，她说："利益分配是很正常的事情，谁在一件事的成功上起到了作用、帮了忙，谁就应该获得利益的分配。金钱可以分配，人气可以互相帮忙，快乐也可以分享。虽然没有'绝对的公平'，但我相信有'相对的公平'。"② 徐静蕾前后理念和追求的变化，这实际上不是她主观所为，而是市场经济体制在网络媒体上的必然反映和合理要求。博客的商业化价值理应得到人们的认可和重视，但这只发生在极为少量的名人博客中，对一般名人博客和常人博客来说，目前还不会存在明显的市场化倾向。

四、宣传动机（宣传炒作自己）

经过两年的发展，2005 年博客风靡全国，呈现出"千树万树梨花开，忽如一夜春风来"的大好局面。人们将 2005 年命名为"博客年"。那么为什么博客在中国能"火"起来？是靠什么来"火"的呢？社会科学文献出版社出版的《中国文情报告（2005～2006）》通过调查分析，得出结论是"名人博客的炒作"。

目前我国开博客的名人大体可分为三类：一是演艺明星，二是文化名人，三是网络名人。一般来说，文化名人深沉谦虚，注重内涵，追求高雅；网络名人低调内敛，技术为先，提倡实效。此二类名人的知名度与经济关联不大，大多体现的是社会声誉和名望，所以轻视炒作、拒绝炒作，何况已经知名或根本不需扬名，因此没有必要炒作；而演艺名人大多肤浅虚荣、看重眼前、追求人气，易逝的青春和事业特点决定他们的艺术生命不会像文

---

① 张钢：《引博客肥水，浇自家良田》，《每日新报》2006 年 8 月 20 日。
② 同上。

化名人和网络名人那样长久永恒，因此主观个性和客观形势的双重压力迫使这些人急功近利地去炒作自己，以求得人气的旺盛和青春的延伸，进而维持生存、满足虚荣，这便是演艺明星的炒作心理历程，其实炒作只是维持明星们表面风光的一种手段，因为炒作得到的风光是短暂的幸福、虚假的繁荣，而风光、鲜花、掌声背后是不尽的心酸、满腹的屈辱和丧失的尊严。

与文化名人和网络名人相比，演艺明星对博客及其炒作有着更大的信赖。因为文化名人和网络名人都有通过书籍报刊或其他技术平台表达思想的途径，不一定非要通过博客这种形式实现，何况他们也不适应与低档次博友对象进行交流；但博客对于演艺明星来说作用就不一样了，由于他们平时缺少这样与广大网友沟通的机会，因此博客就成了他们与网友或影迷们近距离接触的关键通道。可谁也没有想到，最初本该从博客中受益的草根只是跟在别人的后面凑了个热闹，而那些演艺明星们一个个倒是如鱼得水、驾轻就熟地将博客当成一个巨大的"秀"场，当成一个与其"粉丝"互动的私家后台，他们依仗着既有的先天优势和永远也炒不尽的隐私素材，"痛并快乐着"地看着自己的人气节节上升和点击率的一路攀高。

目前在名人博客中演艺明星所占比例最大，而借助出色的炒作其点击率也最高。据笔者 2006 年 8 月 20 日 17 时 20 分统计，新浪名人博客排行榜的前 20 名中，演艺明星足足占了 12 位，比例高达 60％。

那么这些演艺明星又是如何炒作的呢？据笔者分析研究，演艺明星的炒作是"八仙过海，各显其能"，每个人都是充分调动可用炒作资源，充分发挥优势特长。其中美貌是明星们炒作的共有资源，是每个明星不可缺少的要素，因为美貌是她们的最有价值的资本，是她们进入演艺界的门槛和必备条件，所以明星博客中照片往往占有大量的比例，如徐静蕾、袁立、李冰冰、苗圃、伊能静、何洁、李宇春等。利用生活化和艺术化的照片吸引网友的眼球和点击，这是明星为自己炒作的最基本而又最常用的方法，之所以能产生明显的效果，原因是抓住并满足了网友的"爱美"心理和"偷窥"心理。

表3　　　　新浪网演艺明星博客点击率排名统计表
（2006 年 8 月 20 日统计）

明星姓名	排名序号	点击量	明星姓名	排名序号	点击量
徐静蕾	1	50029060	何洁	14	8124958
洪晃	4	22882866	李亚鹏	15	7314564
袁立	8	15613816	范冰冰	16	7399113
李冰冰	9	15023556	张靓颖	17	7100167
苗圃	11	12117217	李宇春	19	6275006
伊能静	13	8792684	叶一茜	20	5645890

资料来源：http://blog.sina.com.cn/

但由于每个明星特点不同，因此在利用美貌炒作的通用方法基础上又都"各有各的道"、"各有各的招"。洪晃依靠的是她"章含之的女儿、章士钊的外孙女、乔冠华的继女、陈凯歌的前妻"这个独特而复杂的身份；李亚鹏依靠的是他与模特、影星和歌手的多角恋爱及"与时俱进"的新闻；郭德纲依靠的是出卖师父、同行及朋友的隐私和敢于引火烧身的"大无畏"精神。然而对博客炒作最有研究、最能持续、最有效果还是当属专咬娱乐圈红人的宋祖德（人称宋大嘴），博客网列举了宋祖德 2006 年 2 月

至 4 月的斑斑炒作劣迹：2 月 6 日，称李宇春吃了壮阳药；2 月
17 日，在自己博客上劝王菲赶快离婚；3 月 2 日，称刘亦菲是变
性人；3 月 7 日，称李冰冰厚颜无耻机关算尽故意陷害朱孝天；
3 月 12 日，称宁静姐弟恋完全是宁静一手策划的；4 月 12 日，
称金城武有男性功能障碍；4 月 16 日，称陈逸飞猝死是因为其
妻宋美英的原因。2006 年 8 月，又在博客上爆出新闻，疯咬各
位明星：王菲女儿是谢霆锋的；谢霆锋对张柏芝的"爱"不会超
过三个月；张国荣没死，正在五台山修炼；黄健翔解说是以流氓
手段炒作自己；自己要做变性手术，由章子怡主刀。宋祖德的博
客策划能力由此可见一斑，堪称"博客炒作大师"。

　　以上仅是名人博客的四种主要心理动机，此外还有娱乐消
遣、结交朋友等动机和目的，恕不一一赘述。

第三节　名人博客的兴旺与衰落

　　名人博客这一群体实际上从博客产生就已存在，但前几年是
零散的、无序的、冷清的，直到 2005 年新浪网专辟名人博客频
道才形成了"气候"，具有了"兵团作战"的规模，这个概念也
才真正产生影响并被人们叫响。一时间，名人博客迅速蹿红。徐
静蕾博客点击率在短短 112 天就突破了 1000 万大关，韩寒、洪
晃和郭敬明等紧随其后，以他们为代表和核心的名人博客排列榜
也一下子使新浪网点击率陡升、身价倍增。但仅仅几个月，2006
年 3 月开始，巩俐、高晓松、郭德纲、白烨、陆天明、高圆圆、
戴军、何炅、池莉等名人相继关闭博客。累积到 2006 年 8 月，
2005 年开博的名人已空置"半壁江山"，有的名人博客即使没
关，也是处于"半开半关"的"缓博"和"换博"状态，实际上

已走向衰败，只是形式或名义上的"有壳无瓤"的"空房间"。那么，是什么原因使名人博客迅速蹿红？又是什么原因使名人博客呈现衰败之势呢？

一、名人博客因何而火

1. 本身越有故事越火

这里所说的故事性也就是指"看点"和"卖点"，因为有故事才有人愿意看，因为有人愿意看才具备了卖点。这一般都发生在演艺明星中，其中洪晃和李亚鹏最为典型。

截止到 2006 年 8 月，洪晃博客在新浪网名人博客中点击量位居第三，紧随徐静蕾和韩寒之后。这是因为她所具有的与众不同的特殊身份：章含之的女儿、章士钊的外孙女、乔冠华的继女、陈凯歌的前妻。每一种身份都可以深挖出一系列可读性的故事，这四种身份叠加在一起就足以让她"火"遍全国，尤其是最近她又主动卷入前夫陈凯歌的"馒头风波"，其故事性自然就会冲向高潮。果然，她对前夫陈凯歌"馒头风波"的点评和冷嘲热讽，使她的点击率一路飙升，客观上又为她主演的电影《无穷动》的上映起到了宣传和炒作的作用，使《无穷动》这部原本无人关注的小众电影走进了大众视野，人们会纷纷抱着看陈凯歌和他前妻的故事的心态来看这部电影，于是洪晃的博客将本无丝毫关联的"故事"与"影片"链接到一起，这样就提高了影片的附加值和期望值，电影票房无法不火。

李亚鹏是中国内地男性影星中争议最大的一个。首先是影片《笑傲江湖》和《射雕英雄传》受到金庸迷们的质疑和体无完肤的臭骂，这一骂倒把他的名气骂得更大了。其次是他的复杂多变的情感经历：从著名模特瞿颖到著名影星周迅再到如今迎娶到家的王菲，故事一个连着一个，叠加到金字塔的顶端越发耀眼，一直变换角色、变换着样式地吸引着人们的眼球；可就在网民们接近审美疲劳时，王菲怀孕、王菲生女、女儿兔唇等一系列事件犹如一颗颗炸弹，再次将李亚鹏推向了波涛起伏的舆论高潮，从而使得李亚鹏的新闻一直具有时效性和新鲜感，也将李亚鹏的博客点击率一下子蹿至新浪网名人博客的第 16 位。

2. 说话越无耻越火

2005 年以来，中国博客有影响的论战和侵权官司共有 5 起，除南京大学陈堂发副教授状告中国博客网、知名博客沈阳状告扬州大学学生秦尘和"郭汪论战"之外，其余两起论争恶战都是由韩寒一人挑起。

2006 年 3 月，针对中国社会科学院文学研究所研究员白烨博客上文章《80 后的现状与未来》，韩寒在自己的博客上发表《文坛是个屁，谁都别装×》的文章率先挑起事端，对白烨"大开骂戒"，掀起"韩白之争"。据统计，在近千字的博客中竟然有多达十多处不堪入耳的脏话。紧接着他又陆续向为白烨辩解过的解玺璋、陆天明、陆川和高晓松等人开炮，所使用的语言已涉嫌人格侮辱和人身攻击，陆天明、陆川和高晓松等三人不堪忍受，但怯于韩寒的板砖和韩寒"粉丝"的恶语相向，于是在发表告别辞后纷纷以"惹不起还躲得起"的姿态低调关闭博客。

5 月 24 日，韩寒在其博客《三个中年男人》一文中再挑事端，对余秋雨、陈凯歌和陈逸飞进行了毫不客气的贬损，说"他们身上有太多中国中年男人的无趣、不坦诚、精明狡猾，缺乏想象力和没有幽默感"；说"这三个人都称不上大师，因为他们最缺乏人格魅力"，"他们三个人所做的概念，全是冲着一个字去的，就是'伟'，现在多少已经达到了'伟'他兄弟的境界，就是'伪''猥''痿'"。① 韩寒这一举动遭到广大网友的不满和批判，因为这三位都可堪称中国时下文化界、电影界和美术界的顶尖人物，他们的成就举世瞩目、无人撼动，20岁出头、嫩得出水的毛头小子与这三位名家根本不在一个对话层级上。以韩寒的浅浅资历戏耍并炮轰金庸、余秋雨、陆天明这样的作家和学者简直是自不量力，称赞者说这是"初生牛犊不怕虎"的精神，反对者说这是"无知者无畏"的最佳诠释。

网络及博客这东西就是这样，你越愿骂、敢骂、会骂，点击的人越多，你就越红火。韩寒在新浪名人博客榜的第二排名就是靠上述这种对骂赢得的，因为毕竟我国的博客还处在不规范、不科学的初级阶段，那些追星的"粉丝们"缺乏清醒而理性的头脑，大多为变态、好事和惟恐天下不乱者，因此中国博客网站的点击量水分极大，并不足以科学、公正地说明某位博客的真正知名程度和社会的真实评价，最起码决定博客的点击标准与社会评价的价值尺度是大不相同的。

3. 内容越裸露越火

日记一直被人们视为是心灵的独白，是只能放在自己心里的一种秘密。传统日记是自己写自己看，其最大特点是私密性和隐藏性，因此人们往往将日记锁上或藏起来。但从心理学角度讲，每个人都有好奇和窥探的动机和逆反心理，因此越是隐藏的、不公开的，人们越想知道。作为一种网络的新生事物——博客彻底反叛了传统日记的私密性本质特征——把本该写在传统日记里、本该自己看的东西放在了网上公共领域供大家看。这恰恰就满足了人们的"集体偷窥欲"，尤其是满足了男性的"意淫"心理需

---

① 田志凌：《韩寒博客再开骂：批评余秋雨、陈凯歌、陈逸飞》，《南方都市报》2006年5月30日。

求和"不健康的期待"。①

　　据统计,在写博客和看博客的人中严肃认真对待的充其量也就占到一半,大部分是以偷窥、观战、取乐、消遣和寻找谈资为目的,这一部分人的行为称之为"玩博客"。在玩博客的男人和女人中,最火爆、最受关注的都是女性,并且以美女居多。这类美女分为两类:一类是美女名人借助原有名气通过博客继续蹿红的,如徐静蕾、王小丫、伊能静、张靓颖、柴静、李冰冰、范冰冰、何洁、李静等,她们占据了貌美优势,因此点击量始终在排行榜中名列前茅;另一类是常人美女原本无名但在博客上剥去神秘面纱,敢于暴露隐私,从而一举成名的,如木子美和芙蓉姐姐即是。

　　2003年6月19日起,木子美以"叙述自己的性经历为主要内容"在中国博客上开辟了一个小空间,并将这些博客日记冠名为《遗情书》,其中以白描手法讲述她与广州一位著名摇滚乐手"一夜情"的性爱故事将其博客点击率推向高潮,令广大网友(看客)大开眼界。这样大胆、真实的描写在中国不太长的博客史上还是第一次,于是木子美迅速蹿红,借助博客这个桥梁把自己从常人变成了名人。据说鼎盛时期,木子美的博客每天访问量都在以五六万的数字激增,这真是一个令人咂舌而又难以置信的奇迹。有人评价说,方兴东和王俊秀的贡献是把朦朦胧胧的"博客"带到中国,而木子美的贡献是把"博客"的神秘面纱剥掉并推到众人面前。正是通过木子美,人们真正认识了博客。木子美的成功引来了众多接踵而至的仿效者,也为博客开辟了一个新的"流派",形成了耀眼夺目的"博客圈",如芙蓉姐姐、竹影青瞳、

---

　　① 新华网综合:《博客:"失控"的世界?》,http://new.xinhuanet.com/newmeaia,2006年3月8日。

流氓燕等，一个个真实自然的个体，一篇篇充满诱惑的文字，一如既往地大胆而且出位，她们为网友奉献了丰富多彩的内容，当然网友也不会亏待她们，近乎疯狂的、高频率的点击，也的的确确让她们如愿地全部出了名。但是细心人还是从中看到了固有的规律和本质上的东西：无论木子美、芙蓉姐姐还是竹影青瞳或者流氓燕，她们无一例外都是女性，她们出名依靠的都是出卖自己的隐私和尊严。

4. 拿同学朋友隐私开涮

前三种谈的是名人靠自己而火，其实还有一种常见的、现在最为流行的方法，就是借助另一个比自己更有名的名人的隐私来把自己炒火。郭德纲的博客是名人爆名人的范例，周涛同学"麻老虎"的博客是常人爆名人的范例。这种情形一般多发生在体育圈和娱乐圈，一方面是因为这两个圈里的人"可拿出来开涮的隐私多"，另一方面是因为这两个圈里的人大多较随便、不严谨。

郭德纲这个"大嘴巴"相声说得顺嘴了，于是说起别人的隐私也没有了"把门"，把这些年自己知道的"内幕"通通抖落个底朝天，搞得曲艺界像炸开了锅似的热热闹闹、沸沸扬扬。先是在博客上拿童年同院的小伙伴汪洋逗乐、开涮，无凭无据、不负责任地说"汪洋老婆跟别人睡觉"，逼得汪洋不得不走上法庭，昔日的哥们儿变成了敌人。然后是在博客上陷害师父杨志刚，以"杨志刚用公款装修住房"和"与某女同事同居"等不实之词进行攻击，气得师父也将徒弟早期"贪财心眼多"、"涉嫌经济问题被单位开除"、"狂涨出场费"等"猛料"抖落出来，并以法律讨说法。此外郭德纲又炮轰超女，讽刺李宇春"长得像姚明"，遭到"玉米"群起反击。郭德纲的"乱咬"一时间搅得相声界出现了多角论战和官司，有赵本山和侯耀文的力挺支持，也有汪洋和杨志刚的诉诸法律，但总的说是批判、否定者居多，有人劝他要"以德为纲"，有人说他"反三俗"就是为了利益，打官司就是为了"赚人气"。还有人替郭德纲"打圆场"说"都是博客惹的祸"，其实博客不该承担这个罪名，毕竟它还只是个工具，控制权还掌握在郭德纲手里。但不管怎么说，郭德纲如愿以偿地引来了媒体的一阵密集型的狂轰滥炸和与汪洋的论战、众人的臭骂，其原来毫无名气的相声也越吸引人，就像前几年的超女一样在一片非议、质疑和批判中迅速走红，成了"中国相声界的头号明星"。

张彤是周涛的大学同学，是一个极普通的常人，当然其博客点击量也极不如意。不经意间她看到网上帖子提醒的"写名人故事能提高点击率"的绝招，于是便炮制出央视美女、名主持周涛的"两段婚姻"，果然其内容被众多网友争相传阅，她的博客点击率也飙升到 7 万多次，是老同学的"艳史"帮了张彤及她博客的忙。

二、名人博客因何而衰

名人博客从 2005 年开始火爆，这一方面火了名人，人气攀升；另一方面火了网站，广告倍增；还有一方面是火了网友，大开眼界。名人博客真正实现了三方满意、多元赢利的欣欣向荣大好局面。火爆之时名人博客还属是"奇货可居"，是"我说什么你听什么"的状态，然而好景不长，这种繁荣火爆局面维持不到一年，名人博客就成了"超市大路货"，网友是"想骂就骂"，名人与网友地位发生"超级大逆转"。名人深感"高处不胜寒"的凄凉与无奈，于是陆续出现息博、缓博和换博等出乎意料的现象。据统计，2005 年开博的名人中 2006 年有一半已关闭，还有的虽然没有宣布退出或死亡，但大多也都处于半死不活、似开非开的"半退休"或"植物人"的休眠状态。

1. 被动开博

名人博客是博客的一种特例，起初名人们本无开博之意，基本上都是网站主动找名人进行游说，目前点击率排在新浪前10名的董路、李冰冰、郭敬明、韩寒和徐静蕾等都是这样"半推半就"间被动拉入的。当初新浪找到徐静蕾劝其加入，徐静蕾思考再三最终还是爽快应允，反正也不损失什么，还有一块"表达阵地"，恰好能满足她的作家梦想。但接下来为新浪带来一路蹿升的流量、人气和知名度，是她和众多开博名人所始料未及的，这便为他们后来的利益纠纷埋下了部分隐患。然而更让他们没有想到的是，随之而来的人身攻击、无端指责和利益分成等让名人博客们后悔不迭，可他们自己又无力挽回，只好无奈关闭，在"韩白之战"中无法忍受韩寒脏话攻击的作家、艺人陆天明、白烨、高晓松等就是在这种情况下于2006年4月被迫先后关博。

2. 水土不服

从本质上来说，博客本来是服务平民百姓的，是常人的交流沟通平台，是常人自给自足的"自留地"，属于民间草根文化的一部分。名人若出于个人功利挤入或被网站公司利益拖入，就会造成"水土不服"，因为它违背了博客的初衷和宗旨。除非能乔装打扮、不露声色，或即使暴露但无功利追求、平常对待、平等处之，也就是把自己化为并融入草根，这样才能长久生存下去，否则"关闭博客"那只是迟早的事。如今名人博客这种"不适应症"已似感冒一样成了博客网站中的常见病，如余秋雨、余华等作家、学者最近接二连三地退出博客，其主要原因不是因为"不堪口水"，也不是因为"恶意炒作"，而是因为"水土不服"患上了"不适应症"。他们本有自己独特的书籍或报刊传播平台，也有固定高层次的读者群体，可偏要赶时髦地把《文化苦旅》、《活着》等本不适合博客土壤生存的东西搬到博客上，当然网友是不会买账的，其结果不是自己死掉就是遭到抛弃，这也就是《晏子春秋·内篇杂下》所言的"橘生淮南则为橘，橘生于淮北则为枳"；毕竟纯高雅、严肃、学术性的东西是不适合网络或博客传播的，尽管它是名人提供的"阳春白雪"，但由于曲高和寡，网友视为"鸡肋"，因为它违背了博客通俗化的宗旨和初衷，相反人们对草根提供的质朴无华的"下里巴人"则更感兴趣。在名人博客中，像余秋雨等文化名人是最不适应网络环境的，因为毕竟网民及博客是草根，而他们是高高在上的文化精英，因此"博"了一段后文化名人深感无聊和交流困难，又由于好面子缺乏对网友责难和辱骂的忍受能力和抗击打能力，只好"退避三舍"。从目前来看，文化学者和作家是关博最早也是最多的。比较而言，演艺明星由于早已习惯指责和脸皮较厚往往对此能泰然处之，"任凭风吹浪打"、"我自岿然不动"，所以他们的博客适应能力较强，一般也能坚持长久。

3. 追逐功利

徐静蕾虽然是被动加入新浪网站，但随后却给新浪带来了5000余万的点击率和相应的流量，可她并没有从中直接获利，却成了新浪赚钱的"道具"，这使她心有不甘、内心极不平衡。她认为她应该得到新浪的一部分利益。其实她一直不隐晦自己写博客"扩大影响、宣传公司、获得利益"的目的，但一是新浪不愿意与他人分切蛋糕，二是的确又无法律条文支持，于是自然萌生撤退之意，但又实在却不开情面，毕竟她5000万如日中天的人气是借新浪之壳建立起来的，所以目前只好先施"狡兔三窟"之计，在"鲜花村"又为自己建了一个"单体别墅"，但她和新浪都心知肚明，寄托她挚爱电影事业的鲜花村网站才是她博客的最终归宿。她在博客里说的"合则聚，不合则离"，已经明确透露出离开的可能。特别是在今天双方广告费分成之争还在僵持、态度十分坚决的情况下，一旦谈不拢，徐静蕾将义无反顾地彻底退出，凭已积累的5000万的人气和点击率以及鲜花村的自由独立的"博客自主权"，相信在"自己掌控的地盘"上徐静蕾会更加游刃有余，大显身手，经济效益与社会效益的双丰收蓝图指日可待。其实当初徐静蕾看好的是新浪宽大的平台，而新浪看好徐静蕾旺盛的人气，双方是"一个愿打一个愿挨"，各有所需，而今形势突变，徐静蕾力争分成并另建新居无可非议，新浪坚持不给并极力挽留也实属正常，作为商家也好作为个人也好，毕竟是谁也不轻言放弃的。如今眼望一棵硕大的"摇钱树"即将移植他园，新浪虽还坚持着立场，也只能是无可奈何、"望蕾兴叹"。相信步徐静蕾后尘的名人会越来越多，就从这点来看，新浪的点击率和流量有可能大大缩水。

4. 浮躁变态

有的名人和网民因在生活中工作不顺、家庭不合或人际障碍，在博客写作中失去理智，寻求刺激和大胆暴露，有时近乎疯狂和歇斯底里，著名作家池莉因此把博客比喻成"疯人院"，称自己是"疯人院院长"，最近实在忍受不了这种痛苦生活，毅然宣布"息博"，想去过一种正常的人间生活。[①] 从博客的初衷看，博客应是自家温馨、有序、宁静的客厅，是平心静气自由表达的场所，而在中国却像个到处充满叫卖声的农贸市场，缺乏管理，

---

① 章杰：《"再也不当疯人院院长了"明星博客不再火了》，《新闻午报》2006年8月8日。

随意妄为，利益当前，这也许正是中国博客初级阶段的必然过程。新生事物的发展，往往有这样一个规律，就是刚开始进展较慢，甚至逆目标而行，比如博客的最基本本质是草根性和自由性，但目前的走向恰恰是与之相反的精英化和市场化，完全背离了草根和自由的初衷。

5. 视为负担

名人的一大特征就是"忙"，尤其是影视和娱乐明星，每天工作安排很满，大多是半夜回家，因此往往是倒头就睡，经常来不及更新和填充博客内容，于是经常用开天窗、记流水账、贴照片、炒冷饭、请人代劳等手段应付、蒙骗网友。超女李宇春的博客曾连续一个月没有更新；韩寒 2006 年 4 月份的博客文字一直在 5～7 个字之间浮动；李玲玉的博客记的是生活琐事，杨澜的博客记的是工作安排；郭敬明的博客是"照片＋无厘头的搞笑文字"；余秋雨的博客用"新瓶装旧酒"的方法转贴发表过的文章；歌手郑钧、演员巩俐、超女张靓颖都曾让经纪人或找朋友代写。这就是名人博客的活生生的现实，这种状态导致一些名人的博客形同虚设，显然不是在与博友真心交流，而是在对受众的敷衍、应付和极端不尊重，处于一种即将关博前的"缓博"状态，这就清晰地暴露出名人博客的衰败趋向，同时又严重背离了博客"真诚和平等"的传播初衷，尤其是请经纪人代写更是对网友的极大伤害和欺骗，因为毕竟博客不是技术工具也不是宣传工具，不是工作计划也不是学术研究，不是冰冷的公告也不是精美的影集，而是心灵的坦诚交流。写博客不应成为一种负担、一种任务，它应是发自内心的一种需求，是一种对公众的责任，是一种充满快感的享受，是在一种比日记本更大的平台上让无数的朋友分享你的快乐、分担你的忧愁。

作家叶永烈和陈染开博后，一致认为名人博客"玩得沉重"，已隐隐成了负担。作家陈村认为名人博客代价太高，每天都被"套牢"，使得心理负担重，一点也不自由和随便。通过博客而成名的王小峰说：名人已掌握话语权，还来开博纯粹是"凑热闹"，自找苦吃，自寻烦恼，是"玩物丧志"的表现。

第四节　名人博客的繁荣假象

一、名人博客的虚假繁荣

2005 年是中国博客发展高峰年，尤其是名人博客如雨后春笋，总数达到 1 万人，其中在网上能够搜索到网址的达 2500 人左右。然而 2006 年风云突变，名人博客驶向了"拐点"，开始"集体降温"，从 2005 年兴盛期见面问候"你博了没有"到今天衰败期的流行语"你关了没有"，[①] 转换之快令人惊异。2006 年3 月以来，巩俐、高晓松、郭德纲、白烨、陆天明、高圆圆、戴军、何炅、池莉等名人相继关闭博客，累积到 2006 年 8 月，2005 年开博的名人已空置"半壁江山"，有的称"玩不起"，负担太重、压力太大，如巩俐、高圆圆；有的称"不愿意玩"，论战失败，仓皇逃窜，如白烨、陆天明和高晓松；还有的称"玩不明白"，人心复杂，无法应对，如郭德纲和池莉。这是已经关闭了的名人博客，其实还有大量无法计算的处于死亡边缘、垂死挣扎的名人博客，如李宇春的博客曾有一个月没有写内容，李亚鹏的博客从 2006 年 8 月 1 到 8 月 20 日只更新两次，郭敬明的博客用大量照片填充等，这些博客实际上也都属名存实亡，将逐渐淡出，据统计，这种"睡眠博客"已达七成以上。这样计算，两三

---

　　① 李凤亮：《名人博客为何"博"不起来?》，金羊网，2006 年 8 月 12 日。

年内将有80％的名人博客彻底消亡，退出博客的历史舞台。有人评价说，博客对名人来说只是一种刺激，是借以增加人气的手段，名人博客"注定是来得快、去得更快的非典型网络泡沫，只有平民博客才能将博客发扬光大"。

　　有的专家分析说，名人博客"目前还停留在'看上去很美'的阶段"，[①] 实际是虚假的繁荣，不仅自己摇摇欲坠，而且还把中国的博客引入了误区和"死胡同"。这种"虚假的繁荣"表现为三个方面：一是技术统计存在问题，点击率水分过大，如博客胡聊老师曾对徐静蕾的博客做过统计，有一张"关于说得很累的"的七字帖点击数是27522人，评论515人，估计水分有60％～70％那么多；二是名人的自我炒作，形成"泡沫人气"，如韩寒和郑渊洁博客的高点击率不是其创作被人肯定的"支持人气"，而是恶意炒作导致的反向"否定人气"，这就像书越被禁会越出名、越畅销一样；三是表面上的热闹，实际上的冷清，据统计，我国现有博客总数为1600万人，但实际上只是那1％的名人博客在前台、在耀眼处主宰并占据着99％的博客流量和空间，而99％的博客在默默无闻中、在冰冷的幕后依靠着别人丢下的残羹冷炙艰难度日。

　　还有更悲观的预测：新浪网总编、博客栏目开办人兼总管家陈彤说，半年内名人博客将不足三分之一；作家陈村说，名人博客必将在半年之内垮掉。

二、名人博客的误区表现

　　作为IT界技术精英，方兴东把博客引入中国的目的是想为中国的普通百姓在E-mail、BBS、ICQ之外提供一个更大空间的

---

① 李红艳：《博客广告钞票往谁兜里塞》，《北京日报》2006年3月1日。

网络交往方式，应该说这种先进超前的理念和良好积极的初衷奠定了他在中国网络媒体发展史上的重要地位。但接下来，有人却把博客引向了种种误区和歧途。

1. 名人博客违背了博客的"草根精神"

博客起源于美国，是 1999 年 Pyra 公司三个创始人开发的适用于普通人交流共享的小软件，是 E-mail、BBS、ICQ 之后的第四种互联网沟通工具，很显然，它的服务对象是普通百姓，属大众化传播范畴。

然而被移植到中国不久，就被新浪网的名人"高端策略"扭曲了方向，甚至走向初衷的反面。这是因为新浪网与方兴东的角色定位及目标追求不同而致：方兴东是 IT 界专业人士，他的追求更多着眼的是网络技术的延展和应用；而新浪是商业网站，它的追求主要着眼的是企业的生存与发展。也就是说，前者侧重、倾向的是社会效益与专业精神，后者侧重、倾向的是经济效益与商业诉求。新浪网深知，在中国平平淡淡、普普通通的百姓是没有人关注的，是带不来"眼球经济"和"注意力经济"的，因此"打名人牌"，特别是"打演艺明星的牌"是"上上策"。于是名人博客在新浪火起来，并带动所有网站的名人博客一下子"烧"遍全国、"烧"红全国，但随之也把"正香主"地位的普通人打压得无声无息，从此"宾主易位"的错位局面统治了中国还在"学步阶段"的博客，但不到一年本不该占据"主位"的名人博客就陷入了困境。其实"博客名人"王小峰早就有所预言：新浪意欲通过强势建立博客新的游戏规则，最终建起的只可能是玩物丧志的"博客废墟"，因为名人博客"从根本是违背了博客自由存在的草根精神"。① 博客的平民本质，即草根精神不仅指向的

---

① 于琛艳：《名人博客：难逃废墟命运》，《新闻午报》2006 年 2 月 8 日。

是普通民众的主体对象,更主要指向的还是一种"民主追求"、一种话语权的下移。[①]媒体是民意的表达平台,社会民主的建立不仅需要科学的体制和群众舆论的营造,而且更需要媒体的引导和推进。人类传播技术发展史也是民主推进与前行的发展史,从报纸到广播、从广播到电视、从电视到网络,民主与媒体一步步相伴且递进而行。而今天风靡全球的网络及博客把人类的民主程度和民主建设推向了一个更加广阔的天地,这正是博客的草根性本质所在。

如今,名人博客经过一年的短暂兴盛逐渐走向衰落,使更多的商业网络和名人自身更加趋于理性和成熟。笔者认为,名人纷纷退出博客这本是一件好事,不管是主动还是被动,都表明他们的一种觉醒,是他们对角色错位的反思和改正;同时,新浪等网站也清醒地意识到了它的偏向和误区,所以面对徐静蕾"狡兔三窟"式的再立门户,总编辑陈彤也做出反思说:"新浪今后会着力推进草根,还博客以草根精神的本来面目。"

2. 名人博客违背了博客的"平等原则"

网络交流的方式最大特点就是非现实性,其目的就是要淡化日常现实生活中的等级、地位、知识的差异,给渴望交流的人建立一个地位平等、交流自由的空间。这是 E-mail、BBS、ICQ 和 BIOG 四种网络交流方式的共同标准,也是建立博客的初衷。但名人博客的推出一下子打破了"平等"这一博客的最基本原则:一方面,名人自己利用已有的名气高高凌驾于普通平民之上,不负责任地妖魔化同行、出卖朋友,在博客上胡言乱语、狂轰滥炸、四处乱咬,如宋祖德的博客、郭德纲的博客。另一方面,网站为了点击率和广告收入硬拉名人加入,并予以突出单独设立

---

①　胡泳等:《博客为什么这么火》,《读者》2006 年第 13 期。

"频道"，这样在突出、强调、重视"精英阶层"的同时，自然就会打压平民，于是就会使精英与草根处于对立局面，在这方面人们对新浪博客的"精英化"定位颇有不满，而对搜狐博客的"草根化"定位大加褒扬。

其实"平等"是博客的生命和灵魂，是公平性、草根性的具体体现，没有平等就没有真诚的交流，就无异于现实生活命令、指示、教导等君对臣、官对兵、高对低、上对下的再现和翻版。如面对学识渊博、思想深刻、"需仰视才见"的余秋雨，你能与他在博客中轻松自然地交流吗？且不说余秋雨的一贯教训口吻，也不说他的严肃表情，仅就曲高和寡的学术性和专业性就会让你望而却步。

一般来说，名人博客走的路径是名人→博客→更有名气的名人，而草根博客的路径是博客→名气→具有名气的博客。名人博客的出发点和落脚点是想出名，这有违博客的本质和初衷；常人博客的出发点和落脚点是"为博客而博客"，因此这完全符合博客的常态和本质。

在这里，笔者并不是反对名人参与博客，关键是名人从何角度进入博客，以何形式和身份展开博客。只要名人能放下架子，以平常心、平民身份、低调形式与网友真诚交流，能尊重博友和网友，不炒作不卖弄，只为交心不为出名，名人博客一定还能重振雄风，但那时已绝不是现在的样子，它只是属于常人博客的一种形式。

3. 名人博客违背了博客的"平和表达"

博客是"写在网上让大家看"的日记，它不同于传统日记的自己看、自我倾诉、自我对话和自我斗争，而是在虚拟的交际空间里向陌生人介绍自己的生活、工作、人生态度与感悟，所以不能随心所欲地使用粗暴态度，不能表现浮躁心理，不能进行炒作和人身攻击，要心平气和、不带偏见、不求功利地娓娓道来。要以尊重他人和不伤害他人为最低的底线。

有人形象地把博客比喻成是自家的"客厅"，这既贴切又合本质，因为"客厅"就是供人交流的场所、平等畅谈的平台，这里的交谈不深奥、不嘈杂、不虚伪，总是带有一点儿浪漫、包含些许文化、渗透一种情感。然而，在中国，这只是一种难以实现、可望而不可即的遥远理想。2005年铺天盖地的名人博客就像一个投资巨大、管理极差、外壳奢侈豪华而内部价格低廉的"农贸市场"，到处是此起彼伏的叫卖声、炒作声和骂人声，如"韩白论战"、"郭汪论战"等把博客搞成血腥战场和决斗舞台，彻底打破了博客应有的宁静和真诚。这种状态下名人博客不衰落才怪呢？

4. 名人博客违背了博客的"快乐追求"

博客是普通大众平等、平和、平易的表达与交流，它没有字数多少的限制、时间长短的约束，也没有规定的目标和预期的任务，它只是一种在交流中、在表达中、在倾诉中与网友相互给与和获得的精神享受。然而，名人博客由于特殊的角色定位、过高的起点和期望值，却背负上了一连串沉重的包袱，如提高名气的目标压力、提防搔扰的戒备心理、随时应战的防御本能、面对指责的应对策略，等等。

草根博客和名人博客有着本质和目标的不同：前者是寻求快乐的，后者是博取名气的。草根博客的角色决定了他们能够坦诚交流、自得其乐、无比惬意，他们可以嬉笑怒骂地过得很自在，既给自己制造快乐，同时也愉悦着身边的博友，可能这也正是它能持续发展的根本原因；而名人博客的角色决定了他们负担太重、压力过大，以致点击流量、同行攀比、自尊心态、人气指数以及收视率、曝光率等因素促使他们每时每刻都要处心积虑、挖空心思去经营，否则就会导致人气的跌落和关注的转移，紧接着就会导致飞黄腾达事业的终结，因为畅销书作家、文化界名人、演艺类明星往往都是依靠着人气生存，一旦人气失去必将面临关博逃亡的命运。如今的名人博客除徐静蕾外还有着草根一般的潇洒与怡然，其余大多因受"名人之累"或用下半身写作，或自述性爱细节，或栽赃朋友同学，或反叛长辈老师，在拿着自己的或别人的隐私、尊严和人格为未来的人气疯狂地下着危险的赌注，但大多"血本无归"，以失败而告终，因此只好关博"溜之大吉"，2006 年以来主动或被动退出博客的名人基本上都是这个下场。

三、名人博客的起死回生

我们无意否定、审判名人博客，而只是以理性视角分析它目前的尴尬困境；我们说名人博客陷入衰落，也并不是说给它判了死刑，已无药可救。从传播学的传播者和接受者角度说，名人也应是网络博客主体的一部分，他们有自己的表达权、知情权，任何人都不得干预和剥夺。关键是名人该以怎样的身份、怎样的心理、怎样的形式进行博客。笔者认为，如果能从以下几个方面入手，名人博客还能起死回生、再创辉煌。

1. 克服名人开博的"先天不足"

博客是一种网络平台，也是一种新兴文化现象，它有着自己独特的运行逻辑和规律。按照博客的宗旨和初衷，每个博客都应平淡而入、平淡而行、平淡而出，轻松、率真、自然是贯穿博客始终的主线和脉络。草根本质决定了名人进入博客的"先天不足"，因为名人已有的知名度和备受关注的公众性就不可能使他们的博客过程像草根博客一样平淡无奇，他们的进入是新闻，他们的退出也是新闻，因此就会被网站利用扩大点击量、提高经济利润，也会被其他博客利用来炒作、积聚自己的人气。有人说名人开了博客就等于"上了贼船"，上去了就下不来，大多是身不由己，被推着被动而行。

　　如此说来，名人开博倒使其知名度成了一种先天不足，成了一种劣势。但毕竟博客是一种实名制，名人的先天要素又无法回避，因此名人还要面对现实。笔者对名人开博提出四点建议，一要放低姿态，缓慢进入；二要率性自然，真诚交流；三要心态平和，掌握好度；四要抛却功利，享受过程。

　　2. 淡化网站点击量的商业追求

　　众所周知，大众传播具有政治与经济、专业与商业的双重属性，它们始终处于矛盾对立状态，并体现在传播的各个领域、各种形式之中，博客传播这种网络交流方式也不例外。其实博客的基本功能和追求目标很单纯，就是为了沟通信息、交流情感和寄托精神，但它不可能凭空实现，必须依托一定的技术和网络平台，这样它所附着的市场化网站就使它不可避免地沾染了商业特征，比如新浪网开设"名人博客"专门频道就是最典型的商业追求。应该说，名人博客走到今天的衰落主观原因在于名人自身，但网站的过分商业化运作、零门槛进入、零技术限制、零编辑约束等操作也应该承担部分责任。我们当然理解网站的苦衷，毕竟点击量和人气是它们的生命和生存根本，但应该在不违背博客初衷、不把博客引入歧途的前提下，因为网站经济利益的获取只能是"一时"和一个集体的幸事，而博客伦理与道德的丧失可能会是"一世"和一个国家精神支柱的轰然倒塌。因此，网站在为个人博客提供技术支持时不要以商业追求为惟一目标，还要具有专业理念和社会责任。

　　3. 建立开放健康的网络生态环境

　　按照系统论原理，网络名人博客是网络和社会的一个小小要素，是一个子系统，其成败与兴衰不仅取决于博客自身，还取决于一个更大的文化环境，即"健康的网络生态"，这种网络生态不仅是文化的，更是社会的、经济的和伦理的。

首先，经营博客的网站要有公德意识与社会责任感。网站要从专业理念、网络技术、社会使命、相关法律等视角对博客给予适度监管，不能"经济至上"，眼睛只盯着点击率，要对博客具有一定的掌控能力。

其次，开博客的名人要有充分的思想准备。所谓充分的准备，是指开博前摆正心态，在网络虚拟世界的交流中要耐得住寂寞，把自己当作草根，以平常心写博、看博和面对网友，要正确对待开博所付出的可能失去的鲜花与掌声、可能消褪的神圣光环、可能降低的平民身份和少受关注的必要性代价。

最后，读名人博客的网友要有平和的接受心态。笔者认为，从某种程度上来说，是"病态的网友"造就了"病态的名人博客"，因为名人博客的人气和点击率取决于网友对博客的拥护、赞成与支持，网友的点击标准和需求动机是名人博客的"指挥棒"，因此网友的心态对名人博客来说至关重要。在博客阅读中，网友不要对名人博客提出更高的要求，也不要拿名人大腕的隐私开涮和取闹，要提倡一种"有话好好说"的平和交流方式，网友可以认定他们"著名"的身份，但在操作中更要给他们一个"普通人"的礼遇。

第七章

博客个性与修养

第一节　博客的共性特征

博客的共性特征，即博客的基本特征或核心特征。方兴东和王俊秀在他们的《博客：E时代的盗火者》一书中，将博客的核心特征总结为个人性、即时性、开放性、拿来主义、交互性和可信度等六个方面，笔者认为其中的"拿来主义"和"可信度"两个方面概括不太科学。按方先生的解释，"拿来主义"是指通过链接对别人信息的不断搜索、提炼和借鉴，这与他所说的旨在多重交流的"交互性"意思相同，因此没有必要单独列出。方先生把"可信度"理解为权威性，但权威性只是个别名人博客或博客名人的专利，对大多数草根博客来说还是"可望而不可即"的，因此"可信度"其实也并不是所有博客所共有的特征。

一、个人性

个人性，也叫自由性，是博客区别于传统媒体的本质特征或属性，正是从这个意义上说博客又称为"自媒体"。从隶属关系上看，博客既不属于网络公司也没有上司领导；从内容表达上看，博客既没有主题要求也没有文体限制；从写作时间上看，博客既可以在白天也可以在晚上；从展示方式上看，博客既可以文字加图片也可以音频加视频。总之，博客是一个自发、自在、自由、自主的纯粹个人化的行为，这"是任何其他通讯手段都无法代替的"。①

二、即时性

所谓即时性，是指博客写作与表达的时效性。由于博客是个人的，所以就可以像记日记一样随时随地操作，长此以往博客就成为了一种"离不开"、"舍不掉"的习惯。这种"自媒体"的即时性，充分体现了媒体的时效性本质特征。因为即时，所以新鲜；因为新鲜，所以独特；因为独特，所以关注。这可能也正是博客吸引人眼球的重要原因之一。由于即时，博客成为自己的生活习惯，同时也使别人阅读成为一种生活习惯。

三、开放性

开放性是指博客的视野开放、内容开放和资源开放。在博客上，你可以放眼全球眺望世界各国，你可以搜寻你想要的所有东西，你也可以把你的知识与别人一同分享。方兴东把这种开放性特征做了一个形象的比喻：传统概念下的博士因为自己脑子里装有许多知识而鹤立鸡群，现代理念下的博客必须要把脑子里的丰富知识及时与大家分享才是真正有学问，否则自己独自拥有就等于一个"空荡荡的白痴一样"。② 博客的开放性正是体现在这种无限制的超链接之中，体现在"自己受益也让别人受益"的开阔

---

① 方兴东、王俊秀：《博客：E时代的盗火者》，中国方正出版社2003年8月第1版，第47页。

② 同上。

心胸之上，如此才能成为一个合格的博客。

四、交互性

与传统媒体相比，传受互动是互联网及博客的最大特征。在博客交流中，博客主人既是信息传播者也是信息接受者，而且这种传受角色随时变化、相对存在，当发表文章或信息时你是"传者"，当阅读别人文章或信息时你就立刻变成了"受者"。可以这样说，博客因"交互"而生存，博客因"交互"而发展；只有"交互"博客才能"流动"，只有"交互"博客才能永生。博客以"相互给予"为本色追求，以"分享知识"为价值实现的重要标志。正是在"相互给予"中，博客体会到了快乐、价值和成就。

第二节　博客的个性特征

上一节我们讨论的博客共性特征，奠定了我们本节讨论博客个性的理论基础。从哲学视角讲，共性是由千姿百态的个性构成，个性蕴含在共性之中。弄清博客共性特征固然重要，因为这是破解博客个性特征的前提；但博客的"个人性"或"自由性"告诉我们，博客个性研究更能体现出博客的本色或本质。

个性特征是此博客与彼博客的重要参照，是实现博客"大花园"万紫千红的基本保证。俗话说："一花独放不是春，百花齐放春满园。"博客世界不是"女儿国"，也不是"男人岛"，而是五彩缤纷世界的缩影，是互联网的精粹与靓点。虽然博客的本质追求是单一的平和、平等和平静，但如果仅有徐静蕾、极地阳光的"心情日志类博客"和文怡、梅子"饮食类博客"似乎又显得有些单调和乏味。我们承认，平和的心情交流和菜肴展示是一种个性，但我们同时也需要"不平则鸣"的博客个性、专业切磋的博客个性、追逐功利的博客个性。

其实，上述这些博客个性也并不是我们需要不需要、喜欢不喜欢的问题，多样个性、多元展示这是博客"不以人的意志为转移"的客观存在，因为博客是复杂多变的群体，上至总统、学者、明星，下至店员、学生、百姓，应有尽有、参差不齐，因此你想要一种或几种理想化的博客个性那是不可能的事。尽管可能我们看不惯或不希望存在像张钰、宋祖德、木子美等那样的博客个性，但既然他们能够出现并且迅速"走红"，就印证了"存在即是合理的"的哲理。从另一视角看，至少他们为博客的健康、科学发展提供了反面教材和可资借鉴的教训。

从个性特征上看，以下几个方面反映了一些博客的与众不同之处。

一、敢言

敢言是一部分博客的独有个性，表现最突出的就是那些"不平则鸣"的"社会责任类博客"，代表人物有如薛涌、方舟子、葛剑雄、方兴东、时寒冰等，他们的特点是：以"天下兴亡"为己任，具有古代侠士"路见不平拔刀相助"的义胆和现代斗士"该出手时就出手"的果断，具有"化作春泥更护花"的牺牲精神和"会当凌绝顶，一览众山小"的探索深度。自称"反智的书生"的薛涌博客敢于触及"主流"们不敢轻易触及的"制度"，"致力于打假"的方舟子博客敢于揭露科学界和新闻界别人缄口的"学术腐败"，"不平则鸣"的葛剑雄博客敢于向教育制度和时事政治"叫板"。应该说，这些精英是社会的"脊梁"和中流砥柱，我们需要更多的"敢言博客"。

当然，博客中也有另一批"无知无畏"、"初生牛犊不怕虎"

的"敢言"者，最典型的要数经常口出狂言、语出惊人的韩寒。1999 年以一篇《杯中窥人》而获得全国"新概念作文"一等奖的韩寒，当时还是高中生的他就向我国教育制度提出了挑战，并以"七盏红灯高高挂"的成绩"身体力行"，一时间全国卷起了"韩寒热"，小说《三重门》、《零下一度》、《就这样漂来漂去》、《一座城池》等曾经一度成为全国教育界和文化界讨论的热点话题——"韩寒现象"。就这样，韩寒出名了，韩寒火了。2005 年，韩寒以"80 后作家"和"赛车手"的双重名气在新浪开博，然后以特立独行的"霸气"迅速在"韩白论战"中"大获全胜"，打得白烨、陆天明、陆川、高晓松等"落荒而逃"、溃不成军，迫于韩寒的"骂战"和粉丝的"板砖"，他们只得关博以息事宁人。紧接着，陈凯歌、余秋雨和陈逸飞这三个中年名家也没能逃出韩寒攻击人格的贬损，赵丽华及现代诗歌与诗人更是惨遭韩寒的否定性批判和极度踩躏。虽然靠着这种"敢言"，韩寒人气急剧上升，一直在新浪博客排行榜上紧随徐静蕾之后名列第二，但我们还是不提倡这样的"敢言"。

二、豁达

豁达是一种态度、一种心胸、一种风度和一种境界，只有生活豁达的人，其博客才能淡定平和、随性而动，才能"坐看风云"、宠辱不惊、谈笑风生、应对自如。徐静蕾的博客把细碎平凡的生活写得有滋有味，这是一种豁达；梅子的博客陶醉于菜肴与恋爱的美妙境界中，这是一种豁达。谭飞的博客以"嘻笑怒骂皆文章"的笔调辣批超女等娱乐圈，这也是一种豁达。

博客豁达个性的表现形式多种多样，可以是平和交流的，可以是机智调侃的，还可以是适度恶搞的。像徐静蕾和梅子属于第一类，这是一种真正的大气；像谭飞和殷谦属于第二类，这是一种真正的机智；像胡戈和后舍男孩属于第三类，这是一种真正的创造。

　　我们之所以强调平和的交流、机智的调侃、适度的恶搞，是因为博客这种豁达个性的产生是有其严格条件和界限的，哲学上讲"过犹不及"、"物极必反"，博客个性的展示也是如此。平和而不是急躁地交流，机智而不是庸俗地调侃，适度而不是过分地恶搞，豁达自然就会在博客中产生。我们反对像洪晃那样功利、嘈杂的交流，反对像韩寒那样叛逆、侵犯的调侃，也反对污辱、陷害的恶搞，因为博客的实质在于：交流是平等的，调侃是智慧的，恶搞是讽刺的。

三、"秀"美

　　这里的"秀"是个动词，是英文的 show，"秀"美就是"展示"自己的美丽身体、妩媚姿态和诱人表情。这类博客以女性居多，走的是"情色路线"，2004 年开始增多并逐渐形成较大的气候和影响。最先"秀"的是大学教师竹影青瞳，她在"天涯 BBS"上公开脱衣展览，从而"一脱成名"，紧接着就有"性专栏作家"木子美的性爱小说《遗情书》的问世，芙蓉姐姐翩翩起舞 S 造型的诞生，安顿"口述实录"式系列《绝对隐私》的发布，"美女作家"卫慧对灯红酒绿大都市"禅意人生"的描绘，汤加丽展示天然人体美《写真》影集的出版，还有内衣模特宋嘉宝"亲身展示"式网上拍卖。她们无一例外地都在短时间内迅速成了"博客名人"，成为博客上最为引人注目的"靓点"。

　　这些博客与其他博客对博客平台的认识不一样，她们把博客当成了一种特殊的"大型娱乐设施"[①]，当成一个集体"露天游

---

　　①　我为博狂：《打造你的金牌博客》，中国时代经济出版社 2007 年 6 月第 1 版，第 33 页。

乐场"①,当成充分自我美体的一个表演舞台,当成通过示美而达到成名获利目的的一种载体。在她们眼里"只有你不敢看的,没有我不敢秀的"②,她们的成功之道在于不失风雅的分寸、卓尔不群的内容、图文并茂的情愫和通俗易懂的风格。

裸露的、隐私的、禁忌的"秀"美博客之所以这么火,主要在于大众的强烈需求和市场的潜在空间,但不管怎么"秀",一定要在艺术与美感的前提下、在不伤害他人与自己的前提下,因此这类博客的关键就是"分寸"。要记住:(1)性可以写,但不可写滥,要分清情色和色情在精神与肉体两个层面上的本质区别;(2)隐私可以曝光,但要把握好时间、地点和对象,其实"善意的写实远比恶意的曝光更具魅力"③;(3)传统可以挑战,但不可以挑衅,超越习俗和限制不能走得太远;(4)图片、声频和视频可以链接,但要有选择,要以社会伦理与道德为控制底线。

四、睿智

在博客中有相当一部分智商很高,他们没有满足于沟通情感、松弛心理的低层次需要,而是充分利用这个自由、开放、浩瀚的平台,以"天下兴亡,匹夫有责"的高度责任感和使命感来反思现存问题、讽刺丑恶现象、抨击社会时弊,体现了他们的睿智思想。正是因为睿智,他们才能在众多博客中"鹤立鸡群"、一举成名、倍受尊重。

---

①　我为博狂:《打造你的金牌博客》,中国时代经济出版社 2007 年 6 月第 1 版,第 10 页。

②　同上书,第 11 页。

③　同上书,第 31 页。

方兴东开拓性地把博客引入中国，这是一种睿智；方舟子利用博客向"学术腐败"宣战，这是一种睿智；胡戈将《无极》剪辑成娱乐性的"馒头血案"，这是一种睿智；谭飞辣评超女等娱乐圈明星，这是一种睿智；时寒冰草根立场对抗潘石屹和任志强等房产大亨，这更是一种睿智。正是靠着这种睿智，方兴东被冠以"网络旗手"、"博客教父"的美誉，方舟子被称为致力于学术打假的"书生侠客"，胡戈奠定了"恶搞派教主"的江湖地位，谭飞赢得了娱乐圈"小诸葛"的雅号，时寒冰成为最受百姓爱戴的财经评论家。

当然，我们也知道，博客中的睿智毕竟不同于现实，因此关键就要做到：（1）以娱乐为元素，娱乐自己也娱乐他人，不管是胡言还是怪语，一定要达到"其乐也融融"[1]；（2）以创新为目标，因为"创新才是硬道理"，新颖才能吸引眼球；（3）以深入为手段，因为"深入才能成就深度"[2]，要在深刻中体现睿智；（4）以草根为核心，因为"相似才能相吸"[3]，才能得到众多博客的认可、赢得更高的点击率。

第三节　博客的百花齐放

一、五彩缤纷的博客世界

博客的不同个性构成了丰富多彩、千姿百态、百花齐放、百

---

[1]　我为博狂：《打造你的金牌博客》，中国时代经济出版社 2007 年 6 月第 1 版，第 67 页。

[2]　同上书，第 71 页。

[3]　同上书，第 72 页。

家争鸣的大好局面，这样博客世界就产生了动感，形成了流动。正是在这种流动中，博客们自觉与不自觉地按着相同或相近的志趣和特质进行着自愿式的排列组合，于是也就形成了大小不一的"博客团体"，也就是我们所说的"博客圈"。

博客圈的形成是以个性为前提的，每一个博客圈都有明显的个性特征，都是博客大花园中的一棵绚丽花朵，它们共同组成了五彩缤纷的博客大世界。

二、富有个性的博客圈

从许多博客圈的名称字号就可看出其圈友群体的构成是以志趣爱好为共同特质而聚拢的，比如有偏好诗词歌赋、摄影绘画的，有偏好时评杂文、理论探讨的，还有偏好饮食、茶道、音乐的。

新浪网的"精品博客圈导航"列举了明星、健康、生活、汽车、文学、体育、两性、科技、娱乐、教育、动漫、影音、时事、游戏、财金、网友、房产和其他 18 个博客圈。

此外，还有许多个性化极强的博客圈，如"好色男女博客圈"、"80 后博客圈"、"粉丝圈"、"好友圈"、"高三家长博客圈"、"大连博客圈"和"食尚家博客圈"等，真是风格各异，令人美不胜收。

三、博客圈个性的形成

"碧水莲花博客缘"公博（博客圈）的"圈主"笻竹在博客上撰文认为，博客圈个性特征的充分彰显决定于圈子的团体素质、团队精神及圈内互动运行机制等三个方面因素。[①]

---

① 笻竹：《博客圈应彰显个性特征—"为碧水莲花博客缘"公博而作》，http://blog.sina.com.cn，2007 年 1 月 12 日。

　　圈子的"团体素质"由圈主素养、圈友素养和圈子管理班子素养等构成，但并不等于这三方面素养的简单相加，而是圈主个人素养及其对建圈宗旨正确定位的感召力及管理班子和全体圈友认同并自觉贯彻圈主宗旨而形成的能动力量的总和。这是圈子建立及发展的基础和前提。

　　圈子的"团队精神"是全体圈友在圈主及其管理班子的协调组织下积极互动、经常交流的自觉愿望。这是圈子得以"可持续性发展"的灵魂。

　　圈内"互动运行机制"是圈主、管理班子、圈友三层次之间在一定管理互动办法、制度规范下形成的一种互动协同的默契。这种默契程度如何，在圈子发展中起决定性作用。

　　上述三方面是互为表里、有机联系的，缺失任何一个方面都可能影响圈子特征的彰显。这里需要指出的是：判断一个博客圈的好与坏，不能以外在人数及规模的多少来衡量，而要看圈子互动运行机制的运营情况以及圈里人对圈主办圈宗旨的认同和受圈主素养的感召而积极参与的主动程度。圈内人多只能是团体素质强的基础保证，不一定就表明圈子知名度高、影响大，如果没有科学有效的"互动运行机制"，人数再多也提升不了圈子团体素质，也形成不了团队精神，当然建圈的宗旨就无从贯彻，圈友的热情也难于持久。

第四节　博客个性的塑造

一、博客个性的内涵及特征

　　博客个性一般是指博客在互联网媒体中表现出来的相对稳定的内部倾向性和心理特征，它有以下四个基本特征。

1. 整体性。博客个性是对博客各种心理要素综合作用而形成的一种整体反映,是各个心理要素长期互动、深度整合后形成的个性表征。这里的"整体性",一方面指博客群体个性的整体性特质,一方面指博客个体个性结构内部一体化而形成的整体性特质。如以徐静蕾、极地阳光为代表的"日志心情类博客",这个群体博客的特质是博客个人气质、思想觉悟、道德情操以及平和、平等语言风格等各种要素的综合性反映;再如韩寒的博客个性,是由韩寒的聪明智商、善于攻击、标新立异和老辣文笔等各种要素综合形成的。

2. 稳定性。博客个性的形成是一个漫长的过程,它要受到社会化进程、文化背景、群体特征以及个体差异等诸多因素的影响,然而它一旦形成就具有相对的稳定性,一般不轻易发生较大变化。但这种稳定性不是绝对的,而是相对稳定,随着时代进步、社会变迁和文化融合,已稳定了的博客个性也会"与时俱进"地更新和重塑。如由草根起步的博客名人木子美开始以性爱体验为主专门从事写作,引起博客界的一波又一波的巨大震动,"风光"后突然"从良",转型去做博客中国市场经理。

3. 独特性。博客个性的独特性是指不同博客圈之间、不同博客个体之间的风格差异。如博客圈之间明星博客圈与文学博客圈的差异,博客类别之间"社会责任类博客"与"秀美类博客"的差异,博客个体之间极地阳光博客与韩寒博客的差异等,都构成了其中任何一个的独特性。

4. 社会性。博客个性的社会性是指博客不是孤立于社会之外的,而是社会转型期文化多元性的一种折射,任何一个国家的博客、任何一个时期的博客、任何一个人的博客都会不同程度地打上那个国家、那个时期、那个个人的文化烙印。如"社会责任类博客"的"不平则鸣",那是社会转型期急需解决的问题对有责任、有良知的知识分子的爱国之心的呼唤，胡戈等人对影片的恶搞是对某些所谓艺术的讽刺和否定，韩寒博客的骂战、攻击折射出今天青年一代的自私、狂妄和浮躁。

二、博客个性的道德素养

作为一种"自媒体"，博客也应有它应该遵循的职业道德。

1. 共享而不是独占。共享是互联网及博客的本质，是博客存在的意义所在，信息时代的博士不是自己拥有丰富的知识，而是将你拥有的知识与大家分享，让更多的人受益。如高三家长博客圈、播音主持博客、孔庆东博客、闾丘露薇博客等都能给予广大博友所需的各个方面知识，这些博客严格遵守了职业道德，当然他们也与人分享了价值和快乐。

2. 尊友而不是贬损。博客交流的前提是平等，首先应该尊重对方，在这方面韩寒的博客是最典型的反面案例。他无耻地向金庸、陆天明和白烨等作家开炮，大肆贬损陈凯歌、余秋雨、陈逸飞三个中年名家，无根据地歪曲和否定现代诗歌和诗人，使用诸如"文坛是个屁，谁也别装×"、"什么坛到最后也都是祭坛，什么圈到最后也都是花圈"、"中国现代诗歌和诗人都没有存在必要"等肮脏、低俗、狂妄的字眼和语句。

3. 平和而不是炒作。平和交流是博客的本质和初衷，今天能"耐住寂寞"做到平和交流的博客已经不多，大多把博客当成秀场，当成了成名获利的工具。徐静蕾、极地阳光等"日志心情类博客"和文怡、梅子等"饮食类博客"他们做到了平和、低调交流，他们成功了，徐静蕾和极地阳光还高高地坐上了新浪博客的第一和第三把交椅。反之，宋祖德、韩寒等博客虽然人气很旺，也红得发紫，但造谣、骂战以及贬损手段实在不敢让大家恭维。

4. 守法而不是随性。守法是博客的最低底线,中国公民在任何情况和场景下都应守法,博客也不例外,这是基本常识。比如有一个博客详细介绍原子弹制作过程,这严重触犯了国家的保密法,还有博客中国网没有删除对南京大学陈堂发副教授的贬损言词以及秦尘对沈阳的人身攻击,都属于严重侵权行为。

5. 自制而不是放任。在今天这个"博客群魔乱舞"① 的时代,坚持博客的本质和初衷、"洁身自好"、"保住晚节"是一件十分难的事,这就需要博客主人要有一定的自控力和自制力,要做到"任凭风吹雨打,我自巍然不动"。在这方面徐静蕾是楷模,自 2005 年开博以来一直坚守着,因此赢得了人们的尊敬。

6. 自律而不是散漫。任何事物都有它运营的游戏规则,学校有校规,工厂有厂规,博客也应有"博规"。况且博客的自由、开放特性决定了主要不能靠"他律"来约束,这样"自律"就显得尤为重要。徐静蕾、极地阳光、中国第一公安博客将"自律"做到了极致,他们没有采取炒作、恶搞、骂战等"歪门邪道",但仍获得了新浪博客第一、第三和第十六的高人气及点击量排名。而宋祖德和韩寒的博客就像在自由市场上一样骂声不断、论战不已、狂言横飞,其高点击量是博友变态需求的不正常反应。

三、博客健康人格的塑造

1. 博客健康人格的涵义及标准

所谓"博客健康人格",就是博客个体在所处社会环境中良好的认识水平、平稳的思想情绪、恰当的行为方式和正常的职业功能。博客健康人格是人格结构与社会环境、自我气质以及内心

---

① 曹文雨、解菁、单炜炜:《博客人气王为何这样红》,《每日新报》2007 年 1 月 4 日第 24 版。

情绪的和谐统一。

博客健康人格的判断标准其实与上文的六条职业道德基本上是吻合一致的：

（1）要有共享知识的心胸；

（2）要有尊重他人的品质；

（3）要有平和写博的心态；

（4）要有遵纪守法的底线；

（5）要有自我控制的能力；

（6）要有自我约束的本领。

2. 塑造博客健康人格的意义

实事求是地说，部分中国博客的心理是变态的、不健康的，他们不老老实实、和和气气地沟通交流，非要以"脱"出名，非要"恶搞"出名，非要"造谣"出名，非要"骂人"出名，于是把一个好端端的"草根本性"的博客给彻底"糟蹋"了，给弄变味、走样了。因此中国博客要想回归本性，必须从塑造博客的健康人格入手。

3. 塑造博客健康人格的主要途径

首先，明确内化作用。"一般来说，健康人格的培养与形成在初始阶段靠外界影响，但当自我意识觉醒后，就会自觉地选择，内化外来的健康人格信息，以社会普遍认同的健康人格作为参照系，审查自我人格的局限，发挥自我人格上的优点、克服自我人格上的缺点，进而在实践中运用健康人格的标准来指导、调节自己的行为，不断提高自己的自制力、自我监督和自我激励的能力。"① 博客健康人格的塑造也同此理，来自"他律"的影响

---

① 刘京林主编：《新闻心理学原理》，中国广播电视出版社 2004 年 6 月第 1 版，第 243 页。

毕竟是初期和外界的，只有依靠"自律"的内化作用才能真正使博客走上健康之路。

其次，换位揣摩体验。判断博客交流质量的标准是看对方的感受和情绪，因此，你的博客人格是否健康，可从他人那里得到间接反馈。塑造博客健康人格的重要方法就是换位揣摩，首先把你写的博客内容、语言风格等假想成别人的博客，然后你以读者的身份和视角去阅读，最后看一下你能否接受、你从中获得了哪些益处。这样你如果不适应、甚至极其反感，你就会设法改进。这个"换位揣摩体验"的过程，是塑造博客健康人格的最为有效的途径。

最后，树立学习样板。"榜样的力量是无穷的"，这句极富哲理的名言也非常适用于博客健康人格的塑造。作为一个普通博客，当我们还没有形成健康的人格或在博客人格上还有一定缺欠时，我们不妨找几个这方面的样板仔细剖析一下，然后从中总结出本质性或规律性的东西作为遵循的蓝本。笔者认为，徐静蕾博客、方舟子博客、极地阳光博客、中国第一公安博客等，可以作为博客健康人格塑造的参照和楷模。

第八章

博客生存与发展

第一节　博客生存动力

一、社会压力

众所周知，历经三十年改革开放的中国人民目前正处于渴望富裕而又不愿付出、渴望融入社会而又自我封闭这样一个浮躁、矛盾的社会转型期。这个时期的特点是：竞争异常激烈，机会与挑战并存，成功与失败同在，是一个价值实现、经济所得、文化享受及情绪心态都极不平衡的时代，因此有人说，这是一个什么事都可能发生、"一切皆有可能"的非理性疯狂时代。这个时代无论在哪一个领域、哪一个地域、哪一个群体都难以找到平静、平等、理性空间。且不说充满血腥味的商场，就连一向风平浪静的教育界、科技界和学术界也都跟着功利起来、浮躁起来：学位通过、科研任务和职称评定逼出了博士跳楼、学术抄袭和后门盛行；盲目求大、争创一流和水平评估逼出了大学合并、豪华校门和突击造假。有人说，如今的校园已不再平静，已不见学生安分守己的学习，已听不到该有的朗朗书声，已看不到纯正踏实的学术研究，我们更多看到的是为挣钱而拼命上课、为评职而制造垃圾、为当官而尔虞我诈，一切都那么功利和实用，少了五六十年代大学该有的精神与灵魂、学者该有的气质与境界。

但这种状态的原因不在教育界、科技界和学术界本身，而在于社会转型时期的不可避免的巨大竞争压力。从心理学视角看，社会某一时期压力的出现是正常的，关键是如何化解压力？怎样为压力找到排遣和释放的出口？博士跳楼、学术造假是一种极端的释放方法，是一种逃避和绕行，因此是我们批判和否定的。这就需要社会积极主动地为教授和学生提供一个或几个正确、有效释放压力的途径和渠道。

正是在这种背景下，2002 年 8 月方兴东把博客引入了国门，于是二者"一拍即合"，迅速联姻。正是在这个意义上，我们说社会竞争与压力是博客产生的强大动力和生存土壤。

二、内在需求

改革开放三十年以来，社会取得了前所未有的进步和发展，借助于先进的技术和发达的媒体，世界浓缩了，地球变小了，按理这时应该是面对面的沟通交流增多了、人们之间走得更近了，但实际上恰恰相反。技术与媒体是个双刃剑，当扩展了人们与外界的视野同时，也把人们更多地固定在电话、电视和网络面前，从而减少了沟通与交流；城市建设和扩张也是个双刃剑，当区域扩大、楼房增高的同时，也拉大了人们之间的空间和心理距离。这时人们反而变得更封闭了、更陌生了、更自我了。于是亲情淡漠了、朋友疏远了，高楼里住了十年竟然不知对门的姓名、单位和家庭状况，经常要陷入电梯里对视无语的尴尬。是人们没时间说话、懒得说话、无话可说吗？不是，而恰恰相反是人们有许多说话时间、有许多话要说、愿意说话。那又为什么不说呢？这是因为社会转型期中一些负面的东西给人们带来了较为谨慎的警戒和防备心理，于是人们便忍受着缺乏交流与表达的痛苦，不自觉地在收缩着自己与周边联系的现实空间。

其实，人们有交流的内在需要，由于现实中的表达受限，因此迫切需要一种虚拟空间出现，在一种特殊技术与平台的掩饰下无所顾忌地倾诉衷肠、发泄情绪、释放不满。正是这种需求催生出了 QQ、E-mail 和 OICQ 等网络交流方式，其中博客是最有潜力、最适宜的方式。恰好在人们渴望倾诉与表达"欲罢不能"的情况下，2002 年 8 月方兴东将博客如约而至地送到了这些人面前。

三、利益驱动

博客，从其本身来说，产生的出发点是纯粹的交流需要，但对互联网来说，是为了维持生存和促进发展。博客的产生无论从互联网来说还是从网民来说，都是一种必然，是网络经济催生出来的一个"新生儿"，并且是一个"人见人爱"的"宠儿"。

21 世纪初，网络经济空前繁荣，就像冉冉升起的"朝阳"一样，但与此同时，网络经济也被人们质疑为"泡沫经济"和"膨胀假像"，"一些曾风光无限的网络企业逐渐陷入破产的境地"，[①] 于是为了打破"泡沫"、走出困境，开始寻求新的经济增长点。正是在这种情况下，博客作为互联网的一种新的赢利模式应运而生了，从主观上说这是"迫不得已"，从客观上说也是"急网民交流之所需"。因此可以肯定地说，没有互联网主观上的利益驱动，没有互联网内在的积极变革，就不会有今天繁荣发展的博客的诞生。

博客没有让它的"母体"互联网失望，无论是作为独立的还

---

① 李开复：《李开复文集——与未来同行》，人民出版社 2006 年 10 月第 1 版，第 124 页。

是作为托管的,今天都已取得了不俗的业绩:(1)博客广告占博客的80%赢利份额,成为博客获利的主要渠道和途径;(2)博客市场进一步细分,实现了小众化服务;(3)拓展汇聚博客资源,彰显了个性化特色;(4)为用户提供增值服务,寻找新的商业增长点。

博客的良好发展前景对那些有头脑、懂技术的IT界精英们来说,是一种颇有"诱惑力"的事业,是施展专业才华的难得良机,其中以开拓者方兴东、个人博客广告洪波和新浪网总编辑陈彤为代表,他们的努力探索赢得了人们的尊重,赢得了不菲的利益,也赢得了辉煌的事业。

第二节　博客生存环境

博客作为互联网的新形式,作为社会大系统中的一个微小子系统,它与周边环境的所有要素都有着极其亲密的关系,其中技术因素决定着博客的生存,法律和社会等因素影响着博客的发展。

一、博客与技术

技术是人类生存之本,是人类进步与发展的"凭借",技术不仅带动了农业和工业的改造与创新,而且也带动了通讯和传媒的不断更新换代。从媒体发展上看,人类四大媒体的出现都是在某种技术诞生之后紧随而至的:印刷术和造纸术催生出了报纸,无线电技术催生出了广播,电子管技术催生出了电视,计算机技术催生出了网络。博客作为互联网媒体的新形式,其产生与发展也不例外。

其实，从技术视角看，互联网至少经历了 1.0 和 2.0 两个时代，每个时代在其技术条件和环境的支配下都有它所对应的形式：1.0 时代的特点是"联合"，着眼的是对传统媒体的"搬运"；2.0 时代的特点是"互动"，着眼的是"以个人为核心、以交互为重点、以全息为终极目标"① 的技术平台支撑。因此，旨在沟通与交流的博客只能在互联网 2.0 技术时代背景下才能诞生。从时间顺序上看，互联网 2.0 技术在前，博客在后；从两者关系上看，互联网 2.0 技术决定并支配博客的产生与发展。

二、博客与法律

截至 2007 年 8 月，博客在中国正好满五年。五年来，中国博客经历了风风雨雨，遇到了一个又一个困难和障碍，其中最严重的就是贯穿于博客发展始终的"博客个人表达自由与政府控制和法律约束的矛盾"。

众所周知，博客的初衷和本质是表达自由，如果政府和法律放任自流，博客自由得到了彻底实现，但同时也带来许多的纠纷和官司；反之，如果政府和法律进行了控制和约束，那么自由就消失了，博客空间的魅力也就不复存在了。这就是哲学上的"两难悖论"。

政府控制和法律约束在互联网发展中是个"费力不讨好"的尴尬角色：一方面它通过控制和约束保证博客健康、规范表达，因此会得到一些人的称赞；另一方面它也可能限制束缚了博客的自由表达，因此会得到一些人的质疑和批判。但这个角色的确又是互联网及博客必须有的。从近五年的博客发展看，我们有正面

---

① 顺风、吴祐昕：《顺风新博客论——互联网 2.0 新思维》，东南大学出版社 2006 年 8 月第 1 版，第 247 页。

的案例，也有反面的教训。特别是诸如南京大学陈堂发副教授与博客中国网的"博客告网站案"和沈阳与秦尘的"博客告博客案"再次给我们敲响了警钟，那就是：博客的自由并不是绝对的，正像任何事物都有一定的"游戏规则"一样，博客的运营与操作也必须在一定的"框架"和"条件"之下，这个"框架"和"条件"就是政府的合理控制和法律适度约束。

其实，博客发展与政府控制和法律约束并不是对立和矛盾的，博客追求自由这是权利，政府控制和法律约束也不是为了削弱、限制博客的自由，而是为了杜绝和避免"有害信息"或"非法信息"对个人和社会造成的损害，① 更好地保证博客的自由权利得以实现。从这个意义上来说，表面看来对立和矛盾的双方其实利益是一致的，殊途同归。所以有人说，政府和法律是互联网及博客的"保驾者"和"护航员"。

三、博客与社会

博客是社会的一部分，也是透视社会的一个窗口。作为一种自由交流的特殊性"自媒体"，博客对社会的反映可能要比其他传统媒体更直接、更真实、更有思考价值和启发意义。

1. 博客的社会价值挖掘

随着博客概念的不断扩展和提升，博客本身所具有的社会价值也随之被不断地挖掘出来，于是博客以良好的价值表现自然而然地融入了互联网的"主流视野"之中，并逐渐在互联网中扮演着越来越重要的角色，用其所"显现出来的价值改造和影响着互联网，其中木子美事件就是博客力量的一次集中体现，从而使博

---

① 王四新:《网络空间的表达自由》，社会科学文献出版社 2007 年 3 月第 1 版，第 163 页。

客这个工具第一次在互联网和世界面前显示出了伟大的力量。①

其实博客这种社会力量早在其诞生初期，在国外就有十分出色的表现，下面我们细数几件博客"功绩"。

（1）"德拉吉报道"引爆克林顿与莱温斯基绯闻案

1998 年 1 月 17 日，一个因 1997 年报道克林顿新闻助理西尼·布鲁门多打老婆不光彩记录而被诉讼和索赔的无名小卒麦特·德拉吉没有受到索赔 3000 万官司缠身的影响，迅速而轻快摁下了一个"具有划时代意义"的键子，发布了一条震惊世界、改变历史的独家消息：一个白宫实习生与美国总统有染。

其实这条新闻本是《新闻周刊》记者迈克尔·艾西科夫逮住的平生第一大新闻，但在见报前被新闻周刊的高层扼杀了，于是消息灵通的德拉吉充满自信、义无反顾地作出了发布的决定。随之，这条报道被迅速转贴到一个个新闻组中，与此同时德拉吉在传统主流媒体保持沉默期间不断地更新、填充自己的新闻报道：首先是暴露出莫尼卡·莱温斯基的芳名和她与克林顿的情人关系，然后是做客哥伦比亚电台延伸自己的报道，最后是抛出有关白宫绯闻和裙子上精液的录音证据。到了第五天（星期三）早上，华盛顿邮报、洛杉矶时报、CNN 和一些电视网及互联网站等媒体开始被动介入和陆续跟进。

德拉吉的报道由此掀开了"一场史无前例的白宫绯闻追逐战"② 的序幕，紧接着全世界人民都看到了克林顿的承认绯闻和被迫道歉。这个案例第一次显示出了博客的巨大"杀伤力"，"不

---

① 谢渊明编著：《你也可以成为博客高手》，中国纺织出版社 2007 年 4 月第 1 版，第 139 页。

② 方兴东、王俊秀：《博客：E 时代的盗火者》，中国方正出版社 2003 年 8 月第 1 版，第 30 页。

但几乎颠覆掉克林顿的宝座,甚至把传统媒体也给颠覆"。①

　　德拉吉强调的"真相和迅速"以及不受拘束的新闻风格与传统媒体强调的"准确和客观"形成了鲜明的对比,赢得了广大读者的认可和接受。于是,一夜之间,德拉吉的访问量剧增,由900万激增到12300万人次。有专家预言,德拉吉的名字终归会被列入传播学史或互联网及博客发展历史中,"将被全世界的新闻学者与学生们作为研究对象"。②

　　(2)"9·11"报道使博客正式步入主流社会的视野

　　2001年9月11日,因美国纽约世贸大楼被恐怖分子袭击而成为一个世界性的特殊日子,从此这个日子和"9·11"事件也与博客这个名称及传播方式结下了不解之缘。

　　古人云:多行不义,必自毙。如果从美国政府多年"称霸全球"的狂妄言行来看,"9·11"事件的爆发是一种必然;但若从其突发、意外和震惊程度上看,"9·11"事件的爆发又是一种偶然。与此同时,博客在"9·11"事件报道中的出色表现和一举成名也体现了这种偶然与必然的统一。

　　说博客在"9·11"事件报道中成名"偶然",是因为人们对传统媒体不满、互联网又因流量大而陷入瘫痪,于是便给博客提供了展露才华的"替补"良机。说博客在"9·11"事件报道中成名"必然",是因为博客具备随时随地自由表达的优势,因此"9·11"事件一旦爆发,它会迅速抓住机会并走向成功。

　　"9·11"事件发生后的几个小时,Slashdot、Metafilter、Scripting News、Kottke 和 Silicon valley. com "等一些高级博客

　　①　方兴东、王俊秀:《博客:E时代的盗火者》,中国方正出版社2003年8月第1版,第28页。

　　②　同上书,第31~32页。

网站有效地将网站流量引导到小型网站上，多数博客网站上都登载着比主流媒体好得多的图片、文字记载、观点和想法"，"博客成为重要信息和灾难亲身体验的重要来源"。在这种情况下，互联网成了恐怖袭击的牺牲品，而"博客开启了新闻媒体的崭新世界"。^① 从此，博客正式步入主流社会的视野、步入寻常百姓家庭，并向全世界庄严宣言：我来了。

（3）假新闻丑闻揭露撼倒《纽约时报》两大高层

2003 年，新闻界最具轰动效应的事件大概就是《纽约时报》执行主编和总编辑因为假新闻事件而被迫辞职，由此引发了新闻业的一场"大地震"。但几乎很少有人知道，引爆这场新闻史上最大的丑闻之一的，不是哪一位著名的记者，也不是时报的"自曝家丑"，而是一位博客的"功绩"。不是哪家大牌传统媒体，而是一个小小的个人博客网站成为这场风暴的中心。^② 这就是 Jim Romenesko 的博客网站 MediaNews。

Jim Romenesko 的博客网站 MediaNews 在当时评选出最好的 100 个网站中紧随 Yahoo 之后，名列第二，在颇有名气的《华盛顿邮报》、《纽约时报》、《纽约邮报》、《洛杉矶时报》、《华尔街日报》在线和硅谷在线等之前，受到人们的热爱和追捧。

事情的缘由是两个老总麾下"名记"杰森·布莱尔和里克·布拉格因杜撰、抄袭和剽窃他人报道而引咎辞职。Jim Romenesko 在他的博客网站 MediaNews 上刊登出传统媒体不敢发布的《纽约时报》内部人士的会议纪要和电子邮件，这些"私密性"争议点燃了事件，并引发了一系列的连锁反应，随后《纽约时

---

① 方兴东、王俊秀：《博客：E 时代的盗火者》，中国方正出版社 2003 年 8 月第 1 版，第 22～26 页。
② 同上书，第 6 页。

报》和《华盛顿邮报》传统媒体的跟进报道和博客们的不断添柴加火，使假新闻事件被炽烤得温度越来越高，所造成的影响力也越来越大，给《纽约时报》的高层领导施加了越来越大的压力。2003 年 6 月，《纽约时报》执行主编和总编被彻底"博客"掉。

在中国，近五年也有几件具有决定意义的事件显示了博客的力量与价值，如方兴东博客的开创与开拓意义，王吉鹏博客的"反色情斗争"，木子美博客的大众化引导以及徐静蕾博客的商业思考。

2. 博客对社会的积极作用

(1) 监督作用

早在博客诞生初期，德拉吉博客报道"引爆了克林顿与莱温斯基绯闻案"、著名博客 Andrew Sullivan 和 David Frum 将美国多数领袖洛特"拉下马"，充分显示了博客不可忽视的巨大威力，有人称为是"互联网上的新闻尖兵"。[①] 在中国，经过三年多的规模扩张和影响力增强，博客的监督作用也越来越得到人们的重视和广泛采用，并取得了一定的成就。

2005 年 6 月 10 日下午，洪水冲进黑龙江宁安市沙兰镇小学，逾百名小学生遇难，国内舆论一片哗然，追究责任之声四起。惨案发生后，政府当局以防止疫情扩散为由，在沙兰镇实行戒严，车辆不准进入镇内，封锁消息，避免媒体继续大篇幅报道灾情，而且还推卸责任，坚称沙兰镇夺命洪水"两百年一遇"，把洪灾强调为"天灾"，以掩饰"人祸"的责任。与此同时，官方媒体或缄口或片面报道：中央电视台等主流媒体先是对灾难保持缄默，然后又刻意低调，将新闻报道放到非常不显眼的位置

---

① 　方兴东、王俊秀:《博客:E 时代的盗火者》，中国方正出版社 2003 年 8 月第 1 版，第 18 页。

上；地方电视台先是大力营造和凸显"哈尔滨商洽会"的开幕气氛来掩盖和压制这一重大新闻，然后实行舆论导向，集中而片面地报道领导人巡视的内容，对伤亡情况和原因剖析很少涉及。

但有责任感的"血性"记者和老百姓的"口"是封不住的，他们对政府及官员的质疑、谴责终于在互联网博客这一表达平台上找到了"出口"。最先出现在网上的是一度被当局封杀的记者报道《沙兰镇采访手记》，记者一针见血地指出了官员的疏忽冷漠和谎言蒙蔽，同时也表达了记者"有话不能说"的内心痛苦。这篇网络报道点燃了压抑在人们心头的疑惑、不满和批评，于是一发而不可收拾，形成了声势浩大的社会舆论。正因为如此，有人说，互联网是腐败的真正对手、强大敌人。

（2）减压作用

博客作为"零准入"的自由表达平台，在遵循法律和伦理道德前提下可以随便发表观点，包括不成熟甚至对立的观点，这就给了那些持不同意见者以宣泄、释放的机会，这无疑起到了"缓冲器"的作用，避免了敌对情绪的过多积累与突然爆发导致社会的激烈动荡。① 从某种程度上说，这一方面有利于网民的身心健康，另一方面有利于社会的安全运行。正因为如此，有人把博客看成是"发泄吧"、"排气孔"和"安全阀"。②

有博客这样确认博客的作用：写博客者是满足自己的"暴露癖"，而看博客者是满足自己的"偷窥癖"。也有博客认为，写博客最初是源于郁闷心理压力无法排解，虽然写的是不知所云的只言片语，但体验到的是一个人的痛苦由两个人或 N 多人分担；后

---

① 谢渊明编著：《你也可以成为博客高手》，中国纺织出版社 2007 年 4 月第 1 版，第 138 页。

② 林俊荣：《博客的社会安全阀功能探析》，《中国青年研究》2007 年第 3 期。

来开始写些快乐的事，一个人的快乐也由两个人或 N 多人分享。还有博客认为，写博客有时是为了发泄，可以毫无顾忌地骂尽世上的不平事、骂一些你看不惯的人或事，你可以一吐为快，尽情发泄，骂别人你舒服了，被别人骂别人舒服了，何乐而不为呢？

2006 年 7 月 27 日晚上，和讯网站上出现一个自称为"刁民"的博客，其首篇文章《一个摩的司机的自白》充满了对社会和时代的抱怨。他写道："我是一个非法营运的摩的司机，但我并不是一个天生的'非法营运者'，应该说我是个时代的牺牲品。在我求学的年代，一场政治风云剥夺了我们这一代人求学的机会和权利……""刁民"陈洪 48 岁，湖南长沙人，高中学历，酷爱看书、写作、上网。他当过知青、做过厂长、开过餐馆、炒过股票、办过公司，但都不尽如人意，没能发达起来。后来与妻子离异，在 10 平米小屋里过单身生活。① 这种丰富经历和坎坷人生催生了他的博客诞生和独特风格。于是 7 月 27 日晚上跑摩的被抓就成了这篇"歪文"的导火索。其实陈洪的博客就是他的一个发泄场所，表达了他多年生活的艰辛和对社会的不满，这种以对现实的不满在博客的虚拟空间出现，既避免他与社会的正面冲突，也释放、宣泄了他的抱怨，这既有利他的心理健康，也维护了社会的和谐。

（3）民主作用

在中国，过去的主导话语是国家主义的和精英主义的，而平民百姓的话语是很少受到重视并占有重要地位的，直到具有草根属性的博客的出现，这种失衡状况才有所改变。博客是目前中国不可忽视的一股强大力量，其兴起代表着平民的崛起，标志着话

---

① 记者单炜炜、解菁、黄建高：《开骂 牢骚 恶搞——博客成了谁的秀场》，《每日新报》2007 年 1 月 6 日第 24～25 版。

语权力由国家走向市民、由精英走向草根、由集中走向分散，标志着官员、记者、专家一统天下垄断性"喉舌"时代的结束，标志着平民话语权的增强和地位的提升，从此"民意"开始在中国当代社会现身，将逐渐建立起一个传递社会性民意的有机机制和有效途径。当传统媒体的舆论监督环境在不断恶化时，当上访告状、游行示威和集会请愿等渠道也不通畅时，博客这个自由平台就成了沟通政府与百姓、化解各类矛盾必不可少的重要通道。由于这种通道具有技术零门槛、发布零准入的特殊性，因此它比传统媒体的"舆论监督"来得更猛烈、更尖锐。

从技术零门槛、发布零准入这个特殊性来说，博客提高了中国社会的宽容度和开放度，这对具有充满分歧和对抗特征、处于社会转型期的中国来说，更有其深远的现实意义。因为宽容是一种伟大的美德，宽容是一种进步的文化，宽容是一种民主的折射，因此博客的出现，为我们构建了一种崭新的政治环境和文化环境，"使得曾经遭到极度否定的人的价值和权利——信仰和思想的权利、言论表达的权利、个人安全和尊严的权利、结社的权利、拥有财产的权利，等等——成为中国社会生活和政治生活的基石。""所以，我们可以认为，博客的兴起是中国公民社会成长的表现之一，更多个人通过网络加入到公共领域中，有利于发挥公民享有的宪法权利，促进中国迫切需要的民主进程。"①

3. 博客对社会的负面影响

正像任何事物都有两面性一样，博客对于我们"既可以成为天使，也可以成为恶魔"，它给予我们的不仅仅是正面的积极作

---

① 言论自由：《博客对中国社会的作用》，http：//blog. sina. com. cn/u/1269301247，2006 年 12 月 12 日。

用，还有负面的消极影响。

（1）助长了懒惰思想

中国人民大学喻国明教授在《传媒：现代潘多拉宝盒》一文中说：“传媒产品将进一步具有易得性和‘傻瓜化’的特征。懒于思考、懒于行动在一定程度上成为未来一部分青少年的社会特征。”他的观点是极其深刻的，而且也适用于最前沿的媒体——博客。

写作博客促进人们思考和表达，这在一定程度上明显优于其他被动媒体。但博客由于易用性，它带给人们的往往是“浅思考”，多数内容是个人体验的自我表达。在这样一个社会转型、偏重感性的文化背景下，越是个人体验的猎奇的内容越容易被其他博客所欣赏，深刻抽象枯燥的思考因为费力而被人们所自然回避，而哗众取宠的所谓“理论”反而可以“忽悠”人并容易使人信服。[①] 正因为如此，芙蓉姐姐、安迪、洪晃和韩寒等人的暴露、恶搞、调侃和对骂式博客更受人欢迎，点击率更高，因为阅读这样的博客不用太费脑筋和智力，属于技术含量较低、超级简单、“两分钟就可上手”的“傻瓜式的工具”，[②]因此久而久之，就会使人尤其是青少年丧失思考、进取的斗志和追求。

（2）引偏了价值取向

对写博人来说，博客的自由属性和个人属性得到了淋漓尽致的发挥和展示，但写博人往往只图自己的痛快，却忽略了读博人

---

① xgws：《博客副作用及其消除方法》，http://research.blogchina.com/2338095.html，2006年1月2日。

② 谢渊明编著：《你也可以成为博客高手》，中国纺织出版社2007年4月第1版，第218页。

的感受和影响。

实事求是地说，有些博客内容对读博人来说，是有明显好处和积极向上意义的，如方舟子、葛剑雄等的"社会责任类博客"，徐静蕾、极地阳光等的"心情日志类博客"；有些博客对读博人来说，内容较为中性，好坏看自己如何吸收，如胡戈、安迪等的"恶搞类博客"，北岸扯淡、刁民陈洪等的"调侃类博客"；还有些博客对读博人来说，内容粗俗，格调低下，如芙蓉姐姐、木子美等的"暴露类博客"，韩寒、宋祖德等的"酷评类博客"。

上述三类中的第三种是博客中最为吸引眼球的，也是点击率较高的，一般多为博客名人或名人博客。前者如芙蓉姐姐博客目前点击量是 248 万，在新浪排 370 名。后者如韩寒博客目前点击量是 9814 万，在新浪排第 2 名；宋祖德博客目前点击量是 1675 万，在新浪排第 36 名（2007 年 8 月 28 日统计）。其中原因就在于写博人抓住了读博人的偷窥隐私、渴望乱事和娱乐他人的心理，这与那些不加思索和鉴别的浅薄读博人需求"一拍即合"，于是这些人也就潜移默化地被带入歧途和误区，他们的价值取向与审美追求也随之被彻底同化。

（3）稀释了文化浓度

博客的"零准入"让许多平凡人的文字在网络上得以发表，从而圆了他们的"作家梦"。但实事求是地说，博客这种写作与传统意义上的写作已不是一个概念，甚至不在一个可比的层面上。那些乳臭未干的毛孩子在网上写了点儿东西，就被轻而易举地戴上"网络作家"的桂冠，这不禁让人质疑起他们的含金量，更让人对那些奋斗几十年才成名的作家深感不平。

写博人和读博人什么层次都有，三教九流、在职下岗、博士文盲等无所不包，这就决定了博客内容必须是通俗易懂、大众品位的，不可能是学术化的、文绉绉的，即使是那些专家、学者、教授的博客也要放下高傲的架子迎合博客特征和读博人的需求。这就迫使博客不可避免地稀释了文化浓度，降低了文化品位，消解了人们的文化追求动力和文化拥有质量。

这是非常可怕的事情，因为大多数博客为中青年，他们正处于汲取文化精华、全面提升素质的黄金期，因此高含量的文化吸收是他们的当务之急。当然他们也需要通俗性的大众文化，但并不应该是这个时期重点要做的事，而且也不应该是主体。

第三节　博客生存方式

一、名人博客与草根博客的冲突

名人博客和草根博客共存，这是中国博客的一个最鲜明特色，也是中国博客与外国博客的最大区别。自 1997 年博客在美国诞生以来，一直是秉承着草根的本质，因为在国外那些名人大多思想较为深邃，都有在传统媒体阵地上充分表达思想的素质和能力，所以根本用不着千方百计地利用博客来阐述观点，博客是专属于那些平民或草根的"思想园地"。而在我国，那些名人们尤其是演艺界名人大多文化素养较低，他们写的东西根本上不了传统媒体的"台面"，所以一旦博客这种低门槛交流形式被引进，立即受到他们的欢迎和急不可耐的宣泄，所以在中国是名人博客的天下，他们占据着中国博客的大"半壁江山"，于是就形成了名人博客与草根博客的矛盾冲突。

1. 名人博客"仗势欺人"

名人博客"不管他们写作的动机如何，甚至不管博客是否他们亲自写、亲自看、亲自回复，都肯定会吸引成千上万的粉丝"。① 这源于他们先天具有的人气和气势。

就拿"中国第一博客"徐静蕾博客来说吧，正是因为徐静蕾是演艺界名人，所以在短短的 112 天中就冲破了 1000 万的点击量，如今已超过 1 亿。有时一张普通照片或一句"关于说得很累的"七字帖的点击数也会达到几万，更有疯狂粉丝为"抢沙发"每天半夜不睡觉等待徐静蕾的帖子出现。而与此同时，那些数不胜数的草根博客们"往往被湮没在名人博客里"默默无闻地耕耘着，他们只能在角落里欣赏那些明星大腕们的"独角戏"。

2. 草根博客"艰难突围"

按博客的初衷和本质，草根博客应该是博客的"正香主"，是博客的主体力量和核心，但在中国，草根博客已被严重异化，成了名人博客的"陪衬"和"绿叶"，陷入并被湮没在名人博客的层层包围中，而那些本不该耀眼的名人博客却红得发紫，于是一些不甘寂寞的草根博客们便开始了"艰难突围"。

由草根演变为博客名人、取得突围成功的典型如芙蓉姐姐和极地阳光。其中前者是反面的突围典型，依靠身体炒作和惊人出语，现在已成为家喻户晓的博客名人，成为中国博客史上不可缺少的一个关键性人物；后者是正面的突围典型，凭借真诚的表达和纯净的写作风格，如今在新浪博客年度总排行榜位列"探花"的位置。但芙蓉姐姐和极地阳光还只是草根博客中突围成功的极个别人，95％的还仍被名人博客的光环所笼罩，还只是写得少、看得多，是那些名人博客的忠诚"看客"和成就名人的痴迷"粉丝"。

二、博客与"粉丝"的互动

"粉丝"是"追星族"的一个"升级版概念"，是今天不折不

①　《草根博客怎么生存？》，http://www.manaren.com，2007 年 2 月 14 日。

扣的一个高频词。在中国，"粉丝"其实并不是新鲜事物，有着悠久的历史，时间近一点儿的要数"文革"时期毛泽东主席的"崇拜者"们，时间再近一点儿的要数20世纪90年代热捧演艺明星的"追星族"们，时间最近的要数那些超女、快男、学术明星的"痴迷者"们。

粉丝是英文Fans（迷，狂热爱者，狂慕者，特指迷恋于某人某物的一个群体）的译音，其意思基本对应原来的"追星族"。如今，粉丝这个概念的内涵几乎仍保持着初始时期的原貌，但其外延已由狭窄的领域扩展到了社会生活的各个方面，同时它又与世界接了轨，具有浓郁而时髦的"洋味"。

2002年8月开始，伴随着博客的引进，互联网领域里的粉丝一族也应运而生了，并急不可耐地迅速结合和互动，产生了极大的经济与社会双重效应。如新浪博客排行榜前三甲的徐静蕾、韩寒和极地阳光，如今点击率分别高达11480万、9957万和5943万（2007年9月9日统计），其实这都是粉丝的互动式回应结果，所以从这个角度说，是狂热的粉丝们成就了名人博客、成就了新浪网站。

博客粉丝与现实粉丝有共通之处，也有不同地方。共通之处在于：都有忠诚、执著、狂热、痴迷的特点，正像现实中的刘德华粉丝卖房狂追、不恋不婚一样，博客中的徐静蕾粉丝也是不吃不睡、等帖抢沙发。不同之处在于：现实粉丝是看得见、摸得着的，因此更为直接真实；而博客粉丝是虚拟的，含有一定的水分。但博客粉丝的疯狂程度丝毫不逊色于现实粉丝，为了发布一个"顶"字、为了抢到沙发、为了一张普通照片和一句平常话，博客粉丝们也会倾尽所有、不惜代价。徐静蕾一句"关于说得很累的"的帖子竟然引来2万多粉丝的点击和近600粉丝的评论，可见粉丝对她的关注度、热爱度和痴迷度。

三、博客与网站的依存

《左传·僖公五年》记载："晋侯复假道于虞以伐虢。宫之奇谏曰：'虢，虞之表也；虢亡，虞必从之。……'谚所谓'辅车相依，唇亡齿寒'者，其虞虢之谓也。"[①]"唇亡齿寒"，原意是说"嘴唇没了，牙齿就会感到寒冷"，文中比喻的是虞和虢两国之间十分密切的利害关系，这个比喻其实特别适用于博客与网站之间的相互依存关系。

1. 网站是博客的生存之地

我国古代还有一个与"唇亡齿寒"同义的典故"皮之不存，毛将焉附？"其意是说：皮都不存在了，毛还能依附在哪里？比喻事物失其根本，则将处于无所着落之境。[②]其实网站与博客就是这种皮与毛的依附关系。

在网站与博客两者关系中，是网站在先，博客在后；是网站先有，博客后生。因此网站是博客的生存之地，没有网站就没有博客的生存土壤，就没有博客的施展空间。正是从这个意义说，网站为博客提供了技术支持、展示舞台和广阔天空。就拿徐静蕾博客来说，能有今天11480万的超高点击率，这决不是徐静蕾一个人的人气和魅力所为，如果没有新浪网的成功运作和技术支持显然是不可能的。当然没有新浪网可能还会有雅虎、网易等其他网站，但我们必须承认的一点是，徐静蕾的博客不可能寄生于月球上或太空中，必定要有一个落脚点、附着地，新浪网在这里实际上正是起到了生物体上"皮"的作用。也正是因为有了新浪网这张"皮"，徐静蕾等无数个博客的

---

① 王力主编：《古代汉语》第1册，中华书局1982年3月第2版，第16页。
② 《精编成语词典》缩印本，上海辞书出版社1996年5月第1版，第521页。

"毛"才有了附着之地、生长之根。如果顺着这个思路来理解,新浪网站与徐静蕾博客的利益之争就简单了,如果新浪网站独吞或徐静蕾索要全部都是没有道理的,而"利益分成"是化解矛盾最科学的解决方法。

2. 博客是网站的招牌

网站培育和承载了博客的生存与发展,但不可否认的是,博客也为网站注入了生机与活力,为网站找到了更好的赢利空间与模式。事实上,目前许多托管和寄存式博客都已成为了网站的主要经济来源和发展"靓点",如新浪网中的名人博客专门频道其名气、知名度、影响力已占据了整个网站的"半壁江山",成为新浪网站的著名招牌,如今网民们言必称"新浪博客"、必称"新浪名人博客排行榜"、必称"中国第一博客"徐静蕾。

这就是品牌的魅力和招牌的作用。优秀的或有知名度的个人博客、组织博客和博客网站会提升网站的影响力和公信力,会直接或间接地给网站带来经济利益。个人博客如"徐静蕾博客",组织博客如"中国第一公安博客",博客网站如新浪博客频道。如今,这些不同类型的博客已成为"网络营销的一种新工具、新形式"。① 它一般通过两种方式给网站带来利益:一种是依靠高质量的博客内容赢得超高点击率,然后间接地获取博客广告,这恰好与传播的"二次销售"理论相印证;二是依靠超级旺盛的人气直接收取点击费用,如最近王朔在徐静蕾的"鲜花村"网站上开始连载自己的《我的千岁寒》,每次点击收取一毛钱,进行盈利尝试,虽然目前看效果不是很明显,但这种"点击收费"肯定会是一个很好的赢利方向。

---

① 那罡:《博客盈利和梦想与现实》,*CIO Weekly* 第14期,2007年4月16日。

3. 博客与网站是双赢不是敌对

我国古人就知虞与虢不是你死我活,而是共生共亡;刺猬也知相斗同亡、"抱团取暖"的道理。可见,具有"皮"与"毛"依存关系的网站与博客也不是"你死我活"的敌对,而是"唇亡齿寒"的朋友。

从某种意义上说,博客起源于网站、受益于网站、依赖于网站。博客是互联网的新生事物,刚开始十分弱小,是网站培育了它的生命力和战斗力,是网站使它由蛹变虫、化蝶成凤,从而能振翅高飞。因此,严格地说,网站与博客是母与子、鸡与蛋的共生共存关系。

从另一个角度看,博客又是网站的一部分,是网站的生命延续,是网站生存与发展新的增长点。网站因博客而重生、而再生、而充满生机与活力。网站作为母体支持了博客,反过来博客也壮大、充实、提升了网站。

第四节　博客生存方向

一、以特色求生存

正像传统媒体的生存竞争越来越趋向分众化、小众化、个性化传播一样,博客生存与发展也不是一味贪大求全、指望全覆盖。如中国网摘和华夏博客,名字响亮,口气很大,似乎要超越新浪和搜狐等门户,大有一种"一统天下"、"一切皆收入我囊中"的气势,到头来经营惨淡,甚至有的连日志也没几篇。

如此说来,博客要想可持续生存和发展,必须找到适合自己的人群定位和个性特征,不能指望在名称上全覆盖或有吸引力,如上述提到的中国网摘、华夏博客"大而无当",但小巧艺术的"七彩博客"、"紫语嫣然"也给人以"华而不实"之感。

笔者认为,我们谁也别指望"建立中国最好最大最强的博客",但可以"建成中国最有特色的博客。正如大海中鲸可以生存,小虾米也可以生存一样"。① 如新浪博客的特色是专打"名人牌",而搜狐博客的特色则是主打"草根牌"。

张劼在他的《博客因特色而生存,不因大》文章中提出了以下几种"特色博客":

1. 地方特色。如目前兴起的内蒙古博客、闽南博客、安徽博客等。这类博客短时间内难有经济回报,但从长久看是有前途和"钱途"的。

2. 年龄段特色。如现在流行的60博客、70博客、80博客、老男人博客和女人博客等。这类博客针对性强,有共同需求和爱好,因此适宜互动交流。

3. 行业博客。如现在兴起的医学博客、生物博客、建筑博客、游戏博客和电子商务博客等。这类博客由于接近市场,因此未来会有良好的经济前景。

4. 主题博客。如针对某一主题建立的淘宝博客、抗日博客、军事博客、书法博客和饮食博客等。这类博客交流内容专门单一,因此能迅速产生共鸣。

二、以深度求生存

博客网的方兴东认为,目前中国博客在对博客的深度应用上与国外博客相比有一定的差距,这在名人博客中体现得较为明

---

① 张劼:《博客因特色而生存,不因大》,http://blog.bioon.cn,2005年10月4日。

显。他认为，"国外的名人在博客中一般都会展现自己的专业能力或科研成果，而目前我们国内的名人博客大多只是记录了生活中的吃喝拉撒，这决不应该是名人博客的主流。"① 例如，徐静蕾的博客虽然目前点击量已高达1亿多，但大多为日常生活琐事的"流水账"，深刻的、有感悟的、有哲理的东西很少，有时一张普通的照片、一句"关于说得很累的"的帖子竟然会有几万的点击率，因此有人认为徐静蕾博客的点击量水分很大，正是徐静蕾及众多名人博客的高水分的点击量营造了今天博客的"繁荣假象"。

也许有人会说，名人工作忙没有时间写博和深入思考，因此写得肤浅或让人捉刀代写是可以理解的，这是一种解释不通的"谎话"。其实这些名人们根本就没有想过要有深度地写博，他们开博的真正目的不是交流思想和倾诉情感，更多的是追求时髦和博取名气，是想借博客这个高度自由而又免费的平台出名，因此他们是不会在乎深刻不深刻，也不会在乎你批评他的博客怎么怎么样。于是如此这般，他们便搅乱了博客的正常秩序，把博客引向了误区，笔者认为他们还是不开博的好，但为了赚钱的网站是不乐意的，因为他们还要依靠名人博客生存呢。

当然，我们所说的"深度写博"，也并不是一定要求达到学术高度、达到富有文采、达到发表水平，这里所说的"深度"也是有限度的、有分寸的，因为博客毕竟是大众化、平民性的表达，如果内容曲高和寡，就会失去读者，改变博客应有的内在本质。我们一方面反对芙蓉姐姐、木子美等博客的低俗展现，反对一些演艺明星博客的"流水账"或"曝冷挖私"；同时我们另一方面也反对余杰等博客的作品连载和学术探讨。

---

① 方兴东：《2007年成博客拐点》，《广州日报》2006年12月6日。

笔者认为，在众多博客中，深度较为适宜的是薛涌、方舟子、葛剑雄、时寒冰等"社会责任类博客"，他们站在时代高度，针砭时弊，审视制度，"疗救社会"，[①] 因此深受欢迎，虽然不是点击率最高的，但是是最受人们尊重、最有价值和影响力的博客。

三、以自律求生存

今天，博客对于言论自由的发展是突破性的，也是历史性的，从来没有一种形式可以如此迅速方便地传递一种看法，并得到数万人的认同或者批判，这也正是古人所说"流水不腐，户枢不蠹"的道理，只有通过沟通与交流思想才有发展。[②]

但是正像自由从来都是相对的、不可为所欲为、自由生活也需要道德和法律的约束一样，互联网及博客"尽管是虚拟环境，却也深远地影响着全世界，所以在这个百家争鸣的地方，一部分的污垢应该通过技术的、舆论的、法律的多种方式进行控制"。[③]这就需要博客的自律，我们要在国家法律允许的前提下坚持传播有用、有益的信息，坚决反对黄色引诱、口出狂言和耸人听闻，反对把博客当成某些人炒作、表演的"秀场"，当成赢利、发泄和寻找成就感的"玩具"。我们要摒弃一览无余的"本性"再现，提倡遵章守法的"德性"写博。

一个拿到资格证和准营证的博客网站，"好比一家花了心思

---

① 古远清：《百家廊：以文化手段疗救病态社会》，《文汇报》2004年11月10日。

② 北京青蛇：《中国博客的生存空间危机》，http://muses-lily.blog.hexun.com，2005年10月11日。

③ 同上。

的星巴客咖啡店",[1] 它是为促进社会服务的,是为所有喜欢星巴客的人服务的,每一个顾客来到这里获取享受的同时,也要自觉地维护这里的秩序和氛围,要自由但要有分寸,不能将自己的自由建立在别人或组织的秩序失衡和混乱的基础之上。网站及博客要想长久生存下去,首先必须要"肃清个别的蛀虫以维护整体环境,众人有责任自由并自律"。[2]

① 北京青蛇:《中国博客的生存空间危机》,http://muses-lily.blog.hexun.com,2005 年 10 月 11 日。

② 同上。

下　编

博　客　生　态

第九章

博客幻象与现实

"今天你博了吗"，这是 2005 年中国人见面时最时髦的一句问候语。如今，开博成了时尚用语，成了入流的标志，成了与时俱进的代名词。"据中国互联网协会公布的《2006 年中国博客调查报告》显示，截至 2006 年 8 月底，博客作者已达到 1750 万，注册的博客空间数接近 3400 万，而博客读者则达到 7500 万以上。"① 一时间，中国好像是"全民皆博"、"到处皆博"、"时时皆博"了。博客火了，中国迎来了博客年，中国博客进入了繁荣发展期，这是传遍中国大地、人们奔走相告的喜讯。捧着这个舶来的洋品，人们洋溢着骄傲和自豪，自己在变大，别人在变大，似乎整个世界都在膨胀着、升腾着。果真如此吗？这是真实情况还是虚假繁荣？

博客从 2002 年 8 月引进到中国已有五年，但前三年博客对人们来说还很生疏化和边缘化，真正引起人们的注意是在 2005 年下半年。然而也就是短短这两年，中国的博客就像近十几年呼机和手机的发展一样迅速得到了普及，一时间不懂博客、不开博客简直就成了"老赶"和"落伍者"。互联网和技术平台，追赶

---

① 转引自曹文雨、解菁、单炜炜《博客人气王为何这样红》，《每日新报》2007年 1 月 4 日第 24 版。

时髦的需求和"零准入"的低门槛设置,为中国博客的发展提供了物质基础、政策准备和精神动力。于是中国博客进入了拔苗助长的混乱、失衡发展期:说它混乱,是因为它没有规矩,各种混战不断;说它失衡,是因为它并不是众多草根的舞台,而是少数人的"秀场"。于是在中国,博客被完全"泡沫化"了、"闹剧化"了和"恶搞化"了,也许这正是中国博客的特色。

第一节　博客是泡沫

一、"博客泡沫化"的表现

1. 从博客现实看,大多博客处在"假寐状态"。2006 年 8 月统计的 1750 万博客总数,其实是一个"规模假象",据统计,其中有七成是"惰性博客"或"睡眠博客",只有三成的"活跃博客"在定期更换或续写内容。

2. 从博客网站看,大多也是"摆设"。据 2006 年 9 月的新华网报道,全国居住博客的网站有 3400 万个,是 2002 年的 30 倍,但 70% 的网站没有及时更新,给人一种"形势一片大好"的假象。同时,"'零准入'使博客人数激增,也使得许多网站平庸缺乏特色,生之日即死之日"。①

3. 从博客影响看,博客只是少数人的"秀场"。据调查,95% 的本本分分草根博客几乎无人点击问津,在博客群里没有多大影响力,而不到 5% 的名人博客却十分"抢眼",营造了博客90% 的影响力,他们的点击量远远超过常人博客的总和。据统计,截至 2006 年 8 月底,中国博客总数为 1750 万,但活跃博客

---

① 老愚:《每一个个体都将成为发光的媒体》,《格言》2007 年第 2 期。

不足三成，仅为350万，在新浪网的几百万博客中，只有235人的点击量超过百万，他们占据新浪网总点击量的70％，而这235人中的前20名有18人为名人（严格地说是明星）的博客，他们的点击量又占据了整个新浪网的70％。由此可见，中国的博客其实约等于名人或明星博客，这些名人一统博客的天下。所以，中国的博客展示的不是博客的原始状态或初衷的追求（即草根们的平等、平静、平和的交流），中国博客呈现给我们的是一种畸形的、变了味的"泡沫博客"。

二、"博客泡沫化"的原因

中国博客的出身和地位是不平等的，所产生的影响力也差异极大。从出身上看，有草根博客和名人博客；从地位上看，有被重视的，也有被冷落的；从影响上看，有最耀眼的、次耀眼的，也有陪衬的。单从第三方面的影响上看，新浪网前20位点击量过千万的徐静蕾、韩寒和洪晃等博客为第一等级，前235位点击量过百万的芙蓉姐姐、唐师曾和李咏等博客属第二等级，其余的99％的"陪衬草根博客"属于第三等级。有人曾说博客的作用巨大，能使每一个人成为"发光的媒体"，这话其实是不对的，至少是不严密的，因为博客中真正发光的只是那些原本就在各个领域中闪耀着的名人们，就好像天上的星星最亮的就那么几颗，其余暗淡的都是陪衬的绿叶，客观上它们只是存在，但很少能得到或引起别人的关注。

其实博客泡沫化的产生都是人为的，只是表现形式不同而已：有博客本人自炒的，有他人帮炒的；有主观故意的，也有客观天成的；有表现明显的，也有表现露骨的。但殊途同归，目的只有一个，那就是扩大自己的知名度，让自己的名气和所从事的事业更火。在炒作方法与技巧上，博客们都是"八仙过海，各显其能"，韩寒靠论战和自骂来提高点击量，宋祖德靠咬人和自损来提高点击量，木子美靠性爱和身体来提高点击量。这都是主观故意的，还有客观天成的，即博友们的无意识点击形成了无意义的虚数，如有人专门为徐静蕾的博客点击量进行了统计，结果得出了60%点击水分的惊人结论，那张"我今天特别的累"七字帖竟有27522个点击量，而病例单、打吊针和心情不好三张帖的点击量也分别达到30957、46325和94183，简直令人难以置信。这里可能有两种原因：一是徐静蕾的粉丝们疯狂折腾导致点击量的直窜，二是新浪网以翻页计数的非科学统计方式使然。

三、"博客泡沫化"的实质

其实中国博客目前给人的感觉是：表面看来气势大、辐射广、影响远，但实际上这是由徐静蕾、韩寒和李亚鹏等那么一小撮名人营造起来的一种大大的泡沫，这种内容空洞、现象虚假、"壳大瓤小"的泡沫不免让中国的博客和网商们为之而欣喜，而殊不知这些处于信息弱势下的普通博友们却被假象蒙骗了。其实中国博客网，特别是目前好像很火暴的新浪网站都是在"拉大旗做虎皮"，借名人之已有人气、借名人之相互炒作、借名人之花边新闻在骗取着善良博友们的点击率。其实新浪名人博客网的最初建立，就使用了一种隐蔽式的欺骗手段，当初徐静蕾等名人们对博客还没有概念，本不想加入，但架不住总编陈彤的执著劝说，也是出于好奇或试试看的心理，在半推半就之间就上了新浪的"贼船"。所以，当后来这些名人反过味时便纷纷"退博"或另建新家，徐静蕾为利益分成之事几乎与新浪闹翻，但为不伤和气、体现出自己良好的"博德"，于是在保留原家基础上又辟一窟"鲜花村"，以表明对新浪网的抗议态度和柔性策略。

第二节　博客是闹剧

一、博客初衷的异化

博客是舶来品，按其初衷和本质来说，它应是草根的话语交流平台，然而引进到中国却变了味，变成了名人钻营和炒作的工具，变成了骂不断、扯不清的"大秀场"。于是在一些人的混搅下走向了畸形，简直就像是一部"边播边演边拍"的现代版"室内闹剧"，这场闹剧演变成了以下三种变味的"博客新特征"。

首先是自甘堕落的"剥客"，木子美、竹影青瞳和流氓燕等是也。她们共同特点是：脸皮厚、胆子大，专以"剥掉衣服"为能事，或公布自己的性爱录像，或贴上自己的冰洁裸照，或装扮少女青春之嫩。但三者的不同是：木子美是剥自己也剥别人，竹影青瞳是以剥自己为主，而流氓燕只剥自己不害他人，相对而言流氓燕最厚道，木子美最功利。

其次是勾人眼球的"波客"，她们的特点是靠展示女人的乳房、身材等性感部位来吸引博友的眼球来获取点击量，这实际上是借用网络高级传播技术实施"卖淫"的一种新变种。芙蓉姐姐和流氓燕的博客以裸露身体为主，一般来说只会"波"及男人的内心世界但不会使男性立即勃起，因此不属于勃客类型，可称之为"波客"。"波客"名称原意是指"波涛汹涌"、"波霸"等意思，后来泛指美女博客或女人写的博客，笔者2006年8月统计，新浪名人博客的前20排名中美女明星博客占据12位，这不能不说与此没有关系，所以美女博客称为美女波客更为贴切。

最后是挑逗男人的"勃客"，这类博客抓住了男性博客的好色心理，充分利用女性特征来挑逗那些青春冲动、占博客主导地位的年轻男博。木子美是勃客的成功典范,她的性爱文字描述引起无数男性的欲望,而 2005 年 7 月一位女播客网上上传的与老公性爱过程的全程录音更是将勃客做到了极处,让木子美顿感暗淡、自愧不如。勃客原意是指性致勃勃、勃起、勃兴等意思,主要指女性博客,现在所指产生转移,泛指靓男博客或男人的博客。

上述三种博客新特征是变态的、扭曲的,因此说它们是彻头彻尾、地地道道的闹剧,它们有违法律和道德,有严重色情之嫌。其实博客的真正本质性表现应是海纳百川、博古通今的"博客",头脑激荡、指点江山的"搏客",捕捉真实、传递真情的"播客"。① 目前的博客太脏了,《每日新报》一位记者在报上大声呼吁"博客们,该洗个澡了",除了博客的自律,政府也要加大打击监管力度。博客应该是一个有益于身心健康的交流平台,而不应该演变成毒害人们的"色情场所"。

二、博客闹剧的主角

这里聚集着一批脸皮特厚、以出卖身体和隐私为内容的"博客女侠",聚集着一批敢咬敢骂、敢接板砖的"博客斗士",还聚集着一批自不量力、叫板大师的"初生牛犊"。

第一类"女侠"以芙蓉姐姐、木子美和张钰为代表。芙蓉姐姐和木子美是常人通过博客成为名人的代表,她们是通过出卖裸露身体和性爱隐私而一举成名。敢于这样做的确可称得上一代侠客,从客观因素上讲是网络成就了她们,从主观因素上讲是她们的"大无畏的厚脸皮精神"带给了她们的成功。如果说是方兴东、王俊秀把博客引入了中国,那么是木子美真正把博客的神秘

---

① 剑锋:《博客们,该洗个澡了》,《每日新报》2007 年 1 月 6 日第 2 版。

面纱剥掉并推到了众人面前，从这个意义上来说木子美对中国博客的推进具有重大贡献。最近，被称为影视圈"毒蛇"的张钰在博客中公开了圈内性交易视频，把博客的闹剧推向了无以复加的地步，引起了博客和社会轩然大波。但张钰达到了预期目的，随着她的博客视频点击率升高，她的名气大了，跟她合作拍片制片的合同也逐渐增多了，从此结束了整整三年没戏演、没钱赚的默默无闻的历史。我很敬佩张钰大侠，因为这需要巨大的勇气，特别是她挑破娱乐圈潜规则对娱乐圈的环境净化和道德规范所起的促进作用，更值得称道。

　　第二类"斗士"以洪晃和宋祖德为代表。洪晃的博客目前点击率已达 3540 万，在新浪名人博客中排名第四，被博友们称为"洪姨"，自称为"多嘴、找乐、遭人骂"。她的章含之女儿、章士钊外孙女、乔冠华继女、陈凯歌前妻的特殊身份备受关注，她的率性、直接和敢言令人欣赏，她的"凹造型的 80 后"观点、搅入混战的《前夫与馒头》文章以及"挑战男权和消费男色"的话语引发了一场又一场的争议和骂声，让博客不再寂寞，当然也让博客混乱不堪。另一"博客斗士"宋祖德在中国的博客圈里是极有特色和另类的代表，他的博客之所以能吸引人的眼球是他对娱乐圈当红明星"疯咬"，什么"李宇春吃了壮阳药"、"刘亦菲是变性人"、"张国荣没有死"、"《黄金甲》就是一坨屎"等等，博友们把"文艺流氓""炒作大王"冠其头上当之无愧，自称"得道多助"实际上在博客中骂声最高，接到的"板砖"最多，这必然会走向反面——"失道寡助"，但尽管丢了名声，却换取了在新浪和搜狐两个网站 2600 余万的点击率，既发展了影视业又赚取了不菲的广告费。

　　第三类"牛犊"以韩寒为代表。在人们看来，韩寒还是乳臭未干的毛孩子，但就是这个毛孩子如今在新浪的点击率达到了

4379万,紧随"老徐"之后排名第二。那么他究竟依靠的是什么,难道还是十年前"新概念作文"的威风和名气吗?当然不是,实际上是他"初生牛犊不怕虎"的"无知者无畏"精神和说话无耻的胆量,他以《文坛是个屁,谁都别装×》这样污辱文坛的文章率先向白烨、解玺璋、陆天明、陆川和高晓松等名家挑衅,大开骂戒,掀起"韩白之争",致使这些人怯于韩寒的板砖和韩寒"粉丝"的恶语相向,纷纷以"惹不起还躲得起"的姿态低调关闭博客。紧接着又以《三个中年男人》为题向余秋雨、陈凯歌和陈逸飞三位当下文化界、电影界和美术界的顶尖人物再挑事端,对其进行毫不客气的贬损和人格上辱骂,其实韩寒真是太自不量力了,他这个嫩得出水的毛头小子与这三位名家根本不在一个对话层级上,以其浅浅资历和"新概念"这一早已过时的荣耀耍戏并炮轰金庸、余秋雨、陆天明这样的作家和学者简直是自不量力,我觉得"初生牛犊不怕虎"和"无知者无畏"这两句话是对其最好的诠释。

三、博客闹剧的形式

1. 开骂。"骂"是博客里提高点击率的最有效的方式,当然骂的对象和骂的方式、手段和艺术是有讲究的,在目前的博客中骂艺最高的要属"大嘴"宋祖德和"毛头小子"韩寒。宋祖德的博客之骂已形成了模式和规律。从对象上看,他专咬娱乐圈红人,2006年他主要咬了李宇春、王菲、刘亦菲、李冰冰、陈逸飞、张国荣和黄健翔等;从手段上看,他惯用的手法是语出惊人,如"张国荣现在五台山"、"刘亦菲是变性人"、"王菲女儿是谢霆锋的"等;从技巧上看,他是谁红咬谁,谁红贴谁,如《夜宴》的六大罪状,关于王菲的系列博文,由章子怡给自己变性主刀等。韩寒大骂功夫也毫不逊色,他骂的对象几乎全部来自文坛，如金庸、余秋雨、陆天明这样的名家；他骂的手段是攻击人格，将余秋雨、陈凯歌和陈逸飞三位大家人格概括为"伪"、"猥"、"痿"；他骂的技巧是出口成脏，让你无法还击，只有一逃，如向文人白烨宣战的文章《文坛是个屁，谁都别装×》，谁敢应战，关博、认输并逃之是最佳办法。

2. 牢骚。"发牢骚"这是当今社会转型期人的不满情绪的宣泄，博客的广泛表达空间和自由交流优势恰恰成了牢骚的一大主要出口。2006 年 7 月 27 日，"长沙刁民"48 岁黑摩司机陈洪以"非法营运摩的司机的自白"为题正式在和讯网站上袒露了自己下岗后的辛酸生活，他的知青、厂长、老板和离异等系列经历引起了广大博友的同情和关注，但同时他所发泄的强烈不满社会的"歪文"也遭到了许多博友的批评和指责，并上演了一场"草根阶层"与"精英学者"的精彩对决论战。其实像刁民陈洪一样在网上发表"歪文"的博客在逐渐增多，这实际上恰恰体现和反映了博客这种交流平台的本质属性。

3. 恶搞。恶搞是娱乐化时代的一个重要标志，也是网络传播技术的异化产物，正是博客的"零门槛"准入和自由开放性为恶搞提供了生存的可能性，于是博客恶搞异常火暴起来。从小胖头像到电影《无极》、《夜宴》，从英雄人物到红色经典，从世界名著到现代诗歌，统统"中弹"，无一幸免。2006 年 9 月，赵丽华 2002 年的即兴诗作被人在博客上恶意传播，从而引发了一场"诗歌保卫战"。面对恶搞，赵丽华坦然待之，她说要以娱乐化的态度看待娱乐化的恶搞，"别让骂战关上诗歌那扇窗"。说起来很容易，其实博客上的恶搞危害也是不可轻视的，它不仅伤害被恶搞对象、误导青少年的道德观和价值取向，而且更主要的是它对法律和道德底线的突破会严重影响社会的和谐与稳定，不危言耸听地说，可能会演变成政治、经济和文化等大问题。

第三节　博客是鸡肋

一、"弃之不得"的博客

博客是继 E-mail、BBS、ICQ 之后的第四种网络交往方式,是互联网著名的服务之一。博客网董事长兼 CEO 方兴东认为,博客是新传播带来的网上生活,是一种崭新的生活方式,从理论上它为广大底层平民提供了一种表达思想、交流情感的自由性沟通渠道。这是它的初衷、本质和推进民主、透明社会的积极意义。

从全球博客现状来看,博客弥补了传统媒体的缺失,和手机一样成为了一种"自媒体"。如震惊世界的 9·11 事件和克林顿的性丑闻事件,其广泛传播都是借助博客来实现的:正是现场目击者及时用手机拍下了世贸大楼的倒塌情景,我们才能在其博客上目睹人类历史上的惨剧;也正是美国加州礼品店经理首次在博客网站中揭开克林顿与莱温斯基的性绯闻,一个平头百姓才得以在网络媒体上初次展现自己。如今在美国、英国、法国和德国等有许多领导人和政治家都把博客和播客当作实现民主的"新通道"和"宽平台",美国加州州长阿诺·施瓦辛格、英国前首相布莱尔、德国总理默克尔和伊朗总统内贾德通过他们的博客和播客亲近了市民,赚取了厚重的政治资本。

从中国博客现状来说,博客作为网络的一种新形式、新空间,拓展了百姓交流平台和民主渠道,促进了民主和现代化建设。海南省临高县县长符永的博客、河北省公安厅郝超的"中国第一公安博客"实现了官民互动、警民交流;"全球第一博客"徐静蕾和大男孩"极地阳光"以真诚、质朴、平和、率性的文风和为人赢得了广大博友的青睐，他们的点击率一直高居新浪博客的第一和第三位次。博客把我们带入了新天地，把中国的民主建设带入了高速发展的快车道。因此，无论从哪个角度来说，我们都应该感谢博客，是它们丰富多彩了生活、促进推动了民主、阳光透明了社会。从这个意义上说，博客是这个社会的必需，是我们生活的必需，我们离不开博客。

二、"食之无味"的博客

从理论上说，博客是网络技术的新延伸，是人类追求的新天使，它应该被人类所推崇和喜爱，这是毋庸置疑的。然而具体应用到实践中，博客双刃剑的负面影响却异常凸显出来。从初衷和本质上说，博客应该是草根平民的专用空间，是心平气和的交流场所，然而互联网的商业诱惑和急功近利的出名心理促使各路名人纷至沓来、鱼贯而入，抢占了草根博客的大部分地盘，将正宗位置的平民百姓赶到了博客的边缘和角落。特别是厚脸皮明星的加入，彻底搅乱了博客平静的水面，掀起了一股又一股的暴私和炒作浪潮，如围绕李亚鹏的"滥爱绯闻"、"女儿兔唇"，围绕韩寒的"文坛论战"、"贬损名人"，围绕宋祖德的"狂咬红人"、"变性宣言"，以及最近80后作家张——的"恋湘情书"、"全国裸奔"，演员张钰的"行业规则"、"性爱录像"，黄健翔的"央视辞职"、"花落谁家"等此起彼伏，高潮迭起，形成了一场丰富的饕餮盛宴，也彻底将博客推向了歧途，引向了行将灭亡的死胡同。从这个意义上说，是名人打破了博客固有的规律，搅乱了博客应有的平静，对此始作俑者新浪网站以及总编陈彤难辞其咎。

今天的中国博客乱哄哄、闹腾腾，正在上演着一幕幕低俗的喜剧，到处充满着国骂声、牢骚语和恶搞图。像是一个变化多端的"证券交易市场"，有的以牺牲人格和尊严进行冒险投资，有的以表达真诚和质朴进行苦心经营。这种闹剧博客状态恰恰反映了中国社会转型期人的浮躁不安心理,反映出了博客日记与传统日记的本质区别。传统日记是"自己写自己看",属私人领地,有什么写什么,不危害社会和他人,其境界是宁静、深沉、体悟;而博客是"自己写大家看",属公共领域,或隐瞒或夸大,难免侵权或被侵权,其真实状态是狂躁、肤浅和外显,因此也不会从中获取多大的营养。这就注定中国博客既让人爱又让人烦,注定它是一个弃之可惜、食之无味的"鸡肋"。

三、"迷失方向"的博客

2005、2006 和 2007 年中国博客经过了大起与大落,由感性走向了理性。历经三年变味、畸形的折腾之后,中国博客终于现出了它的幼稚、脆弱和浮躁的"庐山真面目",这个外表奢华的"大泡沫"正在一点点地萎缩着、破灭着。

经过 2005 年的"博客元年"、2006 年的"博客盛年"和 2007 年的"博客末年",那么 2008 年中国的博客又将迎来什么呢?

中国的博客正处在十字路上:是往左走向彻底的草根化,回归博客的本来面目;是往右走向极端的精英化,让博客串种变异;还是顺其自然,让踏上末路的博客自生自灭?

盘点一下刚刚过去的 2007 年中国博客,让人欣慰的是"剪不断"的论战和闹剧少了、"扯不清"的纠纷和侵权也少了,但似乎膨胀的泡沫还在增大、感情的冲动还在延伸。这里有两例为证:一是博客走向形式主义,成为一些官员捞取业绩的道具,如有些地区教育部以要求教师开博比例必须达到四分之一,学生开博比例达到一半;二是博客趋向阴暗,似乎怕见阳光,如关于实名制的讨论,反对之声一直是强于支持者,难道自由必须要隐藏在"地下"吗？

2008 年中国博客向何处走？如果像 2007 年这样走下去，必死无疑。

我们不希望中国博客在十字路口迷失方向，实际上向左走还是向右走，答案已经很明确，我们真诚希望中国的博客尽快走出"泡沫误区"，步入科学发展轨道。

第十章

博客纠纷与侵权

第一节 博客纠纷及案例分析

一、法国秘书用博客影射老板遭到解雇

凯瑟琳·桑德森是法国巴黎迪克森·威尔森会计公司的一名秘书，是一位 33 岁的单身母亲，她独自抚养一个 3 岁的女儿，经常与一个或两个男友见面，闲暇时的爱好之一是在自己的匿名博客上发点小牢骚，有时候是针对自己的男友或孩子，有时候调侃一下老板，还有的时候则纯粹是天马行空地胡乱涂写。[①]

2004 年，刚生完孩子闲在家的凯瑟琳·桑德森出于"一时好奇"和"打发时间"建立了博客，其博客内容大多深入探讨爱情、事业和单身妈妈等一系列当今社会的热门话题，引起全球许多国家网友的共鸣，她的博客最高日点击率达到了 3000 次。

为了避免给人留下"影射攻击"、"用博客骂公司"的不良印象，凯瑟琳·桑德森在博客里极力避免谈论公司工作和老板形象，但她的麻烦还是不期而至了。2006 年 5 月至 7 月，她在博

---

① 马晶：《博客频频引发纠纷　如何把握内容尺度引争议》，《新京报》2006 年 7 月 24 日。

客中多次调侃她的直接上司詹姆斯·霍维斯，将其描述为"非常守旧"、"穿背带、短袜吊带，在伦敦出没于绅士俱乐部，称呼秘书为打字员"等形象，尽管在她看来"这只不过是一些幽默的奇闻轶事"，但老板霍维斯看到后还是勃然大怒。于是，凯瑟琳·桑德森遭到了解雇，老板给她的理由是：利用上班时间写博客，置公司于不名誉的境地。

惊呆之余，凯瑟琳·桑德森把迪克森·威尔森会计公司告上了法庭，要求公司赔偿大约 5.4 万英镑的两年薪水。这是法国第一起与博客权利有关的法律诉讼，吸引了全球的目光，于是桑德森博客的日点击率也不断陡升，一下子超过了 1 万。概括一下，针对桑德森的起诉人们共有三种态度：一是谴责雇主，支持并敦促桑德森坚持斗争；二是面对解雇，深表理解和同情；三是理性批评，警告博客也要承担责任。尽管直到 2006 年 8 月我们还不知道官司的结果，但面对这场纠纷我们始终应明确：博客有表达的自由，但也要"把握好内容的尺度"，"网络与其他形式的交流一样，也承担同等程度的责任。"①

二、美国博客隐私泄密和广告引发纠纷不断

纠纷一：2004 年，当时在美国国会山当议员助手的杰西卡·卡特勒在她的博客"华盛顿宝贝"中，绘声绘色地写了她和国会山中的六名男职员交往的许多生动细节。这些内容后来被美国一家网站从博客中挖掘出来，吸引了无数点击。博客中提到其中的一位男职员罗伯特·施泰因布赫以侵犯名誉和隐私罪将杰西卡告上法庭，并索赔 2000 万美元。这起事件在美国

---

① 马晶：《博客频频引发纠纷　如何把握内容尺度引争议》，《新京报》2006 年 7 月 24 日。

造成很大影响,杰西卡因此丢了工作,施泰因布赫也被迫离开华盛顿。

纠纷二:自美伊战争以来,驻伊美军中开了上千个博客,他们不仅详细记录在伊拉克的战斗和生活、发表对布什政府伊拉克政策的看法,而且还不可避免地泄露出部分军事秘密。例如,军医科恩少校在他的博客里写了自己如何抢救伤员,被指控违背陆军条例,尽管也抱怨"不觉得自己有什么错",但只好被迫关闭博客。2006 年 8 月,美国军方下令组成一支 10 个人的检查组,专门浏览军方人员在公开网络上发布的信息,在 3 个月里检查了80 万个网址,其中包括 500 名美军士兵的个人博客,许多博客以"国家安全"的名义被要求关闭。

纠纷三:30 岁的美国职业女性科琳平时博客大多感兴趣的是拜访孩子老师、讨论蛋糕价格,但最近突然绘声绘色地描绘了一部新电影的艺术魅力,原来是她得到了 12 美元的广告宣传费,通过这种博客有偿服务,科琳已经赚到了 7700 多美元。据《洛杉矶时报》3 月 10 日报道,在美国有成千上万人像科琳一样出售自己的博客"声音",这种"声音"有时存在许多陷阱,由于受到佣金的诱惑而经常失真,表现为夸大产品和服务的功效,从而误导消费者并引起极大的矛盾与纠纷。

从上述的系列纠纷中我们可以看出,博客纠纷都来源于一种"利益",或政治、或道德、或经济,是"利益"让公平、公正表达产生了倾斜。上述案例告诉我们:隐私侵犯源于一种"利益",男职员罗伯特·施泰因布赫起诉杰西卡背后隐藏的是政治斗争;泄漏军事秘密也源于一种"利益",军医科恩少校被指控违背陆军条例是为了保卫国家安全;博客中推销产品也源于一种"利益",科琳的博客声音被质疑夸大其辞,让人们认识到博客的商业欺诈。

三、明星博客与新浪网站争夺利益分成

2005 年底，徐静蕾架不住新浪网站总编陈彤的软磨硬泡，在半推半就中开了博。超乎所有人想像的是，其博客 112 天竟然达到了 1000 万的点击率，可以说这是当时网络界的头等新闻。徐静蕾这"突破千万"的点击，一方面巩固了博客在网络中的领先地位，另一方面也使博客服务商和广告商看到了无限商机，同时更使徐静蕾醒悟并意识到了博客高点击率背后的利益。于是一场"究竟这'老徐'是谁的博客？是提供网络服务的网站？还是提供文字的徐静蕾？"① 便拉开了中国网络发展史上的首次"经济利益分成"之争。

正像其他博客产生之初都未约定归属关系一样，徐静蕾与新浪网站的合作起初也未能高瞻远瞩地预料到背后可能隐藏的商机，因此刚一开始双方相安无事、关系和谐，可是"好景不长"，随着点击率千万大关的骤升以及广告商的觊觎和服务商的觉醒，于是博客与服务商开始"各怀心腹事"，关系逐渐紧张和复杂起来，其斗争焦点就是"利益如何分成"。新浪网总编陈彤坚持，博客上的广告应该属于网站，因为网站为了提供博客服务，付出了大量人力、财力。而徐静蕾的意见是，新浪网站点击率提高和广告增加与她的名气紧密相关，因此应该得到部分利益分成。

对此《三联生活周刊》主笔王小峰认为，徐静蕾应该得到属于自己的那一份利益。他摆出了如下两种原因来印证这个结论：第一，最初双方没有商业行为，但实际上彼此都存在着潜在的商业动机，网站想通过名人效应来提高它的点击率以及资源整合，

---

① 范东波：《徐静蕾引爆名人博客利益纠纷　酬劳该如何分》，http://it.sohu.com/20060227/n242031098.shtml，2006 年 2 月 27 日。

而名人则是为了扩大自己的影响和宣传效应。第二，网站和名人对博客都做出了各自的付出，网站花费人力、物力和财力为博客提供了技术平台，而名人借助粉丝对他的崇拜和痴迷为博客赢得了具有商业价值的点击率，应该说名人粉丝们的点击并不是冲着网站而是直接冲着博客本人而去的，因此双方应该进行"利益分成"。

但在这场利益争夺中，双方谁都没有让步，于是徐静蕾被迫在自己的"鲜花村"网站为"老徐博客"又安了一个家，从此过上了"狡兔三窟"的潇洒生活，这样双方利益分成的纠纷到此暂时画上了一个完美句号。

第二节　博客侵权及案例分析

有专家对博客侵权现象及行为进行了总结提炼，概括为三种主要类型：人身攻击型、泄露隐私型和内容非法型。

一、人身攻击型

1. 案例一：陈堂发状告中国博客网

此案起因和过程是这样的：2005 年 6 月 24 日起，杭州博客信息技术有限公司拥有的中国博客网上刊登有《烂人烂教材》的博客日志，该文章中指名道姓将南京大学新闻传播学院副教授陈堂发斥为"烂人"、"猥琐人"、"简直就是流氓"，对其直接辱骂和攻击。看到这个帖子后，陈堂发老师曾于 2005 年 10 月 24 日电话联系网站，明确提出该帖侵犯原告的名誉权，请求迅速删除，但是网站以该帖不违反发帖原则拒绝删除，使得该帖一直公开传播，直至陈堂发老师起诉后，11 月 3 日才被隐藏。于是迫不得已，为维护个人名誉、阻止网络侵权行为的再度发生，陈堂发老师一纸诉状将中国博客网告上法庭，请求法院判令被告停止侵害，删除《烂人烂教材》及在中国博客网网站上对此事件的评论中所有辱骂他的言辞，并在中国博客网站首页刊登致歉声明，赔偿经济损失 1324 元、精神损害赔偿金 1 万元。①

　　此案被称为"中国博客第一案"，在全国引起了极大的影响和轰动，争议及讨论的焦点是：网上言论表达的尺度怎样把握？危害社会稳定、损害他人名誉的发帖人及监管媒体该承担怎样的责任？原告认为，"不管是博客，还是 BBS 或者网上论坛，虽然它们与传统媒体的技术支持有很大不同，但是在媒体的本质属性上，它们是没有区别的，所以各项关于言论尺度的法律条款对于网络媒体应该也同样使用。"② 本案的产生是"网站没有尽到监管的义务"。网站没有超越法律的特权，不应该成为损害他人合法利益的工具。被告认为，网站注册用户有权发表文章，只要不涉及反动、色情内容，我们就没理由、也没权利删除。法学专家中有的认为应追究发帖者的责任，正像一个人在马路上被车撞了，他应该追究肇事车辆所有者的责任，而不是马路所有者的责任；也有的认为，网站作为言论平台，当然不能随意删帖，但对明显带有谩骂和攻击的则应删除。这就引出了一个"博客泄隐私，受害人找谁赔？"的焦点问题。

　　2006 年 8 月 2 日，南京市鼓楼区法院作出一审宣判，该公司被判决在其下属的"中国博客网"首页刊登致歉声明并保留10 天，同时赔偿陈堂发经济损失 1000 元。南京鼓楼区法院认

---

　　① 《博客媒体不是兴奋剂》，http://www.xinhuanet.com，2006 年 8 月 10 日。
　　② 新华网综合：《博客："失控"的世界?》http://www.xinhuanet.com，2006 年 3 月 8 日。

为,根据《全国人大常委会关于维护互联网安全的决定》规定,
从事互联网业务的单位要依法开展活动,停止传输有害信息,并
及时向有关机关报告。据此,"中国博客网"应承担监督控制、
停止传输有害信息的法定义务。至此,"中国博客第一案"尘埃
落定,终于有了一个圆满的结果。这是法律的正义之声,也是网
民的共同愿望,其意义不在于对一个人名誉侵权的叫停和阻止,
而主要在于对那些不法发帖者和监管媒体的警告和震慑,在于对
新兴博客媒体的自律要求和科学引导。因此我们说,这个案例的
产生及宣判在中国网络及博客史上具有里程碑式的作用。该案后
被媒体推介为"2006南京十大最有影响案件"、"2006江苏全省
法院经典案例",新华社发布的"2006中国十大案例"也录入了
此案。

　2. 案例二:老博客状告小博客

　此案起因和过程是这样的:2005年7月,45岁的广东人老
网虫沈阳在浏览网页时,无意中发现了一个网名叫秦尘的系列攻
击自己为"博客痴呆症患者"、"没出息"和"软骨头"等言词过
激、贬低自己人格的帖子。起初沈阳在网上写文章对秦尘好言相
劝,但是秦尘没有任何收敛,丝毫未顾及到沈阳的起码尊严,而
且还对他的妻子及祖宗八代进行了辱骂;与之同时,沈阳又与博
客网进行联系,希望网站删除这些侵犯他个人名誉的帖子,但网
站不予理睬,认为"这是正常的网上互骂"。① 当与发帖人和网
站都协商无果的情况下,沈阳实在忍无可忍,于是2006年初在
咨询了多名律师并确认对方已侵犯名誉权的前提下,一纸诉状遂
将发帖者秦尘和北京博客网信息技术有限公司告上法庭,要求公

---

　① 李婧:《博客骂人首次被诉侵权,起诉博客真实身份难》,http://www.
xinhuanet. com,2006年3月7日。

开赔礼道歉并赔偿原告精神损失费 10000 元人民币。

此案被称为"中国博客告博客第一案"，它所产生的影响力和隐含意义不亚于"中国博客第一案"，同样引起了人们的关注和深思。45 岁的沈阳是知名家庭博客、博客网专栏作者，2000年被《博库》网评为"十大版主"之一，入选《互联网周刊》"108 大虾"；22 岁的秦尘是扬州大学 02 级学生张明，同样也是知名学生博客、博客网专栏作者。但此二人相比，还是老网虫沈阳的网络知名度高，因为他毕竟有了十年的写博经历，更多人认为秦尘网络中的"辱骂"原帖是搭了沈阳的便车，借沈阳之名引起了人们的关注，并被广为转载和传播，迅速蹿红。这可能是秦尘故意引起纠纷并产生侵权的根本原因所在。

2006 年 3 月，北京海淀法院正式受理此案，8 月 7 日开庭审理，尽管二人都没有亲自出庭，委托了法律代理人，但最后张明还是表示了诚挚的歉意，以不了了之而收尾。但这一案例的意义不在于谁胜谁败的结果，更主要地在于它给人们带来的深层次思考：博客发布实名还是虚名？网络间批评是否有底线？博客网站的帖子是否需要筛选？如何规范网络言论？等等。原告沈阳直言：其实数年前就曾呼吁过建立机构规范博客、进行争议判别，起诉的目的就是想让大家关注博客网上的言论，让其他的博客网站引以为戒。一场没有结果的纠纷可能更耐人寻味，可能更会意味深长。它告诫我们：要谨防博客匿名化和绝对自由的信息发布形式对人们社会责任的消解，要警惕博客"内容失范"造成的"信息乱码"[①] 和伦理失衡。

3. 案例三：韩白之争

---

① 新华网综合：《博客："失控"的世界?》http：//www. xinhuanet. com，2006 年 3 月 8 日。

　　"韩"指 80 后代表作家韩寒，"白"指中国社会科学院文学研究所研究员白烨。此案起因和过程是这样的：2006 年初，文学评论家白烨在自己的博客上贴出长文《80 后的现状与未来》，对以韩寒为代表的"80 后作家"进行了评点，文中出现诸如"80 后作者和他们的作品尚未进入文坛"等颇多批评之辞，于是引起轩然大波。3 月 2 日，韩寒在自己的博客上发表了《文坛是个屁，谁都别装×》的文章，针对白烨的评论予以声讨，甚至大暴粗口，用相当尖锐的语言讽刺评论家不但"很没有灵气和文采"而且"迂腐固执"，并称自己的作品为"中国难得的纯文学"。在该文里，韩寒对白烨"大开骂戒"，像"屁"、"我×"、"装丫挺"这样的脏词和文字出现了十多次。看到炮轰，白烨万分震惊，3 月 4 日在博客中写了一篇回应文章，批评了对方的人格侮辱和人身攻击，指责他们可以不喜欢文章和观点，但不可以"用粗暴又粗鄙的字眼骂人"。对此批评式回应，韩寒似乎仍旧不买账，不但没有偃旗息鼓，反而越战越勇，再次发表了名为《有些人，话糙理不糙；有些人，话不糙人糙》的文章，逐一解释和说明"屁"、"马桶"等每个脏字的具体所指，并以"什么坛到最后都是祭坛，什么圈到最后都是花圈"等更加难听的字眼和词语羞辱白烨"自作多情"，比第一篇的语言更具贬损性和不可容忍。3 月 5 日白烨不堪韩寒的攻击和谩骂，并迫于"寒流"的"板砖"压力以"惹不起还躲得起"的姿态关闭了博客。但韩寒并没有就此罢手，继续发帖炮轰白烨，质疑其个人品行与道德问题，同时还将白烨的"后援团"解玺璋、陆天明、高晓松等人一同骂个狗血喷头。

　　"韩白之争"被称为"博客的第一论战"，引起了人们的极大关注，特别是引起了博客的伦理道德思考。广大网友对此共有三种态度：第一种是"韩迷"网友，他们不仅支持还表示某"80

后"作家"骂得爽";第二种认为韩寒缺乏对人的起码尊重,在骂人的同时也贬低了自己;第三种态度比较耐人寻味,虽然这些网友也是"韩迷",但是对韩寒的骂街方式和激动情绪和狭隘风度进行了批评。① 但更多人是谴责:认为韩寒的应战是一场令人心惊肉跳、让人目瞪口呆的骂街,就像是一摊非常恶心的污秽物,敢骂会骂不能说明自己就成了"英雄",实际上他在表演的是一场颇为好看的"猴戏"。②

大约持续了半年之久的论战,从刚一开始的韩白之间的"一对一",到后来解、陆、高等加入的"多对一",尽管规模扩大了、支持者增多了,但最终还是以韩胜白败而结束。但这仅仅是一种表象,韩寒把那么多的论战人打得仓皇逃跑,自诩为英雄,实际上他彻底丢了人,把他仅存的"新概念作文"的一点可怜余威和依靠《三重门》、《零下一度》和《一座城池》等小说建立起来的一点地位消失殆尽。人们不断质疑:为何博客成了语言的垃圾场,成了脏话的"展示厅",大家能不能在博客里"有话好好说"?博客到底是公共领域还是私人领域,抑或是二者的交集?博客表达是绝对自由的吗,博客地带有没有规矩?这一案例也在启发人们:一定要遵守"文明博客公约"的所有条款,"做一个文明的博客、一个理智的博客、一个负责任的博客"。③

---

① 《千字文脏话十句"80后"作家博客引争议》,http://www. xinhuanet. com,2006年3月8日。

② 新华网综合:《博客:"失控"的世界?》,http://www. xinhuanet. com,2006年3月8日。

③ 《千字文脏话十句"80后"作家博客引争议》,http://www. xinhuanet. com,2006年3月8日。

二、泄露隐私型

1. 案例一:杨恭如惊曝周海媚曾患红斑狼疮

杨恭如和周海媚同为当今影视界的演艺明星。杨恭如 1995 年获得亚洲小姐冠军,素有"古典美人"之称,擅长扮演"温婉善良的女性角色",因主演《剑啸江湖》和《国际刑警》等多部电视剧而为观众所熟识,其后《风云雄霸天下》和《华英雄》等大制作电影奠定了她的成名之路。周海媚为香港著名演员,近几年主演几十部电影和电视剧,在《义不容情》、《纵横四海》等多部电视连续剧中表演都非常出色,名声大震,虽未像"小燕子"赵薇那样大红大紫,但多年来仍然魅力不减。

祸从口出,不曾料到,杨恭如的博客惹了祸。2006 年 3 月,杨恭如在回复一位影迷的博客留言时,说她很同情这种病,因为曾有同行周海媚患过这种病,并以拍摄《纵横四海》周海媚"没来开工"、"很多戏是由替身拍摄"① 的细节来印证。此事立刻引起网民和社会舆论的一片哗然,于是杨恭如遭到了来自方方面面的"行为很不道德"的批评和谴责。同时杨恭如对自己的"漏嘴"和"不慎"也深表歉意,以不同方式多次向周海媚道歉,并表示自己决非恶意和炒作,"以后写东西会小心点"。②

至此该事件得到基本平息,但人们对博客发布内容和隐私处理的思考并没有停止:名人或平民隐私曝光,到底是曝光者的责任还是博客形式的责任?有人把责任归罪于博客形式,也有人把责任归罪于发布者。其实博客本身是无辜的,它只是一个信息的

---

① 《红斑狼疮事件》, http: //news. tom. com, 2007 年 6 月 21 日。

② 如此痴迷:《杨恭如为曝周海媚隐私向其致歉》, http: //post. baidu. com/fkz=87886980, 2006 年 3 月 11 日。

载体或传输工具，它要受控于发布者，而信息发布者才是信息选择、表达态度和发布方式的操作者，因此事件中的杨恭如应承担责任，尽管她说"不是出于有意"，但因为博客毕竟不是单纯的"私人领地"，而是"公共领地"和"私人领地"的交集，虽然我国还没有明确的"公共领地"与"私人领地"的"边界"规定，但无论怎样说，发布对象的负面信息是不适宜在博客中出现的，这其实也应该是博客表达的"底线"。

2. 案例二："麻老虎"博客"出卖"周涛两段婚史

2006年3月，一个署名为"麻老虎"的女士在自己的博客上连发五篇《记忆中的周涛》文章，同时还粘贴了多幅与周涛读大学时的照片，并细述了周涛的两段婚史，该消息被众多网友争相传阅，其博客点击率也飙升到7万多次，[①] 这样一下子就将公众人物周涛推向了风口浪尖，也引爆了博客名誉权和隐私边界的激烈争论。

"麻老虎"真名叫张彤，是重庆电视台《记录重庆》栏目的主持人，与周涛原是北京广播学院同学，之所以要曝出周涛两段婚史，张彤坦言就是为了提高自己博客的点击率，聚集旺盛的人气。她认为，"普通人在博客中写点儿与明星有关的故事或爆点猛料就能一夜成名。所以我写了周涛的故事，但是写给我自己看的。"[②] 正是这种错误思想酿成她的错误行动，虽然借此不道德之举张彤达到了飙升点击率的目的，但同时她丢掉了做人的根本，于是深感事态之严重，不仅回避有关采访，而且也修改了

① 张笑宇：《周涛遭遇"博客"侵犯　昔日好友大曝婚姻隐私》，http://www.xinhuanet.com，2006年3月7日。
② 新华网综合：《博客："失控"的世界?》，http://www.xinhuanet.com，2006年3月8日。

网名。

很多网友就张彤在博客里曝光周涛婚史表达了强烈的愤慨，他们说这分明是嫉妒，"靠暴露别人的隐私，来炒作自己，可耻！况且还是同窗好友。"① 对此张彤振振有词，认为自己写的是事实，她还了解周涛的更多隐私，而且还对媒体的转载和报道大加指责，要状告媒体侵权。其实这个案例再清楚不过，没有什么值得争议的，因为每个人都有属于自己的不想为人所知的空间，将别人的隐私拿出来"示众"，以"提高网友围而观之的好奇心"，② 这表面看来是一种时尚的交流方式，其实是为了"满足集体偷窥时代的集体偷窥欲"。③

3. 案例三：陈凯歌不育其孩为试管婴儿

2007 年 6 月，网上一篇博客中曝出一条惊人消息：著名导演陈凯歌患不育症，其与妻的孩子是试管婴儿。文中还详细列举了 1993 年初陈凯歌之父病重想抱孙子和医院查实陈凯歌的"种子"活性不够、1996 年陈凯歌之妻著名影星陈红在加拿大温哥华一家著名医学机构做"试管婴儿"的基本事实，令人深信不疑。④ 此猛料一出，不到一天，该博客被数万人点击浏览。与此同时，专家学者又掀起了新的一轮博客隐私权与名誉权的大讨论。

许多网友对该博客曝光陈凯歌隐私一事深恶痛绝，认为陈凯

---

① 新华网综合：《女主持"博客"曝周涛隐私 称要告媒体侵权》，http://www.xinhuanet.com，2006 年 3 月 8 日。

② 新华网综合：《博客："失控"的世界?》，http://www.xinhuanet.com，2006 年 3 月 8 日。

③ 同上。

④ 参见翠竹居士《博客曝人隐私者侵权》，http://liujianruck.blogchina.com/viewdiary.16168098.html，2007 年 6 月 22 日。

歌的不育和试管婴儿不关别人的事，纯属个人隐私，写博人不该将此事拿到具有"公开"性质的博客中，因为它毕竟不同于"自己写自己看"的传统日记，而是"自己写多人看"的"公共领地"。专家说，该文内容属实与否都侵权。北京大地律师事务所张军律师认为，如果内容属实，构成对他本人和孩子的隐私权的侵犯；中国人民大学法学院教授叶林认为，如果内容不属实，构成对他本人和孩子的名誉权的侵犯，如果造成严重后果，则博客作者可能构成诽谤罪。① 所以，有网友认为，博客应分清哪些可以隐藏，哪些可以展露，"隐藏的东西"只能记入"自己写自己看"的传统日记中，而"展露的东西"可以写入"自己写多人看"的"公共领地"中。"博客绝不是揭露他人隐私的广播站。"② 而专家认为，博客只要泄露他人隐私就是侵权，因此需将法律理念、法律原则以及伦理道德广泛应用于博客。

当然，博客隐私问题有一定的文化背景，这可能主要源于中国文化"群体意识"的思想内核，所以窥探别人的隐私在很多中国人看来简直是一件理直气壮的事情；同时可能还与中国人的"逆反心理"有关，那就是越是"不愿告人或不愿公开的个人的私事"越想知道；博客传播中，还反映出了中国文化的"自相矛盾"特点，即喜欢了解别人的隐私却不愿意别人知道自己的隐私，所以在中国人们喜欢看博客和评博客，但不喜欢写博客。③

---

① 参见翠竹居士《博客曝人隐私者侵权》，http：//liujianruck. blogchina. com/viewdiary. 16168098. html，2007 年 6 月 22 日。

② 《泄露他人隐私就是侵权　博客不能成为隐私播放站》，http：//stock. hexun. com/1965_1759039A. shtml，2006 年 8 月 1 日。

③ 《博客隐私问题的文化背景》，http：//blog. cnii. com. cn/? 37164/viewspace-4277，2006 年 8 月 16 日。

三、内容非法型

1. 案例一:博客日志名誉侵权

2005 年末,家住浙江的陶女士按同事指点在中国博客网上发现了胡某自 2002 年 2 月 28 日起陆续发布的 99 篇网络日志《胡某与李某的感情记录》,文中的李某即为陶女士在杭州读研并工作的丈夫。博客日志捏造了一些不存在的事实,对陶女士进行了诽谤,并将陶女士个人及其丈夫的隐私和外遇的秘密进行了公开,严重丑化并损害了陶女士的人格,在亲戚、朋友和同事中造成了极坏的影响,同时也对陶女士的身心构成了严重的伤害,从此患上了抑郁症、咽喉炎、支气管炎和胸膜炎等多种并发症,以至于导致家庭破裂、处于精神崩溃的困境。在这种情况下,陶女士一纸诉状将胡某告上法庭,要求胡某停止对自己的名誉权侵害,并消除影响、恢复名誉、以书面形式赔礼道歉。

该案即是轰动一时的浙江省首例博客日志名誉权纠纷案。"该案出来后,引得全国各大媒体争相报道,网上为此展开激烈的讨论,社会影响极大。"[①] 案件审理中,胡某一度否认博客内容为己所写,与李某也只是普通朋友关系,文中很少涉及陶某,故不能对陶某构成侵权。由于调解不成,这场官司一直从 2005 年打到了 2007 年,至今没有宣判。而案件中的男主人公李某却于 2007 年 3 月以夫妻关系名存实亡、已无夫妻感情可言为由,将妻子陶女士告上了法院要求离婚。2007 年 3 月 22 日,经法庭调解双方达成了离婚协议:"李某最终同意将杭州的房产给陶女士,另由陶女士支付李某现金 12.5 万元,被告陶女士也表示,

---

① 薛学:《浙江首例博客日志名誉权纠纷案男主人公离婚》,http://www.chinacourt.org/html/article/200703/27/239698.shtml,2007 年 3 月 27 日。

不管侵权案的结果如何，她都不会再为此事与李某起纠纷。"①

该名誉权纠纷案的确值得深思，一个小小的博客文章竟然毁掉了一个好端端的家庭，虽然在陶女士发现博客内容前，夫妻二人就已产生裂痕并提及到离婚问题，但不能不说胡某的 99 篇博客日志《感情记录》在二人关系恶化和离婚进程中起到加速和催化的作用。而更加不可思议的是，法庭面对非法内容发布，竟然长达两年没有宣判，这充分暴露出博客监管的法律空白，同时也在提示我们博客作者加强伦理道德的刻不容缓。

2. 案例二：恶搞"红色经典"

2006 年 4 月，一部恶搞"第 12 届 CCTV 全国青年歌手电视大赛"的电视短片在网络中迅速走红。该片名为《闪闪的红星之潘冬子参赛记》，时长 9 分 36 秒，恶搞者网名为"胡倒戈"。短片画面出自 1974 年由八一电影制片厂摄制的《闪闪的红星》，但"八一制片厂"的片头变成了"八七制片厂"。故事情节也被彻底颠覆：原本一心想参加红军的潘冬子成了做明星梦、希望走穴挣大钱的富家子弟；潘冬子的父亲叫潘石屹，潘冬子的母亲一心想参加"非常 6+1"，梦中情人是李咏；原电影中的胡汉三成了一个叫老贼的评委，不仅操纵评委，而且也是大赛各种新花样的创造者；短片中的不少情节对"送礼拿奖"、"歌手参赛只为抬高走穴身价"等进行了讽刺，不少台词有些粗俗。"② 此片在网上一出，立刻在全国引起巨大影响和轰动，支持者认为这没有什么，"红色经典"本身就是娱乐，对待青少年的娱乐化解读应宽容和

---

① 薛学：《浙江首例博客日志名誉权纠纷案男主人公离婚》，http：//www.chinacourt. org/html/article/200703/27/239698. shtml，2007 年 3 月 27 日。

② 记者周秋含：《〈闪闪的红星〉遭网络恶搞》，《重庆晚报》2006 年 4 月 24 日。

理解，不要大惊小怪；反对者认为这是胡闹，恶搞"红色英雄"
是歪曲历史、混淆正义、毒害青少年，伤害人民群众的感情。八
一电影制片厂相关负责人刘金柱在接受记者采访时向恶搞者提出
了"严正抗议"，并表示要保留追究法律责任的权利。

　　笔者认为，娱乐化时代的适当网络恶搞本无可非议，如胡戈
将陈凯歌的《无极》恶搞为短片《一个馒头引发的血案》，这
"还只是一种游戏和对某些现实的不满进行的发泄"①，它对原片
本身和原作者是无多大伤害的，但恶搞"红色经典"就大不一样
了，甚至可以说是性质发生了变化。八一电影制片厂相关负责人
刘金柱在接受记者电话采访时说，该短片恶搞是"找错了颠覆和
解构的对象"，"'血馒头'调侃的是一个商业娱乐片，但《闪闪
的红星》是公认的红色经典，这就超越了道德底线。"② 国家行
政学院科研部主任许耀桐言辞激烈地认为，"恶搞"红色经典属
于"败德行为"。③ 北京大学一名社会学者说，"对红色经典的恶
搞其实就是对传统理论和道德的颠覆。"④

　　在社会舆论的强大压力下，恶搞的作者"胡倒戈"也在网上
发帖子声明道歉检讨，承认恶搞红色经典是哗众取宠，"称'八
一厂相关负责人声明语重心长，句句敲打着本人的灵魂，本人看
后受到极大的触动和教育'。同时，他呼吁所有的网站和网民不

---

　　① 李振忠：《恶搞英雄的浆糊是如何熬成的?》，http：//view. QQ. com，2006
年8月5日。
　　② 周秋含：《〈闪闪的红星〉遭网络恶搞》，《重庆晚报》2006年4月24日。
　　③ 《"红色经典"屡遭"恶搞文化"，专家斥为"败德行为"》，中国新闻网，
2006年8月12日。
　　④ 于泽远：《恶搞红色经典盛行令官方担忧》，http：//blog. sina. com. cn/s/
blog＿48f1bfa0010006ak. html，2006年12月20日。

要再下载或传播这部短片。"① 但我们在呼吁网络使用者和发布者"胡倒戈"们要加强自律时，是不是也检示一下博客网站所应承担的责任，毕竟网站是恶搞内容的生存土壤和活动空间，这些被恶搞出来的文字和视频内容都是出自网站的技术之下、依赖于网站这个载体而实现的，因此网站后台必须把好内容上传的关，控制好恶搞的"红色"底线。

3. 案例三：泄露武器制作过程

在百度网站输入关键词"原子弹的制作方法"，可以在0.037 秒内搜索到 19500 篇相关网页链接。但这 19500 篇网页中大多已无法显示，部分能显示的基本上是网友们相互粘贴的，而查找根源应该全部来自于一个旅美博士的博客中，这个信息是2006 年 1 月国内某媒体作为一个颇具震撼力的新闻事件来报道的。

从 2005 年开始，一个旅美博客在自己的博客中用了大约1600 字传授了"原子弹的制作方法"，从使用原料（铀或钚）到使用数量（235），再到制作步骤（使用准备——开始动工——防辐设备——分离高招——使用材料——基本原理——注意事项）介绍得十分详尽。看过这个博客后不由得让人倒抽一口冷气，人们对博客内容的筛选与把关尺度再度提出质疑，并表示出了对自身与社会安全的深深忧虑。如今博客发布把关从网站后台和技术控制上来看基本为零，因此谩骂、恶搞、曝私、攻击以及泄密等几乎无所不能，今天的博客已成为一个"'失控'的世界"②，"把关人"在商业利益驱使下形同虚设。"中国应用物理及数学研

① 《红色经典岂能恶搞》，中国台湾网，2006 年 4 月 26 日。
② 新华网综合：《博客："失控"的世界?》，http://www.xinhuanet.com，2006 年 3 月 8 日。

究所的孙向丽教授在接受某媒体记者采访时称，这种制造手段虽
然简单粗糙，但是确实可以产生核爆炸。"有人怀疑这个"旅美
博士"在博客中传授原子弹的制作方法，一是为了泄密，二是为
了捣乱。但不管出于何种动机与目的，由于它可能产生的负面影
响，对个人、对公司、对社会都是极其不利的。前面我们提到的
"中国第一博客案"、"博客告博客案"以及"博客日志名誉侵权
案"等应该说都还只是涉及侮辱诽谤等民事法律问题，但眼下这
个传授原子弹制作方法则不是那么简单的问题了，已完全涉及到
国家安全与社会稳定的问题。因此有些法律工作者认为，"该立
法管管这些博客了"。

　　这让博客使用者犯了难，也让网站处于骑虎难下的境地，在
这里博客的双刃剑再次非常明显地体现出来，一方面博客实现了
自由表达，但另一方面博客也产生了许多不良信息。这样就对博
客个人和网站提出更高的自律性要求，同时也对国家和政府的管
理提出更为严峻的挑战。为使博客能健康、和谐、可持续性发
展，防止博客"成为制造混乱的源头"①，郑州大学法律硕士乔
国和认为，给博客立法，用法律来约束其发展，如实行博客实名
制、审定制、许可制等是解决此问题的最有效方法，这已成为了
当务之急，也成为了许多国家的共识。

第三节　博客纠纷与侵权的规避

　　在博客名誉权纠纷中，主要涉及到两个方面的诉讼对象，一

---

　　①　新华网综合：《博客："失控"的世界?》，http://www.xinhuanet.com，
2006年3月8日。

个是博客内容发布者，一个是网站服务商或管理者。前者是在可公开查看的博客内容中对他人名誉权等合法权益进行侵害，其当然应当承担侵权责任，这是已形成共识的统一观点。但后者是否承担责任以及承担怎样的责任，众说纷纭，莫衷一是，长期以来一直是司法实践中最为关注的问题，也是学界和业界正在努力探讨和力争解决的问题。有研究者认为，"博客网站虽然不必承担事前审查义务，但是事后的监督义务是不能推脱的。"笔者认为，"事前审查义务"博客网站也必须要承担，因为这是网站"把关"的重要而关键步骤，它起到的是信息发布前的"过滤"和"筛选"作用，而等到一旦发现由于"把关不慎"或"把关失职"造成对受害者的侵权，就悔之晚矣，即使及时作出赔礼道歉和经济赔偿的补救措施，那也只能是"亡羊补牢"，侵权事实已经发生，只能是在减少危害上下功夫了，所以最好还是将侵权的"有害信息"通过事前的"过滤"和"筛选"等审查环节消灭在"萌芽"之中为好。

一、提高博客发布者（用户）的自律意识

博客的源头在"有害信息"的制造者和发布者，因此规避博客纠纷与侵权的行为还是先要从博客自律入手，所谓"打蛇打在七寸上"。

2006年4月19日，博客网发起并联合和讯等19家博客网站共同签署了中国首份《博客自律公约》，该公约共分总则、自律条款、公约的执行和附则四章十九条，主要由两部分组成，一部分是对博客服务提供商的约束，另一部分是对博客作者的约束。其中第二章"自律条款"中的第九条，对博客用户提出了六个方面的具体要求：

（1）博客用户保证自觉遵守国家有关互联网信息服务的法

律、法规，文明使用网络，不传播色情淫秽信息以及其他违法和不良信息。

（2）博客用户保证不传播侮辱或贬损其他民族、种族、不同宗教信仰和文化传统的信息。

（3）博客用户保证不传播造谣、诽谤信息以及其他虚假信息，不传播侵害他人合法权益的信息。

（4）博客用户保证不传播侵害他人知识产权的信息。

（5）博客用户保证对跟帖内容进行有效监督和管理，及时删除违法和不良跟帖信息。

（6）博客用户保证不利用博客传播计算机病毒等恶意程序，不危害他人计算机信息安全。

前面我们列举的案例大多属于上面六条规定中的第三条，如老博客沈阳状告小博客秦尘、韩寒与白烨的文学之争、杨恭如惊曝周海媚曾患红斑狼疮、"麻老虎""出卖"周涛婚史、陈凯歌不育其孩为试管婴儿以及浙江陶女士状告博客日志名誉侵权等，都是由于博客用户发布信息的不检点、不负责任而造成的。因此迫切需要在广大博客中呼吁一种公德心，建立一种良好的道德伦理理念，从而形成人人遵守的、有利于博客表达的"潜规则"。

俗话说，无规矩无以成方圆，博客传播也是如此。我们虽然不反对和否认博客的崇尚自由和低门槛准入的特征，但我们也要知道自由表达和低门槛约束也是有不可逾越的"底线"的，也并不是任博客用户为所欲为的。这里面有个"度"的问题，我们提倡博客自律以及出台《博客服务自律公约》，并不是为了限制和束缚博客的自由发展，而是为了更好地规范博客，使其在合理合法的空间任意驰骋。我们的目的是想给博客行业的人修筑一道"矮围墙"或"木栅栏"，阻止他们越过法律和道德的红线，而不是罩上一个严密的"铁丝网"或"紧箍咒"。

二、划清博客服务商的权属

从目前博客纠纷和侵权的一些案例来看，概括起来主要有两大类：一类是经济利益之争，如徐静蕾与新浪网站的利益分成问题；二是名誉侵权之争，如陈堂发与中国博客网的名誉损害问题。这两大类实际上体现的是发布者、受害者和网站三方之间的矛盾冲突，虽然表面看有的案例是发布者与受害者的斗争，没有涉及到第三方网站，但实际上网站作为"有害信息"的发布载体，已不自觉地成为了"有害信息"发布者的"帮凶"、"怂恿者"和"支持者"。试想，如果没有博客服务商的技术上传，那些"有害信息"是不可能找到"生存土壤"和"表演舞台"的。从这个意义上说，对每一个纠纷和侵权案例，博客服务商都逃脱不了责任。

然而，在一些纠纷与侵权案例中，大多博客网站对自己应该承担的责任往往是不认可、不接受的，而且还目空一切、理直气壮。造成这种情况原因有三：一是因为一些博客服务商确实是法盲，没有意识到自己的网站发布"有害信息"是侵权的；二是自私自利，过分强调了自己的"自由"权利，忽略了相应的"责任与义务"；三是商业追求作祟，利益诱惑迫使"人性"和"德性"让位。目前，大多博客服务商不知道自己的权属范围，也不清楚自己的法律边界，因此盛气凌人、胆大妄为。如面对徐静蕾的利益分成请求，新浪网置若罔闻、毫不理睬，坚持网站的100%利益所得；再如面对陈堂发的删帖要求，中国博客网也是坚决拒绝、任其传播。笔者认为，解决这个问题的办法就是要给博客服务商一个明确的权属划分，让它明确自己有多大权利、如何监管言论尺度。

博客服务商必须明确它与博客的关系。像新浪网那样，认为徐静蕾博客超高点击率与网站经济获得一点儿关系没有，坚决拒绝给徐静蕾利益分成，是绝对错误的。其实网站与博客就像是"皮"与"毛"的关系、"船"与"水"的关系：没有了"毛"，"皮"也将生命不保；没有了"水"，"船"也必将搁浅难行。我们都深知"唇亡齿寒"的典故和"水能载舟亦能覆舟"的古训，因此网站与博客是相依共生、不可分割的关系。从这个意义上说，新浪网不给徐静蕾利益分成是没有道理的，至于给多少是另一回事，那要看徐静蕾的博客超高点击率到底给新浪网带来多大的收益，这种量化计算其实并不难，关键是要先有一个正确的态度。

三、分清博客服务商应承担的责任

正像其他传统媒体一样，博客服务商作为信息发布的一个载体或媒体，也并不是随心所欲的。当然，我们并不否认网络及博客自由表达的"低门槛"约束这一特性，但"自由表达"也是有界限和尺度的，也要在法律和道德允许的框架下操作。如上面列举的博客纠纷与侵权案例大多为个人隐私方面的名誉权之争，此类案例之所以出现，一方面责任在发布者，但博客服务商作为"有害信息"的载体也难逃其责，至少也要承担一半的责任，因为侵权信息的产生是由发布者（内容提供）和网站（技术支持）"合谋"完成的。关于博客服务商应该承担的责任，这在2007年8月21日中国互联网协会正式公布的《博客服务自律公约》中已有相应条款提及，如第二章"自律条款"的第五条明确规定"博客服务提供者维护博客用户及公众的合法权益"，这是直接的责任规定；再如第九条"博客服务提供者与博客用户签订的服务协议"的第三款中也明确规定"博客用户保证不传播造谣、诽谤信息以及其他虚假信息，不传播侵害他人合法权益的信息"，这是间接的责任规定，其实规定博客用户应该做到的首先不是更要博客服务商做到吗？

"中国博客第一案"的名誉受害者南京大学新闻传播学院副教授、法学博士陈堂发撰文，从法律理性的逻辑视角入手探讨博客服务商应该承担的责任。他认为，有些网民和研究者按生活逻辑加以推理，认为"博客无罪"或以博客服务商"存在审查困难"为名为之辩护和开脱侵权过错行为与责任，这是依据生活推理和直觉思维的一种"自然理性"的错误判断，而研究博客服务商的责任问题应从"法律理性"入手，因为"'法'是植根于自然的最高理性"，① "法律理性虽与自然理性相关，但法律要引导生活秩序，所以它显然高于自然理性。"② 结合"中国博客第一案"，陈堂发博士进而从法律理性的逻辑视角分析，他认为"博客侵权由多个环节共同构成，其中每个环节在导致侵权事实发生的过程中都起着不能替代的作用，或者说，缺少任何一个环节，侵权行为都难以最终实现。如果博客服务商不提供侵权的物质手段，或者作为把关人的服务商严格依法监管，即使博客写作者有侵权动机，也难以变成事实性的侵权行为。另一方面，博客的'匿名机制'使得博客侵权行为中的服务商作为侵权行为环节中惟一对侵权言论可以采取有效制止措施的主体，它的不作为才最终导致第三方合法权益受到侵害。"③

---

① 张宏生主编：《西方法律思想史》，北京大学出版社 1990 年第 1 版，第 15 页。

② 陈堂发：《首例博客名誉侵权案法理探讨——兼与〈博客名誉侵权网络服务商该当何责?〉一文作者商榷》，《国际新闻界》2007 年第 2 期。

③ 同上。

陈堂发博士认为,博客通过谩骂的言词等"有害信息"对他人人格进行恶意攻击与贬低,这种行为具有明显的可识别性,博客服务商应该能直观地判断出来,"如果不能主动及时采取有效处理措施,应承担过失侵权责任",而当权利主张者发现与己有关的"有害信息"向博客服务商告知"侵权事实存在"并要求其"及时采取措施停止有害信息传输"却"不作为"时,这种情况下应该承担的责任就要升级为"故意侵权责任",因为这是博客服务商"应当而且能够做到的",只是在聚集人气、提高点击率、进而获取经济利益的驱动下"完全放弃了必要的监管"。

四、建立科学的"双层次管理体制"

北京大学新闻与传播学院硕士研究生邹宇航在《博客管理机制研究》一文中提出,规避博客纠纷与侵权案件的发生,博客服务商还要"从增强技术对博客内容的管理力度和约束力的角度,通过建立科学规范的管理机制来规范博客的网络行为"。[①] 他认为,在我国"对博客进行约束和引导不仅是有必要的,而且是急需的"。鉴于博客把关的弱化、匿名和差异等特征,他提出了"由法律规制和社会控制两个层次构成"的"博客双层次管理体制"[②],并强调要以社会控制为基础、以法律规制为手段,协调发挥二者相互配合、相互联系、相互促进的功能与作用。

1. 加强互联网立法——健全法律规制机制

---

① 邹宇航:《博客管理机制研究》,《重庆工商大学学报(社会科学版)》2007年第2期。

② 同上。

首先，应加强互联网立法。近几年，全国人大常委会、国务院、信息产业部和文化部等部门相继出台了一些维护互联网安全、互联网出版和信息服务等管理规定，同时我国刑法、民法和著作权法中的相关条文也都有适用于互联网犯罪或民事违法行为的规定，可见我国关于互联网立法并非空白。但由于博客传播的独有特点——博客不是传统意义上的专门记者，博客网站也不是传统意义上的"新闻媒体"，将上述相关法规直接套用于博客违法行为还有一定的困难，因此迫切需要"针对博客的特点制定专门法规或者修改现有法规以增加其兼容性"。[①]

其次，应当加强博客的网络法制教育。"目前由于我国博客还处于发展的初期，许多博客的侵权、违法现象以及社会危害性还不为人们所认识"，[②] 大多纠纷和侵权现象是处于无意识或不自觉状态，"误认为博客中发表的言论为个人私事，就像在自己的日记中记录关于某人的坏话一样，不可能侵犯他人权益，可以不受法律的制约。"[③] 这是一个特别可怕的严重问题，在写博客或扩散他人博客中违了法还浑然不知，其危害可能比明知犯法而故意为之更具欺骗性和蒙蔽性。因此非常有必要对博客作者加强法制教育，从源头上规范博客违法行为，减少博客中的网络法盲，要让他们了解到网络的法律规则，知道哪些"可为"、哪些"不可为"。

2. 建立博客自律机制——加强博客社会控制力度

首先，要加强博客道德自律。博客"法治"固然重要，但

---

　　① 邹宇航：《博客管理机制研究》，《重庆工商大学学报（社会科学版）》2007年第 2 期。
　　② 同上。
　　③ 同上。

它只是博客管理的"底线"约束,还应有高于"法治"的高级管理方式"德治"与之配套,因为"德治与法治在历史上向来是不可分割的两种治国方式,在抑制博客违法现象方面也是如此,我们在加强博客互联网立法的同时也应构筑博客道德体系"。① 比如,近几年木子美、芙蓉姐姐等把博客当作"露天游乐场",② 张钰、宋祖德等把博客当成"曝私和炒作工具",都不属于违法范畴,因此只能从伦理道德上进行抨击和批判,迫使他们收敛自己的行为。这种"道德谴责"作为社会舆论是一股强大的力量,从某种意义上说,它比刚性的法律来得更快,收效更好。

其次,要加强技术自律,建立博客平台的技术管理和约束机制。可从以下三个方面入手:(1)博客服务商可以推广"实名制",这种"实名制"可以是台前台后完全实名的,还可以是前台虚名后台实名的,总之通过在网站上报或留存博客个人信息进而严格要求自己,学会博客传播的"慎独",这样做的好处是:"削弱博客的'假面具'效应(又称为匿名效应),使得博客具有半匿名性或非匿名性的特点,有利于约束博客的网络行为。"③(2)博客服务商"可以借助 BBS 等电子布告板的管理的成功经验,通过技术参数的设置等技术手段限制有违公序良俗和有违社会主义道德情感的言论发表",④ 从源头上彻底堵住"有害信息"

---

① 邹宇航:《博客管理机制研究》,《重庆工商大学学报(社会科学版)》2007年第2期。

② 我为博狂:《打造你金牌博客》,中国时代经济出版社2007年6月第1版,第10页。

③ 邹宇航:《博客管理机制研究》,《重庆工商大学学报(社会科学版)》2007年第2期。

④ 同上。

的出现和对受害者造成的名誉侵权。(3)"可以通过建立博客信用等级制度,给予不同信用等级的博客不同的博客页面制作权限,并公示其信用的等级,帮助博客读者鉴别和取信博客页面的信息。"[①] 这样,一旦发现博客内容违法或可能侵犯他人权益,或者接到其他人质疑或举报,博客服务商就可在该博客上标识"争议"标志,如果能掌握侵权证据还可立刻删除该文章,以避免对受害者造成侵权和导致法律纠纷。

① 邹宇航:《博客管理机制研究》,《重庆工商大学学报(社会科学版)》2007年第 2 期。

第十一章

博客匿名与实名

第一节　博客实名制的背景及涵义

一、博客实名制提出的背景

从博客属名标准分，博客可分为匿名博客和实名（真名）博客，前者大多为普通博客，后者主要为名人博客、专家博客和企业博客，从数量看，匿名博客远远多于实名博客。

博客实名制是 2006 年提出来的一项"整顿博客秩序、促进博客文明"的治理措施，一度成为人们关心的热点，以至于"实名"二字成为当年及至今仍炙手可热的"高频词"，在百度上搜索"博客实名"这个关键词，用时 0.029 秒，就能找到相关网页 332000 篇。

博客实名制是在博客规模急剧上升、问题层出不穷、危害显而易见的背景下提出的，它是博客发展的必然产物，是博客健康发展的必需，也是社会和谐的前提。博客实名制的提出，有其科学严密的理论准备，也有其现实运营的实际需求。

背景一：博客规模的迅速增大导致互联网处于一种混沌、无序状态，于是建立有序的博客环境成为当务之急，特别是电子商务博客、企业信息博客对诚信的强烈呼吁，迫使人们寻求解决办法，在这种情况下"实名制"被列入到重点考虑范围之内。

背景二：博客信息杂乱无章、良莠不齐，特别是恶搞、攻击和黄色等有害或不健康信息，引起了博客之间以及博客与网站之间大量纠纷和侵权现象的发生，这就给博客的"文明管理"带来了困难，于是"实名制"就被拿过来当成了解决问题的灵丹妙药。

背景三：博客中无序、嘈杂和谩骂等疯狂炒作、惟利是图和人身攻击的虚拟场景必然要在现实中产生投射和重现，如"烂人烂教材"的辱骂、"痴呆症患者"的贬损，这便植下了"不和谐"的种子，于是"实名制"就成了寻找并避免这些人破坏社会稳定的重要方法。

二、博客实名制提出的过程

博客实名制的提出经历了"地震"、惊讶和平淡三个阶段。

2006年初，已有近四年经历的中国博客似乎已习惯了无拘无束的匿名写博和读博，因此当一听到"实名"时，无异于一场突如其来的地震，在互联网及博客中掀起轩然大波。更有部分博客危言耸听、万分悲观地认为，这场"地震"足以摧毁博客。于是IT专家、网站老总、政府官员以及大批博友便展开了一场势均力敌的对峙和针锋相对的较量，拥护实名者口诛笔伐、力主推行；反对实名者赤膊上阵、坚决阻止。这场大仗剑拔弩张、一触即发，大有"山雨欲来风满楼"之势。其实这只是中国互联网协会的一个"试探"，巨大的"反弹"出乎人们的意料，隐约感到"实名制"未来之途的坎坷与漫长。

2006年10月，"信息产业部酝酿博客实名制"的消息一经抛出，再次引起人们的惊讶和怀疑，网上对于博客实名制的讨论铺天盖地,各类媒体也纷纷展开了关于博客实名制的激烈辩论。① 与以往任何一次的互联网辩论一样,此次讨论也充斥了不少的误解和直觉的情绪反应,不少网站还纷纷贴出"博客推行实名制已成定局"的标题。② 其实,这时才刚刚酝酿"博客实名制","中国互联网协会秘书长黄澄清表示,实名制是加强博客管理的大方向,但目前这只是互联网协会给信息产业部的一个建议,正式政策尚未制定出台。"③

2007年5月21日,中国互联网协会公布了《博客服务自律公约》的征求意见稿,首次对博客注册协议的七项内容和实名博客的相关实施细则进行了"标准化"的阐述和介绍,并力主博客实名制尽早出台。④ 于是争议一时的"实名博客"再次成为关键话题,但这次争论已由原来的情绪激动走向了理性思考,IT专家和博客们更多的是从国外博客实名现状以及公约条款的科学性和可操作性上入手,提出了博客实名"前虚后实"、"局部实施"、"因人而异"、"避免强制"以及"综合治理"、"缓慢执行"等系列建设性意见。至今,关于博客实名制的必要性、可行性以及利与弊还在争议之中,但令人可喜的是更多学者给了高度关注和深入研究,这必将使博客实名制的实施动机、实施时机以及实施方式越辩越明,为最终出台奠定了良好的舆论基础。

---

① 陈杰:《杨君佐:博客实名制不会限制发言自由》,《重庆商报》2006年11月5日。

② 刘晗:《博客实名制讨论铺天盖地,可能达成双赢》,《21世纪经济报道》2006年10月27日。

③ 刘菁、邹大鹏:《实名制:博客"毒药"还是"消毒剂"?》,《新华每日电讯》2006年10月23日。

④ 张黎明:《互联网协会力主博客实名制尽早出台》,《北京晨报》2007年5月22日。

三、博客实名制的基本涵义

随着人们对诚信的高度需求和法律法规的逐渐健全，各个领域及行业中"实名制"实施呼声越来越强烈，比如通讯行业的手机实名、金融行业的储蓄实名、交通行业的购车实名等，其中最为引人注目的是网络及博客的实名。

虽然人们对实名制要求非常强烈，但理论研究和实际操作还相对滞后，"到目前为止，'实名制'的概念还缺乏清晰的界定并处于探索过程中。"① 目前，对博客实名制有广义和狭义两种理解。

广义的博客实名制，是指对使用 Blog 空间用户管理的一种制度，其本质上是寻找一种 Blog 空间管理或者称之为"博客管理制度注册协议规范"（千龙网博客频道副总编沈阳）。

狭义的博客实名制，有两种解释：一种是指发言的实名或注册的实名（新浪网总编辑陈彤）；另一种"有限实名"或"后台实名"，即网民在向网站提供信息登记开设博客时使用实名，在博客写作中仍可使用网名（中国互联网协会秘书长黄澄清）。

从目前实际来看，大家都很赞成广义上的管理理念，但反对狭义上的真正具体实施。也就是说，对博客实名制的理论理解和实际操作还未达到统一，或者说还停留在"理论上的巨人，行动上的矮子"阶段。笔者认为，这是一种十分正常的现象，因为任何新改革政策的实施，都要经历理念推进、统一认识、尝试推行、全面铺开这样四个必然发展过程，博客实名制的实施也不例外。而现在我国的博客实名制，正处于第二阶段和第三阶段之间的过渡期，据说已有几个博客网站明确表示在近期进行实名制的

---

① 马翠华：《博客注册实名制的前景思考》，《东南传播》2007 年第 2 期。

试点。

　　笔者认为，对博客实名制涵义的理解应将广义的和狭义的两个方面综合在一起：博客实名制首先是一种改革制度和治理措施，这是必然趋势并已成定局，只是时间早晚的问题；其次博客实名制不能长期停留在口头上和美妙幻想中，要真正实施以达到"净化网络、文明博客"的最终目的。

四、博客实名制的主要争议

　　关于博客实名制的讨论，2006 年下半年在全国范围内燃起战火，这场战火越烧越旺，从 IT 专家到博客服务商，从博客服务商到学者，从学者再到普通博客，各方搭起"擂台"陈述己见、针锋相对。概括起来大致有赞成、反对和中立三种观点。

　　1. 赞成观点

　　赞成者认为，当下网络及博客空间混乱、肮脏，已造成多次纠纷和侵权官司，严重侵犯了部分公民的合法权益，影响了社会的稳定大局，因此的确需要通过自律和他律的方式给博客进行一下彻底的"消毒"、"杀菌"。但"消毒"和"杀菌"并不是长久之计，只能产生短期效应，能治标但不能治本，只有实行"实名制"才是解决问题的根本。

　　有的认为，"实名制是一种很好的约束力"，它能遏止造谣诽谤、恶意攻击、肆意泄愤这种不良现象，能够让害人者无处藏身、承担责任、受到惩治，让受害者心有依靠、拥有武器、保护权益，让网络空间气氛和谐、内容纯洁、表达文明，这样爱憎分明能使"清者自清，浊者自浊"，也能为守法守规者伸张正义，还广大博客一个公道。

　　有的认为，博客自由是相对的、有底线的，绝不能剥夺或侵害他人的合法权益和社会的公共利益，网络言论自由不等于可以胡说八道、肆意发表恶性言论。因此，需要给博客戴上实名制这个"紧箍"，约束一下那些内心阴暗的发泄者、玩世不恭的恶搞者和心术不正的害人者。实名制就是一剂"良药"，虽然短期可能"苦口"，但是长远来看是限制"有害信息"的最有效方法。

还有的认为，提倡博客实名制并不是限制言论自由，相反是为了更好地保护信息发布者的可持续性地长久享受自由，因为一旦你在博客中侵犯了别人的隐私或者危害了社会安全，你所追求的博客自由可能就此停止，你将永远失去自由。从这个意义上说，实行实名制是有好处的，关键是要掌握好放开与限制的"度"。笔者认为，这个"度"就是法律允许的框架内和高度的社会责任感。

2. 反对观点

反对者认为，博客的本质和初衷是自由表达，与报纸、广播和电视传统媒体相比，网络及博客"天生具有的匿名特性"① 让普通百姓真正找到了"人人皆可做记者"的主人翁感觉，品尝到了不受时空约束、随意发表意见和互通有无的好处，而如果实行实名制就等于脱掉了身上确保自由发言的"马甲"外套，上述优势可能都将随之而消失，网络及博客就将彻底死掉。因此，即使实行了实名制也不会解决当前博客混乱不堪的不良现状。

有的认为，博客其实就是"假面舞会"的绝佳场所，是带有私密性质的一个"练摊"思想的空间，只有拥有了面具遮掩，大家才能跳好舞，才能做到随心所欲。而一旦强行要求"实名"来规范，那么，博客的"人气"将会锐减，当下门庭若市的大好形势可能就会演变成门可罗雀的冷清局面。因此，实行实名制就等

———————

① 王四新：《网络空间的表达自由》，社会科学文献出版社 2007 年 3 月第 1 版，第 176 页。

于扼杀、消灭了博客。

有的认为，即使实行博客实名制也丝毫不能限制住那些"不良信息"的发布，反而还会招致人们对互联网的不信任与反感，甚至放弃使用网络和博客。这样就会阻塞来自于社会各个方面的"多种声音"，不利于社会主义民主进程的建设与推进，还会使大众与政府走向对立甚至对峙。因此，没有必要这样大规模地正式采用实名注册，还不如省却对一些无聊内容的监控，专攻几个重点大网站，而一旦某个博客出现不实言论或有害信息，博客所在网站完全可以删除或封闭。

还有的认为，目前我国还不具备保护用户隐私的系列配套办法，我们大多人都经常遇到家庭固定电话和个人手机等资料受一些人经济利益驱动而出卖给企业或广告商的情况，因此博客实行实名登记也难免个人资料不被外泄。这种情况下造成的危害可能比在博客里相互攻击谩骂及至受骗上当造成的损失还要大，所以博客不应实名，即使实名也是自愿为好。

3. 专家观点

与上述两种完全支持或完全反对的观点相比，IT界的实践人士或学界的专家学者们的观点态度也较为明朗：有的悲观，如方兴东；有的乐观，如杨君佐；还有的较为理性、客观、辩证，如黄澄清。论战中，他们更主要侧重于论证博客实名制目前所面临的法律困境和实施的艰难程度，并对政府给出一些善意的提醒和合理的建议。

中国博客网董事长、"博客之父"方兴东对博客实名制明确反对。他在自己博客上多次发表文章对博客实名制表示质疑。他认为，博客实名制现实操作性太难，网站的技术力量很难达到，如果采取实名认证制度，将给网民或网站造成经济上的负担，将会付出较高的实名认证成本，从而导致网民集体逃亡到国外的博客网站上安家。① 这样违背博客特性不但不会"构筑长城",反而有可能走向"自毁长城"的反面,"造成博客和互联网发展的大倒退"。②

博客实名制的发起者、中国互联网协会自律委员会秘书长杨君佐对博客实名制坚决拥护。他认为,博客实名制是对在博客里不负责任地发布虚假信息、恶搞信息、诽谤漫骂、传播犯罪以及色情之类的人产生一种震慑作用。博客实名制注册的真实姓名、联系方式、家庭地址等资料版块上显示的真实信息,通常只在注册时添加,博主发言和对大众展示的信息仍然是匿名的,一般博客网站里的技术人员才能看见而网友无法阅读。所有实名制对博客用户没有负面影响和不良伤害,不必担心你的隐私被网友泄露,当然也不会限制博客用户的自由发言,相反还会有利于博客良性发展。

中国人民大学新闻学院喻国明教授认为,"实名制"未必是解决问题的最佳途径,也不一定就是对症下药。"虚拟社会的非实名传统也给我们带来了很多好处,只不过任何自由都是有代价的。"③ 进而他认为,如网上支付等涉及个人重要利益的环节其实名是必要的,但绝大部分领域确实没有必要,因此应区分"普遍实名"和"局部实名"。"普遍实名"是有害的,如果完全暴露观点表达者的"真实身份",将会使百姓参与社会、进言纳谏望而却步,显然不利于构建和谐的民主社会。"毕竟,网络还处在

---

① 刘菁、邹大鹏:《实名制:博客"毒药"还是"消毒剂"?》,《新华每日电讯》2006年10月23日。

② 贾中山:《互联网博客实名制 反方占上风》,《北京晚报》2006年10月23日。

③ 温越岭:《博客实名制:草根之死还是博客重生》,《中国经营报》2006年10月28日。

'任性的孩童期'，网络文明是一个渐进的过程。"①

　　而中国互联网协会秘书长黄澄清相对而言较为中立。他认为，博客实名并不是全部的实名，而是指后台注册实名而前台表达仍为匿名，《博客自律服务公约》不会强制而是鼓励实行实名制，因此这不会破坏或摧毁博客的自由精神。同时他又认为，目前实行博客实名制的条件还不成熟，短期看实名制会损害博客用户和博客服务商既有的精神和物质利益，在法律执行上也还存在一些不太完备的地方，因此一些人要极力阻挠和百般打击，这样必然会加大博客实名制的推进难度。套用那句俗话就是：博客实名制的"前途是光明的，道路是曲折的"。

第二节　博客实名制的利与弊

一、博客实名制的好处

1. 便于博客经营

　　注册"实名制博客"不仅是为了加强监管、净化博客环境，同时也是为了"让别人知道你是谁"，确立自己在博客中的位置。从传播学视角说，有一个注册的合法名字是产品走向市场、扬名天下的第一步。因为有了名字才有知名度，有了知名度才有影响力。从这个意义上说，"实名博客"就是用户的一张"名片"，经营得好，很快会使自己提高知名度、扩大影响力。② 反之，如果

---

　　① 温越岭:《博客实名制：草根之死还是博客重生》,《中国经营报》2006 年 10 月 28 日。

　　② 唐礼武:《博客实名制：狼来了吗?》, http://blog.nnsky.com/blog_view _133946.html, 2007 年 5 月 27 日。

博客没有一个真实的名字，一直是以匿名形式出现，那么怎么会与他人进行心灵沟通，怎么会能够得到他人的认可，怎么会产生经济赢利和良好口碑？在这方面，名人博客就是一个最典型的成功案例。

当今，名人博客是博客中最为耀眼的、最出风头的，这主要是因为他们都以实名来注册，因此他们博客的超高点击率是得益于之前网民对他们的真实了解。如果名人都以匿名形式出现在新浪、网易上，那么恐怕他们开博之前拥有的知名度优势就无法展示出来，那就与普通人开博、写博没有什么区别了，当然也就不会得到网民的格外关注和近乎疯狂的追捧，其点击量也就自然不会一路猛增。"新浪网号称主打'名人博客'，而这些名人也大都使用'实名制'，名人因出名而开博，因开博而使其更加出名。"[①]

青年演员徐静蕾的博客112天点击率突破1000万，不到两年超过一亿，凭什么？凭的就是她以真实姓名开博，于是网民们便把她先前在演艺界做导演和演员的业绩与其博客挂上了钩；"80后作家"韩寒的博客紧随徐静蕾之后名列亚军，也已逼近一亿的点击率，他凭什么呢？还不就是网民们把其姓名与全国新概念作文大赛的桂冠和其后的《三重门》、《零下一度》、《像少年一样飞驰》、《一座城池》和《就这样漂来漂去》等几本小说所产生的知名度和影响力的链接吗？此外像李亚鹏的博客、李宇春的博客之所以得到网民的青睐和频繁点击，也是由于他们都是实名注册开博，否则网民不会把《雪山飞狐》中的令狐冲、把演艺圈里的多角恋爱以及王菲生女和女儿兔唇等有新闻价值的信息与李亚

[①]　唐礼武：《博客实名制：狼来了吗？》，http：//blog.nnsky.com/blog_view_133946.html，2007年5月27日。

鹏联系在一起；网民也不会把那个只穿长裤不穿裙子、颇具中性色彩、凭借超级女声一举成名的李宇春联系在一起。这就是实名开博的魅力所在，当然这种实名一般也只限于是先前具有知名度累积的名人，对普通人通常是没有效果的。

2. 促使自律实现

博客是"公私交叠"① 的半隐私、半公开的空间，它不同于"一人写一人看"纯私密性的传统日记，而是"一人写多人看"面向大众的公开表达，因此其内容同报纸、广播和电视媒体上刊登和播发的一样，说什么、怎么说并不是博客用户随心所欲的，是要承担相应法律责任的。这就需要用户本人说什么和怎么说要有所顾忌，要知道博客也是"公共领地"，"随地便溺"是有人管的，因此实名制暗示或"提醒博客发言要慎重考虑后果、理智写博、文明用语，防止和避免博友任意攻击他人、以泄私愤"。②

概括一下上述观点，其实就是博客用户和网站的自律性约束。一般来说，自律只有在实名注册条件下才能产生效应，这是因为一个博客的"真实身份"已从"个人领地"拉进到"公共领域"之中，即实名博客已被置于大众的监督管理之下，因此他的每一个博客言论和行为都必须考虑到是否符合法律法规的要求，是否侵犯了他人的合法权益，是否违背了博客的伦理道德。这对那些有一定社会地位的政府官员、学术界的专家学者和文化娱乐界的公众人物尤为重要。如有中国"第一政治博客"之称的海南省临高县县长符永的博客，刚在天涯海角博客网站上开博时曾遭

---

① 李仲天:《博客:"公""私"交叠的游走者》,《新闻传播》2007 年第 5 期。

② 唐礼武:《博客实名制:狼来了吗?》http://blog.nnsky.com/blog_view_133946.html, 2007 年 5 月 27 日。

到广大网民身份和真实的双重质疑，几天后他以高度的责任意识、诚恳的纳谏态度以及热情的服务行动树立了中国基层政府"立党为公，执政为民"的良好形象，赢得了网民的称赞和爱戴，其博客点击率也一路攀升。这类政治博客成了连接领导与群众的纽带，也成了"阳光执政"、遏制腐败的有效途径。再如像余秋雨、白烨等作家博客更是高度自律、严格要求的典范，2006 年 3 月白烨出于对文学本质与精神的捍卫与追求，不慎卷入与韩寒的"韩白论战"之中，这么赫赫有名的作家面对刚刚涉足文坛的晚生及"粉丝"的诸如"文坛是个屁，谁也别装×"的羞辱和"板砖"，并没有以牙还牙进行同样的回击，始终没有失掉高级知识分子的尊严和人格，最后实在招架不住"恶劣语言"的攻击无奈关博躲之，充分体现了一个作家的高尚人格和自律品质。上述政府官员和文人作家的博客自律，其实源于他们的实名开博。试想，如果是匿名的，县长符永也可以沽名钓誉、蒙骗百姓；作家白烨也可以与韩寒及"粉丝"们进行无休止对骂，直至胜利收兵。但如果这样，博客世界岂不是更乱，所以实行博客实名制至少能够减少博客之间、博客与网站的纷争和论战，从而净化网络环境和博客空间。

当然，我们也要看到实名博客也不都是能够自觉约束、检点自己的，有些名人或许是因为性格缺欠、或许是因为境界偏低、或许是因为借机炒作，虽然是以实名开博，但却没有收敛自己的不良言行，反而更加肆无忌惮、疯狂乱咬，不断挑起事端。如韩寒自 2006 年 3 月以来就发动了"韩白之争"、"辱骂三陈"和"攻击诗歌"的三场论战，宋祖德近一年几乎咬遍了包括李宇春、刘亦菲、张国荣等演艺界的所有"红人"。这类名人虽然没有做到自律，但却实现了对自己的"成功经营"，原来有些名人就是依靠"臭名昭著"而提高点击率的。

3. 利于政府监管

实名博客不仅有利于用户本人自律,而且还方便政府各级组织监督管理,一旦博客中出现危害他人及社会的不良信息,公安部门和网络监管部门可以迅速找到来源、追究发布者的相关责任。例如2007年9月出现了博士和硕士大小两个博客因债务问题吵架的事件,因为都是实名博客,所以很快就澄清了事实,最后硕士博客因骂人严重被判罚500元,而博士博客因骂人语言不够过激免于处罚。又如北京某广告公司司机李某为获得广告费提成在博客上发布了色情小说,使其点击率猛增超过10万,也由于是实名开博,所以被北京市公安局网监处轻松查获,同时为李某提供博客空间的"赛浪网"等相关服务商也被警方追究了相关责任。这两个案例充分说明,博客实名制不仅能让用户本人收敛、自律自己的言行,而且一旦出现不良信息时,公安部门和文化稽查部门也可以从实名信息入手"顺藤摸瓜"迅速查获"不良信息"发布者,从而制止不良信息进一步扩散,减少对他人和社会造成的更大危害。

2006年一个"流氓外教"在博客中发表侮辱中国男性和描写玩弄中国女性的言论,引起了中国人尤其是大学生的强烈愤慨和谴责,也引发了政府及网民的追缉,但可笑的是最后竟被证实是恶搞,如果采取实名制,"流氓外教"将无处逃遁。网友"海容天天"在博客中征集男性下体照片,此举也引起了网民的积极追讨,但由于是匿名却无从下手,只能任由不良言论传播。这从反面提醒我们,博客实名制已成当务之急。

发生于2005年南京大学陈堂发副教授告中国博客网的"中国博客第一案",从反面也证明了博客实名制对政府监管工作的重要意义。说心里话,这个案子的第一被告不应是中国博客网,而应是不良信息发布者——博客主人"K007",但由于该博客主人是匿名开博，无法核实他的真实身份，或者即使能够查找得到也需要花费高昂的成本，因此无奈之下受害人陈堂发才将承载"烂人烂教材"、"猥琐人"和"流氓"等恶意攻击他人的技术平台——中国博客网告上法庭。这么做其实陈教授也是不得已而为之，如果该不良信息发布者是实名开博，可能陈教授首当其冲地是要将直接侵害者——博客主人"K007"告上法庭的，而对中国博客网或者不起诉或将其作为间接侵害者，即第二被告提起诉讼。这里问题的关键是匿名给公安及相关监管部门造成了被动和难度，这对网络及博客监管来说是个较为沉痛的教训。从这个意义上说，实行博客实名制非常必要，具有十分重要的现实意义，同时由于政府通过实名注册方便了对博客的监管，因而减少了社会的负面舆论，这有利于社会稳定和健康、和谐的发展。

二、博客实名制的弊端

1. 抑制博客用户的写博积极性

许多人开博看中的就是用户本人在隐匿状态下的畅所欲言："隐匿状态"是说，自己的身份是别人不知晓的，因此可以偶尔发泄一下对领导的不满或暴露一下自己的隐私，以缓解紧张心理或让自我得以超脱；"畅所欲言"是说，想说什么就说什么，想怎么说就怎么说，想说谁就说谁，这是我的自由，没人能够干涉我。正是这两个优势吸引了众多现实思想压抑者和渴望自由者的积极加入。

如果实行博客实名制，上述优点将不复存在，这种情况下已开博的和想开博的可能都会有所顾虑：第一，我写了谁的什么是否要负法律责任？第二，谁能保证我的注册资料不被后台管理员泄露出去？第三，如果用户讨厌博客实名纷纷移民至海外我写的博客还会有谁看？这三个问题的确是现实问题，毕竟都已出现或即将出现类似情形，如匿名状态下的一个有争议的词语或句子就要被某些博客抓住小辫子"上纲上线"地批个体无完肤；我们许多人的手机和家庭固定电话被通讯部门内部员工非法出售给广告商，造成用户的无数"垃圾信息"生活干扰；由于一些人关博、缓博（睡眠博客）和移博，实际上大多普通博客的点击率在明显下降。

可以想像，实名制后博客写作已不像先前那么轻松和自由，一系列的顾虑和担心成了他们的沉重枷锁，可称为是"戴着镣铐跳舞"，哪里还有积极性可言。

2. 减少博客用户的探寻神秘感

不错，博客实名制的确能够加强博客用户和网络平台的自律、政府以及监管部门的他律，从而减少或避免因侵权而造成的纠纷和官司，净化网络环境，促进网络文明。但与此同时，它的负面影响也会随之而来：试想，这样整齐划一的"阳光规定"，哪里还会有博客本该具有的神秘感和探寻的乐趣？哪里还会有丰富多彩的个性化昵称和随心所欲的宽松氛围？如果这样，"博客就真的成了名人博客、专家博客、学者博客，草根大众们的虚拟梦想也就随着这一份真实而落了地，只剩下了那些硬邦邦的东西，没有任何意义了。"①

而即使是明星、专家和学者，他们的博客因考虑到实名和顾及脸面，表达的内容和发布的方式通常也要大为收敛和自律，除了韩寒这样"初生牛犊不怕虎"的"狂人"、宋祖德这样不要脸的"损人"和张钰这样"得了便宜还卖乖"的"小人"，恐怕大多都还是老实和规矩的。这应该是好事，但由于太平静了，其波澜起伏的吸引力也便随之而消失，于是众多博客尤其是草根博客

---

① 《博客实名制的利弊分析》，中国经济网，2006 年 10 月 20 日。

也就逐渐失去了兴趣。

3. 降低博客网站的商业点击率

中国博客网董事长方兴东和搜狐董事局主席兼 CEO 张朝阳对博客实名制基本持否定态度。他们认为，博客实名制可能会伤害互联网的自由精神，从而导致互联网失去了应有的魅力，这样就必然会造成用户逐步远离互联网。① 而如果用户远离互联网，接下来的局面是什么呢？可想而知，那有可能就是阻挡不住的"博客移民潮"，将会有大量博客迁移到海外博客网站，到那里去寻找神秘的快乐和个性的张扬。如果真要是这样，那么就证明实名制是一个失败的政策，那就不是"健康发展博客"、"促进博客文明"了，而是毁了博客。

于是，随之而来的便是点击率的陡然下降和网站的生存危机，可能刚刚兴起的博客产业赢利新模式就会被彻底摧毁，这是博客服务商们都不愿意看到的可怕后果，因此在博客实名制这场论战中，网站的态度和立场十分鲜明，基本上都是强烈反对并百般阻挠。

4. 削弱多元表达的民主自信心

博客的隐匿性为用户卸下了担心打击报复的"后顾之忧"，增添了批判现实、抨击时弊的胆量，显然这有利于"多种声音"的表达和民主法制的建设。而如果一旦实名，那些监管部门掌握不好"火候"可能就会将百姓的民主声音压制住，甚至会重演"文革"时期"扣帽子"、"打棍子"的悲剧。这种情况下，那些忧国忧民的博客可能就会被逼得"学乖"，长此以往便没了棱角和锐气，也便没了民主的要求和追求，剩下的可能只有阿谀奉承

---

①　龙兵华：《张朝阳：博客实名制不能终结网络语言暴力》，http://www.sohu. com，2006 年 10 月 21 日。

或"顺情说好话"了。

有网民认为,这实际上是民主法制的一种倒退,是整个社会的一种倒退,因为自古"堵塞民意"最终都会招致"民反",从而导致统治阶级的地位岌岌可危。一个有责任的政府最不愿意看到这样的后果和现实。

三、博客实名制是一把双刃剑

从哲学视角看,任何事物都有两面性,都有有利和有弊的对立性因素存在,这是不以人的意志为转移的客观规律。首先我们必须正视它、承认它,对之不感觉奇怪,以平常心待之;其次我们要具体情况具体分析,根据该改革方案的实施背景、实施条件以及实施时机进行科学的判断。另外,还有一个判断标准就是看是利大于弊还是弊大于利,只要是利大于弊就可以操作,要等到完美无缺、百分之百有利那是永远也不可能的事情。

从博客实名制这件事来看,显然是利大于弊。

首先,从自由性角度看,博客实名制的确限制了自由表达,但从本质上说并不是限制了所有人的自由,只是限制住了那些炒作出名、恶意攻击和有曝私倾向的人,而对绝大多数博客来说,不但不是"限制"反而更是一种"保护"。这个"限制"是非常必要的,因为"千里之堤毁于一穴",虽然数量很少但负面影响较大,目前这些人就是闹得太欢所以得通过实名来阻止和治理一下。这个"保护"也是多方位的,一方面使博客用户自我约束、赢得口碑,同时免遭他人侵犯和陷害;另一方面使博客网站或博客服务商能够不惹麻烦和官司,保证可持续性的平稳发展;更主要的是能够减少和避免舆论中的"不和谐"之音,从而促进社会的和谐发展。俗话说,无规矩无以成方圆,博客实名制实际上就是为博客的健康发展、和谐发展和绿色发展制定规则,正像公路上的红绿灯和交通警察作用一样，其设置和存在就是为了不出事故、畅通道路。

其次，从民主性角度看，博客实名制表面看堵塞住了一些人的嘴，让一些人收敛了言行，但我们要看到底是哪些人？是绝大多数的民意还是极少数的炒作？其动机是建设性的还是破坏性的？我们认为，"对于遵纪守法、'身正不怕影子斜'的博友来说没有太大影响。"① 他们可以在博客中尽情抨击时弊、发表观点和进言纳谏，当然这必须要有相应的保护措施使他们自身安全、不遭报复。从这个意义上说，实名制恰恰就是为了让民意渠道更畅通，让百姓负责任地说话而不是信口开河地胡言乱语，比如2005年的春运改革、2006年的房价抑制和2007年的股票治理等很大成分是来自网民的真挚心声和积极建议，这是网络及博客民主渠道的巨大作用。当然在一些房地产大亨的博客中也出现了诸如"房子是给有钱人盖的"、"房价上涨是正常的"等"站着说话不腰疼"的谬论，这些实名的地产大亨们都无一例外地遭到了炮轰，而匿名的干扰视听、误导舆论的散布者也正是我们实名制要整治和重点打击的对象。

最后，从商业性角度看，更多人担心的也正是实名制有可能会促使多数博客"搬家"、逃离实名网站，进而影响点击率和广告效益及其他赢利。从短期看或从将来实施初期看，这种现象不可避免，但它不会长久，最终由于实名对网络环境的净化和保护会将广大博客用户重新吸引回来。因为逃到外国博客网站，不会有对应的文化背景和理解互动的读者，因此坚持不久可能就会因"水土不服"而崩溃，从而再次返回。从另一个角度看，靠炒作、

---

① 《博客公约出炉，鼓励实名注册》，http：//tech．QQ．com，2007 年 5 月 22 日。

攻击和曝私等歪门邪道赚来的点击率和商业利益既不光彩也不长久,博客网站赢得了经济效益的"金杯",却可能失去了社会效益的"口碑"。因此,这种匿名制背景下的博客生存方式注定只是短期效应,不会给博客带来根本上的改变,而只有实名制才会通过限制、打击、惩治的方式让博客在法律法规和伦理道德的前提条件下长久生存,这样其商业利益自然也就会得到可持续保障。

第三节　博客实名制的本质追求

一、自由与责任的平衡

中国互联网协会秘书长黄澄清认为,"博客实名制的建立基础是自由和责任的平衡。没有毫无节制的自由,约束是为了发展,文责自负是一种责任,无端的谩骂和攻击、揭露他人隐私、不实的虚假言论不利于社会稳定,也对他人和社会造成伤害。"[①]

自由与责任表面来看是一对相互对立的矛盾:一方面,博客面临网络服务匿名而带给自己充分自由的诱惑,因此渴望自由、追求自由;另一方面,博客又确需要政府和社会在伦理与道德上给予恰当的约束与控制,因此也希望实名注册、阳光写博。不仅博客本身存在着这种自相矛盾的理论悖论,而且博客现实中也的确表现出用户追求自由与政府网上监管的矛盾冲突。这是一场永不停歇的无休止的博弈,双方谁都不会轻易妥协和放弃。因为博客和博客服务商会极力维护它天然拥有的自由,尽可能地希望博客匿名或半匿名,以遮盖或逃脱人们对一些隐私发布者的指责、

---

① 刘菁、邹大鹏:《实名制:博客"毒药"还是"消毒剂"?》,《新华每日电讯》2006 年 10 月 24 日。

批判或攻击；相反，政府和监管部门也会极力避免或减少博客纠纷与侵权现象的发生，以履行它维护社会安全、稳定、和谐的职责。

但实际上看，自由与责任二者也并不矛盾，因为自由不是无边无际的，与责任所规定的法律法规范围是相一致的，而责任也不是全部限制，只是对"过度自由者"的适度约束。这样看来，博客自由与责任是殊途同归的，它应该是博客的"一体两面"，因此它们本来就不是"死敌"，而应是和谐相处的"好朋友"。

二、个人与群体的统一

笔者认为，我们讨论博客实名制的必要性与意义应建立在：它是对个人有益还是对群体有益、是阻碍社会还是推动社会？也就是说，"实名制"到底约束了谁、保障了谁？

实际上，我们所说的自由更多的还只是着眼于博客用户个体的理想追求，一些心怀叵测的博客正是打着这个幌子在匿名的保护下藏起了"狗尾巴"而到处乱咬。但这种"乱咬"干扰了其他个体的自由，侵犯了他人的隐私权或著作权，危害了群体之间的和谐和社会的稳定。而博客实名制是专门冲着这些人来的，是对以散布隐私和有害信息者来吸引眼球和提高点击率博客用户的约束和限制。

面对实名制，个人与群体有各种不同的反应：哭的、笑的、哭笑不得的，都充分展示了他们的最真实的本性原形。"那些有隐私的人首先会哭，因为他们是没法子写博了。那些遮遮掩掩自暴隐私的人更会哭，因为他们压根儿就没了遮掩的资本。"[1] 而

---

① 《博客实名制，谁笑谁哭？》，http://www.itbear.com.cn/n1078c29.aspx，2007 年 5 月 26 日。

那些忧心忡忡的社会学家们、肩负使命的监管部门和绝大部分博主是一定会笑的，因为实名制让他们从中看到了希望，实名制降低了监督成本，实名制使博主们不必为被恶搞、攻击和辱骂而担忧。与此同时，那些经营博客的网络媒体是会"哭笑不得"的，他们为由此降低上级部门批评的危险系数而笑、为精彩、人气、点击和收益的减少而哭。① 但两相比较一下，笑声还是比哭声要占了上风，这说明博客实名制是大势所趋、无人能挡。

由此可见，纯粹的个体自由是不存在的，它必然要与群体融为一体并服从于群体的利益才能永生，"才是在有效的保障下实现了符合大众利益的言论自由"。② 抑或说，只有实名制才能真正实现个体自由与群体自由的和谐统一。

三、监管与隐私的兼容

博客实名制并不意味着政府监管与隐私保护的完全对立和冲突，实际上实名制的最终目的是想将两者很好地融合到一起。其中监管是实名制最首要的任务和必要环节，监管对于博客就好比一盏悬挂在朦胧、昏暗场所的明灯，有了监管这盏明亮的灯，那些想趁黑泄露隐私、攻击他人、贩卖黄色的博客就会慑于其他博友的议论、指责甚至批判，从而悄然收起阴暗的内心和膨胀的欲望，进行堂堂正正的写博、实实在在的交流。与此同时，我们也应承认实名制下的博客也是有隐私的，保护隐私也是实名制不可缺少的重要内容，即实名制下博客的隐私及相关信息同样受到法律的支持与保护，比如著名影视演员李亚鹏是实名开博，他的多

① 《博客实名制，谁笑谁哭？》http://www.itbear.com.cn/n1078c29.aspx，2007年5月26日。

② 徐超：《实名制到底约束了谁》，《通信产业报》2006年10月23日。

角恋爱以及与王菲结婚、王菲生女和女儿兔唇等事件大多情节均属个人隐私，如果李亚鹏在自己的博客中不愿主动提及或根本就没有提及，那么别人在博客中、跟帖中和互动中有所涉及，那就是侵犯李亚鹏的隐私权，所有实名博客的隐私或相关信息是否暴露由博客本人决定，而且还应该得到法律法规的精心保护。

其实中国互联网协会所要推出的博客实名制，其涵义并不是全部的实名制，而是"有限的实名"，用秘书长黄澄清的解释就是"后台实名，前台匿名"。[①] 所谓"后台实名"，意指开博注册时向博客服务商提供真实信息，这个"实名"通常对大多懂得自律、规矩写博的人来说是没有什么意义的，只有当博客出现不良信息时它才被监管部门所使用并产生效用，从这个意义上说，实名制只是一种"准实名"或"半实名"，而被注册的实名信息是一种"待用"的"预备性信息"。所谓"前台匿名"，意指写博时仍然是以个性化的昵称形式出现，在广大博友看来你仍然还是匿名的，除后台的技术人员外没有人知道你的任何真实信息，这种情况下写博如果你不是为了泄私、炒作和骂人，其实对博客自由表达来说是没有任何约束和限制的，因此说实名制并没有"摧毁博客的自由精神"，而是使博客自由得到了更规范的指导和更充分的展示。

第四节 博客实名制的实施原则

一、鼓励性原则

2007 年 8 月 21 日，中国互联网协会向全社会正式公布《博

---

① 王莹：《博客实名制是否瓜熟蒂落》，《联网世界》2007 年 9 月 3 日。

客服务自律公约》,该公约贯穿全文的一个指导思想就是自愿选择、绝不强制。

比如,对于网页上是否公开作者的真实姓名,公约中说:"博客作者在后台申请注册真实信息的,是否公布或公开使用自己的真实信息,由博客作者与服务提供者约定,博客作者可以使用自己的真实信息,也可以使用匿名、笔名或昵称等。"这里说的"由博客作者与服务提供者约定",就把选择的主动权完全交给了博客用户,紧接着说的"博客作者可以使用自己的真实信息,也可以使用匿名、笔名或昵称等",进一步明确实名制并不是强制实施,而是自愿选择。

其实采取这种自愿鼓励原则,不只是在国内如此,最近美国的一些知名博客在发起的自律活动中也强调其目的是为博客健康发展,主张"为解决问题采取校正措施",旨在打击"故意冒充名人博客发表声明,利用虚假身份注册"的违法发布信息者。这是因为无论是普通网民还是政府领导谁都认识到了博客表达自由的优点和干扰舆论的缺点这个"双刃剑"现实,因此在面对博客诸多问题时,既不可能采取听之任之的怂恿态度,也不能采取"一棍子打死"的扼杀办法,最聪明的就是政府和行业主管部门通过校正和规范来给博客划定一个足够其自由驰骋的大圈。这个圈实际上是个"防火墙",第一个作用是为博客搭建一个自由表演的平台,第二个作用是保护博客不受外界不良信息的侵害和影响。这个圈的划定非常必要,但政府的初衷和公约的规定是博客自由选择,你认为必要且需要保护,那么你就选择进入圈内,如果你认为没必要且目前不需要保护,那么你就选择在圈外。而政府和监管部门是鉴于目前博客有害信息泛滥、纠纷和侵权屡屡发生的现状的一种建议和引导,对博客用户本身没有任何伤害,对博客这个交流传播方式也没有任何妨碍。

二、灵活性原则

著名互联网专家谢文是博客实名制的积极支持者，但他的支持有个前提，就是"别搞一刀切的强制性实施"，他认为"只要推行得当，博客实名制也不失为 BSP 公司核心竞争力的一部分"。而且"抛开涉及黄色和政治的博客不谈，自古以来报纸就有笔名之说，因此一味推行实名并不可取。"[①]

笔者十分赞赏谢文的观点，这种指导思想也恰好符合"具体问题具体分析"的哲学原理。本人认为，不搞一刀切，灵活性实名，可从以下三个方面入手。

1. 因用户而异

因用户而异，是指针对不同博客用户采取不同的管理办法，不一定所有博客都实名，可能在局部针对某类人实行。如那些臭名昭著的人、犯有前科的人在开博注册时，就必须要求他们实名填报信息，以防万一和产生后患；那些政府博客、企业博客和名人博客也必须实名开博，以约束限制他们发布不实或不良信息。而对那些有良好信誉的普通网民或"仅限于亲人朋友之间交流的博客，就完全没有必要采取注册实名"，[②] 我们就可以信任他们，采取完全匿名的方式开博。这样通过"事前控制"可以避免或减少有害信息的出现，做到"防患于未然"，把有些可能产生的问题消灭在萌芽之中。

同时还要对完全匿名的博客进行动态管理，如果一旦发布某

---

① 许金晶：《谢文：一刀切推行实名制断不可行》，http：//tech. QQ. com，2007 年 5 月 18 日。

② 同上。

些博客"不守规矩"就可以根据其 IP 地址找到他,先处理然后让他在后台实名注册。这样通过"事后控制",一方面可以降低有害信息对他人和社会的危害,另一方面对那些心怀叵测的"潜在违规者"可以起到一定的震慑作用。

2. 因类别而异

目前,博客中的不良或有害信息大多集中在演艺界、文化界和教育界,如张钰的性事视频、韩白之间的"口水大战"以及陈堂发的被辱"烂人"等。这是因为这类人中的确天然就存在着大量的绯闻和隐私,而且又由于他们中的一些人通常不要脸皮,所以就经常拿自己和别人不该说出口的事来炒作,以吸引博友的注意力、博取人气和提高点击率。因此,对这类人开博时应有严格要求,尽可能地让他们实名注册,这样一旦出现不良信息可以找到他们。同时对已匿名开博的他们,更要严加监管,如果出现不良信息一定坚决打击,并逼迫他们改为实名,否则予以取缔。

通常情况下,博客发布是按类别进行的,阅读者也是按类别来搜寻,这就自然而然地形成了系列"志同道合"的圈子,称为博客圈。比如新浪博客,大圈分为明星·娱乐、体坛·名家、草根·名博、文化·评论、精英·学者、商界·英才、报刊·影视、情感·生活、IT·互联网等 9 个;小圈分为文化圈、女性圈、财经圈和 T 圈等若干个;小圈又可细分,如文化圈再分为萌芽文学圈、文学创作圈、网络作家圈、现代诗盟圈、新锐艺术圈和另类作家圈等。比如搜狐博客,大圈分为女人群、汽车群、明星群、公益群、财经群、体育群、教育群、健康群、IT 群、文化传媒、旅游户外和视觉联盟等 12 个;小圈分为闻博识女人、大杂烩、情感牧场、吃喝玩乐、谈车论驾、体育看台和同城友约等 20 个。政府和监管部门可把容易或可能出现问题的博客圈作为重点防范对象,尽量引导这类博客实名注册,尽量对这类博客进行连续性动态追踪。

3. 因情况而异

目前许多人断然拒绝博客实名制，将博客的实名与匿名完全对立起来，这其实是对实名制的一种误解和偏执性理解。中国互联网协会秘书长黄澄清在解读《博客服务自律公约》时反复强调："所谓博客实名，是指后台实名，指博客写作者在后台注册时使用实名，而在博客的外在表现形式上可以不是实名。"① 这样就已充分地兼顾了实名和匿名两个方面可能分别造成的负面影响，可以说这是一种最佳的"双赢策略。"②

采取"后台实名、前台匿名"的灵活性策略，那些对博客实名制口诛笔伐的网民们就可以接受了，因为"后台实名"的实质是"身份实名"，"前台匿名"的实质是"身份匿名"，"实名身份"只是作为一种"备案"放在后台，通常对"守规矩"的博客来说是没有意义的，而只有那些"问心有愧"的博客一定是非常在乎，所以要千方百计地抵制和阻挠。"身份实名"在前台是体现不出来的，因此大多数博客用不着有任何担心和忧虑，可以放心大胆、随心所欲地去发表思想。这种策略也恰好暗合了中国传统的"中庸之道"，如果运用得当，"博客实名制完全可以开创一种新的博客格局和营利模式。"③

三、渐进性原则

实名制的实质是对博客的约束和限制，正像其他改革、治理

---

① 《黄澄清称博客实名制目前条件还不成熟》，http：//tech. QQ. com，2007 年 5 月 18 日。

② 刘晗：《博客实名制讨论铺天盖地　可能达成双赢》，《21 世纪经济报道》 2006 年 10 月 28 日。

③ 同上。

等新举措等推出的过程一样，必然要遭到顽强的抵制和坚决的阻挠。何况，实名制面对的是中国 3000 余万的庞大博客用户，面对的是已经习惯了无拘无束表达的现实，面对的是目光短浅、思想麻木的较低媒介素养的群体，因此绝不能操之过急，既然经论证"实名制"是极为必要和必需，那么"好事就要办好"，不妨采取渐进性策略，一步一步地推进，要让广大博客用户发自内心地、自愿主动地注册实名，而不是违心地敷衍或者关闭博客甚至移至国外。

　　笔者认为，目前在我国大范围地实行博客实名制，时机的确还不成熟，我们会面临着一系列无法解决的问题，诸如注册用户真假身份的核查问题、身份登记和技术识别的操作问题、用户信息归属、保护和责任的承担问题以及相关法律法规的配套问题①等等。除此之外，还有许许多多其他意料不到的问题都要伴随着实名制的实行过程而出现，从而可能会造成比匿名更乱、更糟的局面，因此贸然强行推出可能会适得其反。中国互联网协会秘书长黄澄清也多次明确指出，博客实名制目前条件下还不成熟，要伺机而行，循序渐进地向前推进。有专家和网友也提出，可以先在部分博客上试点，过渡一段时间，待时机成熟时再全面铺开，并且这种想法也得到新浪和网易的支持，他们已表示争取在较短时间内推出实名制。

四、配套性原则

　　博客实名制的实施表面看只是网络媒体的事，其实它是一个"牵一发而动全身"的社会问题，比如网民的思想观念和认识、

---

　　① 张雨林：《博客实名吹皱一池春水》，http://media.ccidnet.com/art/2651/20061107/943495＿1.html，2006 年 11 月 7 日。

相关法律法规的配合实施以及政府相关部门的管理水平与力度。其中的某一方面做不到位，都有可能会导致实名制无法顺利推出，导致实名制流于形式，半途而废。因此，博客实名制必须要借鉴管理学理论中的系统论原理，要把实名制作为一个系统工程来推进和实施，也就是说博客的现存问题应该"综合治理"。具体来说就是要求互联网以外的其他相关部门也要给予全力支持，并辅之以相应的保护性配套措施。

比如，各级纪委和相关法律部门要爱憎分明地保护举报者、严厉打击侵权者。近年来因实名而招祸的事件在我国屡屡发生，如实名举报原河北省委书记程维高的郭光允、实名举报原平顶山政法委书记李长河的吕净、实名举报四川省武胜县不正之风的龚远明等。结果怎么样？这些举报人都被整得非常悲惨，而那些为虎作伥、飞扬跋扈的被举报贪官污吏们却长期逍遥法外、官运亨通，虽然最后是"正义战胜了邪恶"，但这些"正义者"又是付出了怎样的代价，更何况统计一下又有多少正义者最终战胜了邪恶者？这一切都源于实名，因此有人说"实名就是招祸的代名词"，如此这样谁还敢实名呢？这样的现实让我们落泪、让我们心寒，那么谁又保证今天的博客实名不会出现类似的打击报复事件呢？这也可能是实名制遭受阻力的根本原因之一。这样说来，配套措施跟进推出应该是实名制得以顺利实施的强大后盾和基本保证。

第十二章

博客伦理与道德

第一节 丑陋的博客众生相

互联网技术为博客提供了交流与沟通的平台，按理说这个平台应是一个平等、平和、平静的说话空间，就像是家庭里朋友们玩乐的"客厅"。然而在中国，自 2002 年 8 月被引进以来，博客却成了那些出名者的"秀场"。这个"秀场"像是剧场里的五光十色的舞台，"生旦净末丑"各种角色应有尽有；这个"秀场"又像是一个充满杀气的战场，"三百六十行"各路人马轮翻上阵。在这个"秋水与板砖齐飞，草根共明星一色"的天地里，博客们把这个"舞台"和"战场""当成了逐鹿中原的驰骋天空"，[①] 这里有文雅的"倾诉者"，有捍卫真理的"斗士"，有不怕板砖的"狂人"，有靠骂出名的"侠客"，还有以脱露招惹眼球的"泼妇"。总之，千奇百怪、芸芸众生悉数粉墨登场，尽展风采，原形毕露。

---

① 我为博狂：《打造你的金牌博客》，中国时代经济出版社 2007 年 6 月第 1 版，第 2 页。

一、擅长"嘴仗"的博客

如今，靠打嘴仗、敢骂会骂的博客都出了名，有的在自己领域里那真是"骂遍天下无敌手"，如 80 后作家韩寒。在博客里，无论是名人的还是草根的，以骂功论 80 后作家韩寒都可当之无愧地称为"第一人"。

首先是他"敢骂"，2006 年 3 月韩寒在博客里率先挑起了"韩白论战"，紧接着又陆续向为白烨辩解过的解玺璋、陆天明、陆川和高晓松等人开炮进攻，所用恶毒人身攻击之语言迫使陆天明、陆川和高晓松等三人不堪忍受，纷纷低调关博、仓皇逃离。2006 年 5 月韩寒再挑事端，又在博客上对余秋雨、陈凯歌和陈逸飞等三个时下中国文化界、电影界和美术界的顶级名家进行了毫不客气的贬损，遭到了广大网友的不满和批判。2006 年 9 月，韩寒连续在博客上抛出"现代诗歌和诗人都没有存在的必要"的言论，又咬向了国家一级作家赵丽华，由此引发了一场"诗歌保卫战"和诗歌教育问题的大讨论。从上述三例可以看出，韩寒骂的对象有一个共同特点：都是名家、大家、学者，其实一个 20 岁出头、嫩得出水的毛头小子与这些名家根本不在一个对话层级上，以韩寒的浅浅资历戏耍并炮轰金庸、余秋雨、陆天明、陈逸飞和赵丽华这样的名家简直是自不量力，有人说这是"初生牛犊不怕虎"，也有人说这是"无知者无畏"。

其次是他"会骂"，如《文坛是个屁，谁都别装×》、三个"伟男人"已达到"伪"、"猥"、"痿"的境界、"什么坛到最后也都是祭坛，什么圈到最后也都是花圈"等话，简直让这些文人学者们瞠目结舌、无言以对，真是"骂得很有水平"，骂得很讲究语言技巧，谁也没有想到他会把"新概念作文"的高超水平移植到了博客的骂战里。于是借此，韩寒聚集了浩浩荡荡的一大批粉丝,现在以 9644 万(2007 年 8 月 16 日统计)的点击量一直稳坐新浪博客的"第二把交椅"。

二、擅长"炒作"的博客

炒作是市场体制的产物,是直接增添人气、间接争取效益的重要手段,虽然说它不是博客的首创,但在互联网及博客里却得到了淋漓尽致的发挥,如娱乐圈演员张钰、杂志主编洪晃等。

被称为娱乐圈"毒蛇"的张钰在开博前本是一个极其普通的演员,2006 年 11 月她公开与某知名演员的"性视频"后,其博客点击量骤增,并因此受到人们关注开始名声大噪。张钰所谓的爆料隐私录音和公布"手中证据",其实只不过是以"挑破潜规则女斗士"[①]之名来大肆散布"性交易"视频,不惜以牺牲自己的身体为代价来聚集人们的眼球和名气,借此达到有戏演、有收入的成名获利的目的。这种炒作取得了成功和回报,在这种舆论浪尖上张钰终于拿到"被封杀"的第一笔收入——担任宋祖德电影的代言人。

自称"多嘴、找乐、遭人骂"的洪晃,也可算得上是一个善于炒作的"行家里手"。她凭借着"著名作家章含之的女儿、著名文人章士钊的外孙女、著名外交家乔冠华的继女、著名导演陈凯歌的前妻"[②] 这种与众不同的特殊身份,连续不断地主动卷入各种纷争之中,以引起人们的争议和批判。如她说 80 后作家韩寒和神秘帅哥极地阳光是"凹造型"作家,由此招致一片骂声和

---

① 单炜炜、解菁、黄建高:《开骂 牢骚 恶搞——博客成了谁的秀场》,《每日新报》2007 年 1 月 6 日第 24~25 版。

② 张奕姿:《洪姨写博客 实话实说》,《每日新报》2007 年 1 月 5 日第 17 版。

恨声，并引发了一场"60 初与 80 后的激烈交锋"；又如她以一篇《前夫和馒头》的博客文章主动杀入陈凯歌与胡戈的"馒头血案"中，以"挑战男权与消费男色"的相当"大胆"观点让传统人士跌破了眼镜。① 如今这位将"名门痞女"蔑称和"洪姨"尊称集于一身的洪晃，一直坚持着直来直去、实话实说、我行我素的博客风格，正是因为她的成功炒作和独特的风格，其博客点击率一直居高不下，在新浪网名人博客中紧随徐静蕾和韩寒之后位居第三，与此同时她主演的电影《无穷动》以及她所经营的杂志也都有了更好的票房和经济收入。

三、擅长"恶搞"的博客

恶搞与"PK"一样成为 2006 年非常时髦的流行语，博客恶搞开始于《一个馒头引发的血案》的视频，以后是《无极》、《夜宴》、《闪闪的红星》、《吉祥三宝》和《红楼梦》、《西游记》、《水浒传》等，如胡戈、安迪等。

胡戈成功地将陈凯歌的电影《无极》恶搞为视频《一个馒头引发的血案》，从此开辟了中国博客恶搞的一轮接一轮的高潮。这种恶搞仁者见仁、智者见智，恶搞者胡戈认为是公众对文化的新理解、是"娱乐精神"的体现，被恶搞者陈凯歌认为是"无耻而恶意"，是对艺术的歪曲和亵渎。紧接着胡戈又陆续推出了《春运帝国》、《鸟笼山剿匪记》、《007 大战黑衣人》等短片，同时还做了《血战到底》、《满城尽是加班族》，"其博客在很大程度上巩固了胡戈'恶搞派教主'的江湖地位，受到了钟情于恶搞的广大网友的热情关注，使其博客点击量很快便

---

① 张奕姿：《洪姨写博客　实话实说》，《每日新报》2007 年 1 月 5 日第 17 版。

突破 200 万。"①

　　画家安迪在自己的博客里以油画图片形式公布了"李宇春雌雄同体"、"雪村在雷锋怀里搔首弄姿"和"郭德纲为赵本山理发"等内容的恶搞。紧接着安迪又搞起了"安迪排行榜"的博客，再次吸引了众人的眼球，但"叫好声和谩骂声也一起涌来"，"且不论其画作的优劣，安迪的博客以其惊世骇俗的视觉冲击力和文字表现力，已吸引了 300 多万的点击量。"② 这种图片恶搞最常见的是换头术，主要是通过图像处理、软件修改、拼接数码图片来达到搞笑的效果，如中学生小胖的图片被网络好事者安插在《泰坦尼克号》、《魔戒》、《兄弟连》、《勇敢的心》等各种各样的大片剧照上就是如此。

第二节　博客道德的背离

一、我国博客与道德的背离表现

　　博客在中国出现的时间并不算长，但发展却异常迅猛，有人统计，到 2006 年 11 月已有 1750 万。这种迅猛发展既正常又异常：说它正常，是因为它切合了博客本身开放、自由和民主的特性，符合中国当下言论表达不畅的客观实际，满足了受众主动诉求和自主表达的需要，所以它一旦出现，必然会在全国以超乎寻常的速度发展；说它异常，是从量与质的匹配程度视角而言，明显表现为博客数量上升快、质量严重滞后，于是

---

　　① 　我为博狂：《打造你的金牌博客》，中国时代经济出版社 2007 年 6 月第 1 版，第 80 页。

　　② 　同上书，第 81 页。

必然产生"一些始料未及的与社会发展背道而驰的不和谐音符"① 以及同传统道德观念与标准的冲突和矛盾，这就使博客陷入了一种误区和歧途之中。这种"背离"或误区主要表现在以下几个方面。

1. 内容上混淆公私信息

博客是自由交流的平台，这是公认的真理性结论。但自由并不是海阔天空、任意胡来的，它也有一定的限制和约束。现在博客中存在的最大问题是混淆公共信息和私密信息的界限，于是经常"引发诸如泄露商业机密、暴露个人隐私以及涉嫌攻击他人等社会问题"。②

这样的案例在国内外都有。国外，如法国一位英籍女秘书因在博客中影射公司和上司而遭到解雇，英国已被解雇十一年的军情六处情报官员为报复老东家在博客上公布了该处的秘密消息；国内，如中国博客网发布"烂人烂教材"和"猥琐人"等有害信息被南京大学新闻传播学院陈堂发副教授告上法庭，老博客沈阳因小博客秦尘言语过激、贬低人格而引起法律纠纷，还有韩寒、白烨和高晓松三个公众人物的博客交恶、唇枪舌剑以及引发的"板砖大战"和"粉丝大战"。

其实，博客这种日志形式不完全与我们个人的日记本形式相同：日记本是纯个人的私密空间，是"自己写自己看"，所以为了保密，有的学生要把它藏起来或用小锁头锁上，即使父母和亲兄弟姐妹也不能偷看；博客日志是将个人隐私放在公共空间里，是"自己写大家看"，所以其话题选择和内容表达都要有尺度和

---

① 付松聚：《博客背后的道德考量》，《青年记者》2007年第3～4期。

② 我为博狂：《打造你的金牌博客》，中国时代经济出版社2007年6月第1版，第30页。

分寸，哪些事情该在博客上说、说到什么程度、怎么说都要三思而行，这样才能保证博客平等、清静、和谐。如情色不是不可以写，但要分清哪些是可以写的、哪些是不可以写的，不要像木子美那样把闺中性事淋漓尽致地写进博客。再如工作单位的事情，如果是已实行、能公开发布的可以写进博客；反之，如果是商业机密和未实施的设计方案就该保密，不写进博客之中。

　　2. 形式上破坏游戏规则

　　博客是互联网技术带给我们的一种游戏，有人把它称为"大型娱乐设施"，①虽然是游戏但也要有它应该遵循的规矩和原则。目前我国博客现状是缺乏秩序、缺少科学而有规范的管理，因此频频导致差错、事故，甚至重大灾难，这就像大陆交通道路右侧通行的刚性原则一样，人人遵守就能畅通无阻，如果有人打破就会导致撞车、频发事故。

　　如博客可以写"情色"但不可以写"色情"，这就是一个游戏原则。木子美的亲身性爱日记《遗情书》在博客表现的是"色情"而不是"情色"，因此这就打破了博客的游戏规则，当她这种糜烂的描写遭到博客铺天盖地的炮轰后，于是她选择了改变，由单一的低俗下流的"色情"转向包含精神和肉体两个层面的"情色"，并成功地实现了"从良"转型。

　　如博客可以曝光隐私但要分时间地点和对象，这也是一个游戏规则。比如安顿的"绝对隐私"系列，虽然写的是别人的隐私，但这些案例都是具有共性的社会问题，她用"口述实录"的方式揭示了我们身边不为人知的情感真相，因此这是一种"善意的写实"，是符合博客游戏规则的。相反，如周涛同

---

　　①　我为博狂:《打造你的金牌博客》，中国时代经济出版社2007年6月第1版，第33页。

学张彤炮制周涛"两段婚姻"、郭德纲开涮儿时朋友汪洋和陷害师父杨志刚就属于侵权式的炒作，是把自己的点击率和名气建立在别人的隐私暴露和尊严丧失基础上的，因此是完全违背博客游戏规则的。

再比如，图片和视频博客可以发布，但要遵循社会道德底线，有选择地张贴和链接，这也是博客的一个游戏规则。如"李宇春雌雄同体"和"雪村在雷锋怀里搔首弄姿"的图片嫁接以及"地产大鳄"潘石屹是潘冬子的亲爹、潘冬子母亲的梦中情人是主持人李咏等恶搞，这是一种典型的侵权和人身攻击，更是对艺术和革命者人格的严重亵渎，遭到了广大博友的深刻批判和国家相关部门的警告。

3. 思维上丧失理性判断

传统的日记由于完全是个人的事，因此可以任感情奔放，但博客日志可就大不一样了，因为它要拿出来给大家看，任凭各类不同的人品头论足，因此就要通过一定的理性判断决定选题和内容的表达方式和表达程度。我们所说的"理性判断"是指表达有所收敛、有所顾忌。

如性学专家李银河的"前卫性观念"研究视角有开创性意义，但她在博客中提倡"换偶"，为"婚外恋"和"一夜情"正名，说"聚众淫乱出于自愿不违法"等，显然过于感性化、个人化，是非科学的理性思维，不是一个性学专家的负责任判断。这些"惊人之语"必然"惹众怒"、"遭炮轰"，她在广州、南京等地"关于爱情"讲座中上述不合时宜观点遭到了观众严重质疑和激烈反驳，《金陵晚报》记者描述当时情景时说"台上的李银河表情非常尴尬"。

再如宋祖德的博客和张钰的博客也都带有炒作的性质和意味。宋祖德的博客以编造耸人听闻的故事逐一狂咬娱乐圈红人,因为谁红谁有卖点、谁就有新闻价值,因此他是谁红咬谁、李宇春、王菲、刘亦菲、李冰冰、宁静、金城武、陈逸飞、谢霆锋、张国荣和黄健翔等无一人能够幸免;张钰的博客更是"极尽炒作之能事",由于演艺事业发展暗淡于是乎将那些所谓的与导演、与名演员的性爱视频证据拿出来,以此引起大家的关注和点击率的上升,进而带动起演艺事业、维持生存和滋润生活。

从上述博客与道德的背离几种表现我们不难看出:"博客已经不再单纯和纯洁,粗俗、谩骂、个人私密、黄色'性'趣充斥着博客。""博客作为新生事物,其价值观念和价值取向远非普通意义上的价值评判标准所能衡量的,它与传统的价值道德观念相违背,有其必然的结果。如果说博客是运动员,那么道德就是比赛规则,不服从规则的运动员自然被淘汰出局。当社会道德的天平在权衡博客轻重时,社会会给博客一个合理的位置;若博客在盲目发展的道路上失去理智,挑战社会道德,那么它将会踏上一条不归之路,失去的是大批网民,必将成为一堆无用的精神垃圾。"[①]

二、我国博客与道德产生背离的原因

1. 博客"质"与"量"的失衡。目前已有五年历史的中国博客正处于"跑马圈地"的数量扩张期,各种博客如雨后春笋,多如牛毛,基本上属于是一个"全民皆博"的时代。"CNNIC发布的《第十八次中国互联网调查报告》显示,截至2006年底,中国博客用户的数量已经达到1750万,清华大学和社科文献出版社联合发布的《中国传媒蓝皮书》预测,到2007年中国博客

---

① 付松聚:《博客背后的道德考量》,《青年记者》2007年第3～4期。

的规模有可能接近 1 亿。"① 这种扩张只是粗放式的，"量"的盲目增长势必造成"质"的欠缺，从而导致博客伦理道德水平的滞后和理想博客状态的遥不可及。

2. 博客经济赢利的"偏重追求"。如果从市场经济体制大背景来理解，博客为维持生存而追求赢利本无可厚非，但这应是在保证社会效益的前提之下，不能牺牲法律底线、以牺牲伦理道德为代价。由于服务商 BSP 门槛低下，因此提供托管服务的网站发展迅速，这种有利可图的服务模式会带来 BSP 的繁荣，但同时也会带来分散无序的管理，于是为迎合后进受众的需求，一些粗制滥造的信息就会进入博客，这种片面追求的过程和结果必然会导致博客与道德的背离。

3. 个别博客作者素质不高所致。博客是个大众化的平台，不仅技术门槛低，文化水平与教养的要求也是很低，以识字写字为底线，致使部分博客作者缺乏新闻传播素养，于是有的博客为了吸引受众眼球便故弄玄虚、草率行事，这就为假新闻的传播起到了"助燃剂"和"催化剂"的作用，也为部分博客伦理道德的丧失埋下了隐患。

4. 政府监管匮乏和相关法律缺失。在目前的四大媒体中，相对而言政府对报纸、广播和电视三大传统媒体的监管力度明显大于网络媒体，国家制定的相关法律法规在传统媒体上也体现得较为规范和全面，而对网络媒体的制约与监管漏洞很多，当然这与媒体的性质和特点有关。但近五年互联网及博客实践已充分证明，由于政府监管匮乏和相关法律缺失已造成今天博客处于"脏、乱、差"的无序状态，这种情况下伦理道德与博客的矛盾

---

① 我为博狂：《打造你的金牌博客》，中国时代经济出版社 2007 年 6 月第 1 版，第 1 页。

自然在所难免。

三、我国博客增强伦理道德的策略

解决好中国博客与伦理道德的矛盾问题，是一项复杂的系统工程，它不仅需要博客的努力、博客服务商 BSP 的努力，更需要政府和全社会的努力。①

首先，对博客作者来说，要自觉提高自身道德修养，具备政治意识、大局意识和责任意识，做一个"政治强、业务精、纪律严、作风正"的传播者，做到绝不漏掉一条有价值的信息，也不宣传一条无用的垃圾信息。这个方面的博客榜样有纵揶时弊、草根视角、"指点江山"的薛涌，有致力于学术、新闻和中医学打假、被称为"书生侠客"的方舟子，有以分析教育制度和评论时事见长、"不平则鸣"的葛剑雄，有创始和开拓博客、被冠以"网络旗手""博客教父"的方兴东。这类"社会责任类博客"以"天下兴亡"为己任，他们大都具有一种"该出手时就出手"的大无畏精神，有"化作春泥更护花"的社会使命感，有"会当凌绝顶，一览众山小"的探索执著力。

其次，对博客服务商 BSP 而言，应当以大局为重，做好"把关人"的角色，除了搞好经济效益的同时，也要重视社会效益，绝不要删除有价值的信息，也不要姑息垃圾信息的存在。这个方面我们有过沉痛的教训，当南京大学新闻传播学院陈堂发副教授被人攻击为"烂人烂教材"、"猥琐人"的时候，中国博客网仍态度极为强硬地坚持不撤网页，最后被判为公开道歉和 1000元的赔偿。可喜的是，2006 年 4 月北京几大网站自发地结成博客文明公约联盟，这是博客服务商们具有跨时代意义的重大

---

①　付松聚：《博客背后的道德考量》，《青年记者》2007 年第 3～4 期。

举动。

再次，对政府而言，应当加强监管，搞好法制制度建设。当前，我国尚无专门的新闻传播法规，这对于一个以法制为目标的国家来说显然是一大缺陷。我们要大声呼吁全国人大出台一套专门的新闻传播法规，绝不能到了危机局面时才"亡羊补牢"、"兵来将挡"、"水来土囤"，若是那样的话，博客传播的混乱势必影响到一代人的身心健康。目前，政府已在博客的监管力度和法制建设上采取了许多有效措施，由于他律的约束，博客在伦理道德修养上呈现出良好的发展态势。

最后，对社会成员来说，要形成一种强大的气势和氛围，对那些有违伦理道德的博客们要形成精神压力和舆论谴责，要像过街的老鼠一样"人人喊打"，让它们无立锥生存之地和繁衍再生的土壤。比如像竹影青瞳、流氓燕、宋祖德、张钰等人的博客，他们之所以能红，就是因为他们抓住了广大博友的"集体窥视心理"和追求视觉满足的致命弱点，如果大家都不去"窥视"，就等于孤立抛弃了他们，这样不久他们就会悄无声息地自觉退出博客市场。

第三节　博客角色的失衡

一、博客角色定位

2006年11月统计，我国博客已有1750万，按近几年几何级倍增的势头，现在至少应达到6000万（截至2007年8月，有专家预测2007年底达1亿）。这么大的一个特殊受众群体，它在互联网中处何种位置，它与网民、网虫是何种关系，这一系列问题在博客急剧膨胀、渐显主流的今天显得尤为突出，并上升为博客传播研究的一个不得不回答的重要问题。

1. 博客角色的涵义

何谓博客角色？至今没有一个确切而科学的定义。笔者认为，这要先从"角色"概念入手，然后推导出"博客角色"。

"角色"原是戏剧中的名词，指演员扮演的剧中人物，20 世纪 20～30 年代一些学者将它引入社会学，进而发展为社会学的一个基本概念。① 角色与地位紧密相关，一个人在群体或社会中占据的位置或地位决定他在生活中扮演的角色类型。一般来说，地位是隐藏的和静态的，而角色是外显和动态的，"它们形成了特定的个人之间的关系模式"，"人们正是通过一个人具体扮演的角色来确认这个人的社会的地位"。②

"社会角色是指与人们的某种社会地位、身份相一致的一整套权利、义务的规范与行为模式，它是人们对具有特定身份的人的行为期望，它构成社会群体或组织的基础。"社会角色是宏观、笼统的大概念，它是由各个领域、各个机构、各个场合相互包含、相互交叉、依次链接的无数"子角色"构成的"集合体"。

由此我们可知，博客角色只是社会结构中社会角色的一个"子系统"，是与互联网平台 E-mail、BBS、ICQ 三种交流方式相并列的一类特殊群体，是博客社会地位的外在表现，是人们对博客行为的期待，是构成博客群体或组织的基础。

2. 博客角色的细分

博客是集"自媒体"、"个人信息"、"个人搜索引擎"等于一身的"个人门户"。作为网络社会中的理性交往者，博客在"个

① 朱力等:《社会学原理》，社会科学文献出版社 2003 年 9 月第 1 版，第 91 页。
② 同上书，第 86 页。

人门户"内扮演着各种各样的角色，归纳起来可以细分为以下三种。

第一，博客是虚拟舞台上的表演者。博客在其萌芽阶段就是以"网络日记"或"网络日志"的形式存在的，它的典型特征就是在其"个人门户"中发布一些日常生活中的琐碎小事、随感心得以及诸如诗歌、散文、小说之类的原创作品，同时利用多媒体技术也把一些生活照片、音乐、Flash、个人 DV 链接到网页上，有些人甚至已经开始尝试用摄像头来直播自己的生活情况。他们可以借助虚拟舞台淋漓尽致地演绎出丰富多彩的现实生活，通过"门户"与"门户"之间的"串门"将一些具有价值的思想、经验与别人共享。在这里，每个人都是舞台上、荧屏上的主角，同时也都是别人的观众。①

第二，博客是专业领域内的意见领袖。在博客大家族中，人数最多的是"技术博客"以及更宽泛层面上的"知识博客"，这类博客以传播、整合专业性知识为己任，专注于某一特定领域，进行知识过滤、积累和共享，其中出类拔萃的人物晋升为专家博客，担当起意见领袖的角色。博客意见领袖所发挥的作用主要体现在以下三个方面：一是为博友答疑解惑，实现知识共享；二是反馈、梳理和整合博友的留言，进行知识管理和积累；三是组织博友对尖端领域和未知领域进行探讨，实现知识的价值升华。

第三，博客是信息海洋中的导航者。与传统门户网站相比，博客的"个人门户"更具有"专业性"和"指向性"，它是针对特定读者群的兴趣爱好及价值取向来有目的地筛选出重要的、有

---

① 上官小烟：《网络社会中的理性交往者》，http://shangguanxiaoyan. bo-kee. com，2005 年 9 月 20 日。

价值的信息,然后提供给读者与之共享。"与过去近乎野蛮的将整篇文章'拷贝并粘贴'相比,博客的方式显得文雅而大方。"①"如果说传统门户网站的贡献在于对浩繁的信息做出整理和归类,那么博客作为信息导航者,其最大的意义就在于对信息进行了'去芜存菁'的过滤,并借助链接这种桥梁与纽带的功能让信息实现价值最大化。可以说,他们是相出千里马的伯乐或者是提炼出真金的淘金者。"②

3. 博客角色的特征

首先,博客角色具有权利与义务的统一性。一方面,博客具有了解事件真相的知情权、对外发布信息的报道权和确保采访安全的人身权,这是法律赋予每一个博客的神圣而不可侵犯的权利;另一方面,博客又具有及时和准确报道重大事件、为读者提供有益和实用信息的义务和责任,这也是法律对博客主体行为的基本要求。权利和义务是博客角色不可分割的一体两面,是对等、双面而又同时存在的,当某一博客索要上述某一权利时,必须同时承担相应的义务;反之,当某一博客承担了某一义务时,也就同时享有了与之对应的权利。

其次,博客角色具有个人与社会的双重性。从传播信息的自由性角度来说,博客是一种"自媒体",其传播内容、传播方式、传播时间、传播范围都由博客个人决定和支配,所以从这个意义上说,博客是一种个人化极强的交流平台或媒体形式;但同时,博客又是寄居在具有公共特征的互联网上的,它要受到网络技术

---

① 方兴东、王俊秀:《博客——E时代的盗火者》,中国方正出版社 2003 年 8 月第 1 版,第 40 页。

② 上官小烟:《网络社会中的理性交往者》,http://shangguanxiaoyan.bokee.com,2005 年 9 月 20 日。

平台的控制、受到国家法律法规的约束、受到全体社会成员的监督。"博客不是私人领地",因为它"不能在自己的博客上任意地臧否人物、毁坏他们的声誉","它体现的是私人空间的公共化",① 是私人领域与公共领域的统一体。

再次,博客角色具有传者与受者的互换性。在博客传播中,从发布信息角度看博客是传者,从接受信息角度看博客又是受者,而且这种传受几乎是双向、对等和即时的。这一点其实在报纸、广播和电视等传统媒体的传播中也有体现,读者、听众和观众偶尔也有参与节目和提供信息的机会和可能性,但这毕竟是小范围的、不明显的。只有在互联网及博客传播中这种传与受的角色互换才体现得淋漓尽致,通常情况下博客是一边写着博客一边阅读着别人的博客,同时还一边在论坛上、在别人博客的回帖中发表着评论。

最后,博客角色具有期待与实际的差异性。由于每一位博客的社会地位、个人能力和生活环境不同,因此其表现出来的角色行为也不一样。同时他们的实际行为表现与期待的"理想角色"也具有较大的差异,如理想的博客角色应该是平和、平等地交流,应该是符合伦理道德的交流,但实际上博客传播中却存在着许多炒作、恶搞、谩骂等不良现象,存在着许多突破法律底线和道德底线的内容,这种差异在片面追求商业利益的市场体制下表现尤为突出。

二、博客角色扮演

1. 博客角色类型

参照朱力等人编著的《社会学原理》的"角色类型"划分,

---

① 舒文:《博客不是私人领地》,《环球时报》2006 年 11 月 29 日。

可以将博客角色分成三种。

第一种:从博客承担角色时的心理状态上区分,可分为自觉型角色和习惯型角色。前者指博客角色承担者明显意识到个人所作的角色表演,因而尽力去说服和感染读者,如薛涌、方舟子、葛剑雄、方兴东、时寒冰等"社会责任类博客"即是。他们都是博客中国网的知名专栏作家,以"天下兴亡"为己任,以高度的责任感和使命感关注着社会时事、思考着社会问题、批判着社会弊端。后者指博客角色承担者并未意识到角色表演,而只是照习惯方式随性去做,如徐静蕾、极地阳光等"心情日志类博客"和文怡、梅子等"饮食类博客"即是。他们走的都是"温情路线"①:徐静蕾走出明星光环,用温情笔调讲述平凡生活,淡定而从容的真实使她获得了"新浪第一博"人气地位;极地阳光有着"俊朗的外表和淡淡的忧郁气质"②,他用大量生活照片和充满神秘色彩的笔调讲述了一个智慧、个性、孤寂、清雅的阳光男孩子故事,并获得了"草根第一博"的美名;央视《天天饮食》主持人文怡把自己在新浪开的博客称为"美食小屋"③,她不仅仅是在向读者讲解一个个简单而精致的家常菜,而且是以乐观、豁达、审美的心态在描绘着自己美妙的幸福生活。

第二种:从博客角色行为的规范化程度上区分,可分为规定型角色和开放型角色。前者指专业性、知识性和职业性较强的博客,这类博客的内容和对象具有针对性,有明确的传播方向,如方兴东、洪波的 IT 类博客,陈丹青、艾未未的"美术类博客",

---

① 我为博狂:《打造你的金牌博客》,中国时代经济出版社 2007 年 6 月第 1 版,第 122 页。

② 同上书,第 104 页。

③ 同上书,第 114 页。

廖华强、邓清泉的"书法类博客"即是。他们都是从自己所从事的专业出发，范围固定，目标单一，方向明确。后者指对行为规范没有严格限制、有较大发挥余地的博客，这类博客个性突出、运作灵活，如自称"多嘴、找乐、遭人骂"的洪晃博客、以"体验式性爱写作"闻名的木子美博客，靠论战、攻击和叛逆赢得人气的韩寒博客即是。这些博客大都以博客平台为"秀场"，把博客当成一种出名、赚钱的炒作工具和凭借物，尽情展示个人优势，哪怕牺牲身体、名誉和尊严都在所不惜。

第三种：从角色追求的目的和价值观念上区分，可分为功利型角色和表现型角色。前者以追求经济利益和实际利益为目标的博客角色，如企业博客以经济利益为目标，张钰、宋祖德、洪晃等博客以出名这一实际利益为目标。后者以追求社会价值与社会效益为目标的博客角色，如"中国第一公安博客"以及薛涌、方舟子、葛剑雄的"社会责任类博客"即是。这类博客以博客为交流平台和渠道，旨在沟通关系、加强理解、引起共鸣和促进社会和谐发展。

2. 博客角色冲突

博客角色与其他社会角色一样，由于地位变化、场景转换或关系调整，因此其同类的内部之间或异类的外部之间经常会发生形态各异、程度不一的矛盾与冲突。这符合哲学的矛盾无处不在、无时不有的基本原理，也正是这种矛盾与冲突才推动着博客的不断完善、改进和发展。

一般来说，那种属于"温情路线"的"心情日志类博客"和"饮食类博客"等"习惯型博客角色"以及 IT 类、书法类和美术类等"规定型角色"比较平和，内部之间和与外部之间都较少产生矛盾和冲突；而那种属于"自觉型角色"的"社会责任类博客"，属于"开放型角色"的木子美、韩寒等博客以及属于"功利型角色"的张钰、宋祖德等博客，其矛盾与冲突体现得最为明显和突出。

如属于"社会责任类博客"的葛剑雄博客。葛剑雄对教育和时事的评论多从制度、弊端和问题入手，因"不平而鸣"，笔调犀利，剖析深刻，发人深省，他的这种大无畏的思索精神和批判精神必然引来不同声音的质疑和争论，招引博客之间的矛盾与冲突也属情理之中。

如属于"开放型角色"的韩寒博客。在名人博客中，韩寒是最能招惹是非、挑起事端的，不管是多么有名气的作家、学者、画家、导演，他都能凭借那种"无知者无畏"、"初生牛犊不怕虎"的精神点起战火、发起进攻，最有名的要属韩白论战、贬损三个著名中年男人、否定现当代诗歌等，把博客平台搅得乌烟瘴气，混淆了人们的是非观和价值观。正是靠这种矛盾与冲突，韩寒的博客引起了人们的关注和持续不断高点击率，如今以9680万点击量紧随徐静蕾之后排列新浪名人博客的第二位。

再如属于"功利型角色"的张钰博客。张钰是那种"想当婊子又立贞节牌坊"较为可恨的人，当年她和她的朋友为获得上镜机会甘心情愿与某导演和某演员上床，然而当没有达到预期拍摄电影和双收名利的时候，竟然不惜出卖自己的尊严，先后公开视频性爱录像，来要挟对方和炒作自己，于是矛盾与冲突也自然而然产生。其实她所挑破的"潜规则"就像是"皇帝的新衣"一样，大家谁都知道，只不过没人点破而已，然而有"毒蛇"之称的张钰因为出名心切和生存所迫，再掀博客之波澜，迅速引起人们的质疑，但正是这种质疑换取了她的人气，同时也带来了她的演艺事业的再度辉煌和经济收入的增加。

3. 博客角色差异

博客角色差异是指博客角色与现实角色之间的个体差异。其实每一名博客都有两面性，即两种不同的角色体现，一种是现实中的真实角色，一种是网络中的虚拟角色。博客角色差异可从两种情形看：

一种是从博客类型特征上看。一般来说，"心情日志类博客"、"饮食类博客"和"社会责任类博客"等在现实中与网络中的角色基本一致，没有多大差异，如徐静蕾博客、文怡博客和方舟子博客，他们没有炒作的动机和需要，在博客中再现生活中真实的自己，或平和，或率性，或激动；而"开放型角色"和"功利型角色"等在现实中与网络中的角色却有很大差异，如韩寒博客、木子美博客和洪晃博客，他们在现实中的角色体现与正常人没有什么两样，但在网络中的"角色扮演"① 就有超越伦理道德和生活常理的严重性表现。

一种是从博客隐蔽程度上看。一般来说，博客主体的现实角色体现的是"真我"、"客观的我"，而网络角色体现的是"假我"、"变形的我"。一般情况下，实名博客的现实与网络两种角色状态较为接近和一致，如徐静蕾、葛剑雄等，但也有像韩寒、胡戈等有差异的个例；而匿名博客的现实与网络两种状态差异较大，因为有些匿名博客开博的初衷就是想借助网络发泄一下自我，在网络的掩盖下或表示自己对生活的不满与抱怨、或发表对某人某事的尖锐批判，或无耻地恶搞他人，这一系列举动和做法与现实中"真我"角色相比判若两人、大相径庭。

4. 博客"角色集"

"物以类聚，人以群分"，这是自然法则，也是社会使然，具有传受双重属性的博客群体也不例外。社会学将这种相同或相近

---

① 　朱力等：《社会学原理》，社会科学文献出版社 2003 年 9 月第 1 版，第 93 页。

领域、爱好、风格的群体称为"角色集"、"角色群"或"角色丛",① 而在博客中通常称为"博客圈"。

博客圈构成是自然而然的,没有人去刻意组织,就像一个"敞门入场"的免费影院一样可随进随出。正像看电影是根据兴趣、爱好和需要来选择影院和影片一样,博客圈的加入与退出也同此理。

博客圈的形成与划分,丰富多彩。有以个人构成的,如徐静蕾博客圈、韩寒博客圈,这一般是依靠人气而聚拢;也有以组织构成的,如新浪博客圈、北京电影学院博客圈;有以兴趣构成的,如食尚家博客圈、超女粉丝博客圈;也有以需要构成的,如考研博客圈、高三家长博客圈;有以领域构成的,如体育博客圈、商业地产博客圈;也有以地域构成的,如丽江博客圈、沈阳博客圈。

三、博客角色误区

一般来说,博客角色应该与初衷设计的或人们期待的相一致,但某些情况下或受主观和客观因素的影响,博客"角色扮演"会经常出现不同程度的"失调"。博客角色误区主要表现在以下几个方面。

1. 博客角色越位

博客角色越位,是指博客的态度、语言及行为方式超越了自己的身份和职责的一种传播现象,主要表现为以"当事人"或"干涉者"② 身份介入某种事件之中,这种现象在政治、娱乐、

---

① 朱力等:《社会学原理》,社会科学文献出版社 2003 年 9 月第 1 版,第 94 页。

② 刘京林主编:《新闻心理学原理》,中国广播电视出版社 2004 年 6 月第 1 版,第 205 页。

法制中较为突出。

如在"中国博客第一案"中，博客主人"K007"用"烂人"、"猥琐人"和"流氓"等侮辱性的语言指名道姓地辱骂南京大学陈堂发副教授就属于是角色越位，因为作为一个在校大学生是无资格和权利去评价教授的，况且使用"烂人"、"猥琐人"和"流氓"等字眼已属严重的人身攻击。在这里，中国博客网站坚持不删除《烂人烂教材》的这个帖子也属严重侵权，它应是这场法律纠纷的第一被告。后来在案子被众多媒体报道后，有些博客网站发表了有利于中国博客网的"一边倒"的"声援式"评论，说什么"南大副教授应该反省，博客无罪"，这似乎带有一种"媒体审判"和再次侵权的嫌疑。在这个案例中，受害人陈堂发副教授连续被三次侵权，案件涉及到的"K007"学生博客、中国博客网和声援博客网站都属于极其严重的角色越位。

2. 博客角色错位

博客角色错位，是指那些媒体记者、政府干部、专家学者等有特殊身份和地位的博客其态度、语言及行为方式没有以应有的身份出现，而是不自觉地与采访对象或工作对象混为了一谈。目前名记者开博的很多，如财经记者王克勤、体育记者李承鹏、战地记者闾丘露薇等。名政治家开博的也很多，外国的如美国总统布什和英国前首相布莱尔、中国的如教育部副部长韦钰和海南省临高县长符永等。专家学者开博的更是不胜枚举，如房产大亨潘石屹、文化学者余秋雨、著名作家冯骥才等。一般来说，这类人的博客角色如把握不当容易产生错位，因为你已是某个领域或学科的名人，并以实名形式开博，因此你的个人博客代表的已不仅仅是你自己，而是一个学科、一个领域或一个机构的整体性或导向性观点，特别是面对一些专业领域内的争议或社会热点问题的讨论，时时刻刻都不能忘记自己的身份而随意讲话，否则会引起行业内的混乱，甚至危及社会的稳定。

如李银河和韩寒的博客经常出现错位现象。李银河在她的博客中多次抛出"换偶"、"婚外恋"和"一夜情"等"惊人之语"，这显然不合性学专家身份，如果要是出现在普通人博客中那就无可厚非了，李银河博客错位关键就在于专家身份和个人身份的混淆。韩寒在他的博客中抛出的"文坛是个屁"、"现代诗歌和诗人都没有存在的必要"等观点也不是他这样一个"20 刚出头、乳臭未干的毛头小子"所能提出的，倘若谈论"新概念作文"那是他的"本色角色"和"正宗角色"，韩寒博客错位关键在于"80后作家"角色与文学评论家角色的混淆。

第十三章

博客自律与他律

第一节　"博客失范"呼唤自律与他律

近几年，博客世界里的各种争执、纠纷与侵权事件接连不断，使本该和气、和谐的博客秩序呈现出严重的失范和失衡状态，充分暴露出目前博客自身和外界监管的诸多盲点与难点。而要有效地解决好这些问题，就需要将博客的内部自律与外部他律有机结合起来，并同时用力。

一、博客失范现象及原因

博客世界里的失范现象主要表现为：（1）侵权事件频繁出现，代表性案例为南京大学陈堂发副教授告中国博客网侵权的"中国博客第一案"和老博客沈阳告小博客秦尘的"中国博客告博客第一案"。（2）谩骂中伤行为不断发生，代表性案例为韩寒与白烨的"博客骂战"和郭德纲与汪洋的"郭汪论战"。（3）色情与揭露隐私现象泛滥，代表性案例为木子美的"身体写作"和"麻老虎"披露周涛婚史。（4）泄露机密和危及安全时有发生，代表案例为旅美博士传授原子弹制作方法和 Google 员工贩卖商业机密。

博客失范现象的产生有如下几种主要原因:(1)无限的信息总量与有限的管理人员的矛盾。由于管理人员短缺,因此难免在"过滤"和"筛选"庞杂信息总量时产生失去灵敏政治嗅觉和不及时处理恶劣言论的疏忽和漏洞。(2)个人空间的自由性与公共领域的秩序性的矛盾。博客不同于"一人写一人看"的传统私人日记,而像是一本"一人写大家看"的"玻璃房里的日记",博客和个人日记是有差别的,通常博客自由性要受制于秩序性,只能在允许和规定的范围内活动。(3)相关法律法规欠缺与管理手段失当的矛盾。博客大多为匿名,一旦发现名誉侵权和危害社会博客内容时,确定加害者的真实身份、屏蔽和删除及关闭博客都显得很困难,于是欠缺的法律法规弱化了博客管理手段的完善和科学化实现。

从上述博客失范现象的表现形式和产生原因来看,存在问题非常严重,且难以避免,因此需下大力气进行综合治理,特别是要从博客的内部自律和外在他律两方面寻求行之有效的解决之道。

二、博客自律与他律解析

1. 博客自律

(1)自律的涵义及重要意义

自律,顾名思义就是自己约束自己,指一个人的言行,古代称之为"慎独"。古今中外有许许多多的自律典型:坐怀不乱的柳下惠因为懂得自律,所以没有什么桃色新闻;畏天知地知的杨震因为懂得自律,所以也没有产生贿赂丑闻;维持正义的林肯在做律师时因为懂得自律,所以拒绝巨资没有丧失职业道德;英国一最诚实警察尼格尔·柏加也是因为懂得自律,所以给自己开了一张汽车超速的罚单。人和社会,都是需要自律的,自律是做人的基础，自律也是社会进步的保障，自律的人是一个伟大的圣人，是个具有高尚境界和思想觉悟的人，只有自律的人才能被后人千古传诵，只有自律的人才能有条件成为美国最伟大的总统之一。因而，惟有自律，才是崇高的，才是自由的，从而才是幸福的。

自律是一种觉悟和境界，但最终它要转化为行为并通过行为来体现。从本质上说，自律"就是战胜了自己的非分欲望的表现"，[①] 但它的实现是异常的艰难和漫长，因为它所面对的最大敌人不是别人，而恰恰是最难战胜的自己。因此，一个自律的人，便是一个刚强的人、有毅力的人，一个令别人刮目相看的人。"而缺少自律的人，就是让外界迷人的海妖撩起了自己龌龊的欲望，不能自己地跳入了万劫不复的苦海。"[②] 自律是一种长久、永恒的品质，因此它需要主动、积极的坚持，也需要外界的提醒和督促，我们看到一些即将退休的老干部因没有将自律坚持到底，最后倒在了诱人的金钱之下或美女的石榴裙下。即使在那些法治建设历史悠久、被人称为制度完美的国度里，也不时爆发出因自律缺乏而令百姓唾骂的丑闻，今天这个"门"、明天那个"门"，简直就是没完没了，就连世界银行行长沃尔福威茨也未能幸免，"女友门"丑闻让他黯然地从行长的宝座上重重地跌了下来。这不能怪别人的揭露，只能怪自己没能"洁身自好"，因而"晚节不保"。

（2）博客自律的特征

自律不仅在政治领域和经济领域中实现艰难、不好把握，在

① 尔心贵正：《谈自律》，http：//miao11yong. fyfz. cn/blog/miao11yong/index. aspx? blogid＝207890，2007 年 5 月 25 日。

② 同上。

其他各种领域中也同样如此,特别是在零技术、零准入、充满诱惑的网络与博客中,自律更是难上加难,于是便出现了前文提到的系列"博客失范现象"。由于网络及博客存在着"信息无限与管理有限"、"个人自由与公共秩序"以及"法律欠缺与管理失当"等不可避免的三对矛盾,因而它的自律具有与众不同的特殊性。

第一,目前我国约有 3000 万博客用户,他们每天在网上发布的信息成几何状剧增,而与此同时网站管理人员十分紧缺,因此在客观上对博客中的违规违禁元素难免会产生疏忽和漏洞,对侵权言论也无法做出及时处理,致使博客监管出现盲点,给博客用户的违法违纪造成可乘之机。正是这种"信息无限与管理有限"矛盾造成的可乘之机,动摇了博客自律的优良品质,使博客自律陷入了犹豫、迟疑之中。例如像小博客秦尘贬低老博客沈阳人格的"擅长自宫的兽医"、"没出息"和"精神分裂"等语句,其实博客服务商有时根本无暇"过滤"和"筛选",因此无意间的把关失职错误造成了博客类似持续不断的纠纷。

第二,超越传统媒体严格把关的博客从一开始,似乎就有一种"胜利大逃亡"的自由自在感觉,他们把博客当成了一块"想说就说"、"愿说啥就说啥"的完全"自给自足的自留地"。其实这是错误的,他们忽略了博客自由表达外还有"个人性"和"秘密性"的另一面,博客是个人性与公共性、私密性与开放性交叠而成的"复杂空间"。于是,这便给博客自律增加了难度,即博客内容表达的界限如何划分?哪些可以写在博客里?哪些不可以写在博客里?其实隐私应该分两种:一种是自己的隐私,如木子美博客所写的"性经历";另一种是别人的隐私,如麻老虎所写的周涛的两段婚史。自己的隐私根据自己的意愿可以说也可以不说,但别人的隐私在未征得人家同意前是肯定不能说出来的。前文提到的一些隐私纠纷其实是这个方面的界限没有把握好。

第三，从主观上看，博客服务商都有经济利益的强烈驱动，在他们看来，博客是"商业追求第一，社会效益第二"，所以当一些具有吸引眼球的博客内容出现时，他们的态度是喜不自禁、求之不得，因为他们深知"眼球吸引"和"注意力"就意味着超高的点击率，而超高的点击率就意味着源源不断的广告额及经济收入。其实这对博客服务商来说，也是不得已而为之，因为广告收入是生存之本，"人为财死，鸟为食亡"，于是为了生存，网站放弃了原则，突破了自律底线。这样，我们就不难理解中国博客网"以该帖不违反发帖原则"而拒绝南京大学新闻传播学院陈堂发副教授提出的删除"烂人烂教材"侵犯其名誉权帖子的深层原因。

应该说，是网站的商业利益追求怂恿、支持了博客服务商的"不作为"行为，这样博客自律也就是成了一种束之高阁的理论，离我们的理想追求越来越远。

2. 博客他律

（1）他律的涵义及重要意义

他律，顾名思义，就是接受他人约束，也可以说是接受异体或他人的检查和监督。他律不同于属于道德修养和思想教育范畴的自律，主要是指建立在古代哲学家"人性恶"理论基础上的"纪律和法律"，它属于法制范畴，因此与自律的自觉性特点相比，它带有明显的"强制性"。对博客用户来说，自律来自于内在自我驱动力，而他律来自于外界客观压力。在博客的健康发展中，自律自然不可缺少，但缺少了他律也是绝对不行的。他律是社会有序、协调发展的保障，他律代表着一个社会的文明程度，同时他律也是抑制自律所造成"人治"的最有效方法。

前面我们说自律是做人的基础、社会进步的保障，这固然重要,但如果缺乏他律,在某事某物发展中出现法律和法规的"真空地带",那么自律也将"难保其身",事物发展也不会走向正常轨道。2007 年 4 月发生在河北省邯郸市农行金库的 5100 万被盗案就是内部监管失控的典型案例,主要作案人任晓峰和马向景皆为农行金库管理员,他们从 2007 年 4 月 1 日开始先后几次分期分批地将总共 5100 万的现金从金库内盗出,然后疯狂地购买彩票,期待能中上大奖实现发财梦想。但中奖概率极低的彩票号码并没有像他们预计的那样如期而至,4 月 14 日在事情即将败露前夕两人携款出逃。然而"法网恢恢、疏而不漏",任晓峰、马向景两人迅速落网并被判处死刑,其他相关责任人也受到了行政和党籍处分。这个案例暴露出的"监管失控"值得我们深思。三年前的 2004 年 2 月至 12 月期间,邯郸农行管辖下的磁县磁州支行曾出现过柜员石险峰挪用公款 820 万用于购买彩票的前车之鉴,经查也是记账员、复核员岗位缺乏制约和前台违禁操作所致,但河北邯郸农行并没有记取这一深刻教训,致使金库密码泄露,同时由于定期查验金库现金制度长达半年没有执行,于是便给任晓峰、马向景等人的投机勾结、侥幸发财创造了可乘之机。这个建国以来的惊人盗窃案例是极其惨痛的,它给我们再一次敲响了法律法规监管缺失的警钟,告诫我们加强"他律"的重要性和深远意义。

(2) 博客他律的特征

他律是对博客的一种强制性约束,是博客健康发展的一种外力。从博客个人性、私密性和自由性角度看,他律似乎是与之背道而驰的,似乎是违背博客自由开放的初衷和本质的,这样就构成了博客自律与他律的矛盾和冲突。甚至有人将博客他律与博客发展对立起来,认为强调博客他律就制约和影响了博客的顺利、正常发展。其实恰恰相反,强调博客他律是为博客和谐、健康发展"保驾护航",提供必要的、理性的管理措施。实际上,他律对博客来说,不是可有可无的,而是必需的,正像外因对事物发展的地位和作用一样。

博客传播是一把双刃剑,它可以"为善服务",也可以"为恶服务",但如果不加以适当控制,它"为恶服务"的可能性则更大。因此,我们应该慎重使用并合理规范博客,在博客主体内在自律基础上通过辅助以法律、法规等外在制约力,充分发挥其"为善服务"的一面,努力抑制其"为恶服务"的另一面,努力将博客引向健康有利的方向。

博客他律在操作运营中一般有两种不正常表现:一是博客他律建立的缺失,如网络及博客的专门立法、政府和公安部门的监管;二是他律虽建立但得不到重视,甚至被拒绝而成为"空洞的摆设"和"处置的工具"。由此可见,博客他律实现道路艰难且十分漫长,这就需要我们有耐心,要坚定建立并合理实施的目标,尤其是要与自律相配合,形成自律与他律统一、协调、和谐的管理体系与体制。

三、自律与他律:博客健康发展的"翅膀"

自律与他律就像是一体的两个面,对博客来说缺一不可,有人把它们形象地比喻为鸟之双翼、车之两轮。

1. 哲学视角解读二者辩证关系

哲学的内外因原理告诉我们:决定事物发展的要素是内因,内因是事物变化的根据,外因是事物变化的条件,外因通过内因起作用。对于博客来说,自律与他律的关系就像这内因与外因一样。

在博客的健康发展中,自律是基础和前提,是博客的内在驱动力。前文提到的服务于英国警界三十多年的尼格尔·柏加因对自己驾车超速做出"自开罚单"之举，荣获"世界最诚实警察"之美誉，这主要是源于他几十年来形成的严格要求和高度自律，王若谷 2004 年 7 月在人民网《强国论坛》上撰文称之为世界上的最"惊人之自律"。应该说，这位英国警察尼格尔·柏加的"惊人自律"的确令人可敬可佩，但其之所以被称为"世界最诚实警察"，以及他的"自律"之举之所以被冠以"惊人"的修饰定语，不正说明这种"诚实"和"自律"的确罕见和稀少吗？这说明仅仅依靠自律是不够的，毕竟人们的觉悟还没有都达到上述那位英国警察的程度，倘若主管违章驾车的交通部门指望交通违法乱纪者"自律"来开展工作的话，那恐怕要是"千年等一回，百年难逢一个"，那查禁违章驾车的"他律"可能也就是形同虚设了。这就向我们提出了他律的重要性以及他律与自律相互配合的必要性问题。

其实自律基础上他律的配合是不可缺少的，上面提到的英国警察虽然自开了罚单，但如果没有主管违章驾车的交通警察依法承接此案和收取罚款这一他律环节和措施的配合，其自律也将是只落在纸上的空话。由此可见，自律与他律是相依共生、互相促进的。在这个案例里，英国警察的自律起到了决定性作用，而交通管理部门所规定的他律起到了辅助和配合的作用，从而使尼格尔·柏加的自律和诚实变成了一种看得见、摸得着的实实在在的觉悟和境界，也使这个案例成为了自律与他律结合的经典范本。

2. 现实视角观照二者相互配合

面对目前博客世界里的各种争执、纠纷与侵权等失范现象，一些 IT 从业者侧重强调通过自律解决问题，2007 年 8 月 21 日中国互联网协会正式公布的《博客服务自律公约》正是这一观点呼吁下的重要成果。还有一些专家提出通过立法这种他律的方式来制约失范现象，目前规范诽谤、色情、暴力、知识产权纠纷和安全等网络污染问题已提到议事日程上来，实行实名制、审定制和许可制等的呼声也十分高涨，相信通过规范的立法形式解决博客失范现象的日子已为期不远。

自律是维护博客的自由本质，保证博客健康顺利前行。但从某种程度上说，他律也是间接保护博客的，并不是为了消灭和制约博客。我们一方面要强调博客用户和博客服务商的"慎独"和"自律"，另一方面也要通过立法规范和严格监督来打击和淘汰一批违规博客，给博客失范施加适当的外界压力。

博客走向自律与他律的健康发展之路，这是大势所趋，但它们的理念呼吁和行动实施都遇到了一定的阻碍和抵抗。有些人说，既然博客是自由表达的平台，就不应该有这样或那样的限制和约束，"在博客里说什么和怎么说是我的自由"；还有人说，强调自律与他律将彻底扼杀博客，一旦博客的自由表达得不到满足，博客就将走向死亡。于是，一些博客用户和博客服务商出于个人的需要和利益的驱动，不顾危害社会的严重后果，把媒介的社会责任抛置脑后，制造了一起起危害他人和社会的侵权案例，给社会造成了极坏的影响，也严重削弱了博客的公信力和影响力。如前文提到的中国博客网对南京大学新闻传播学院陈堂发副教授"烂人烂教材"的名誉侵权、小博客秦尘对老博客沈阳"精神分裂"的谩骂、"麻老虎"对央视主持人周涛"两段婚史"的曝光以及韩寒对文坛和诗歌界的否定和贬损，都对当事人的心理构成了较大的伤害，严重影响了当事人的对外形象和社会声誉。因此，这就需要自律与他律两个方面双管齐下，共同"发威"：一是"有害信息"发布者要自我检点，从源头上管住自己的口和自己的手；二是网站要做好事前信息过滤和筛选的控制工作，争取及时发现并力保"亡羊补牢"；三是要加强立法、政府监管和公安督察，通过严厉打击

让无意侵权者警惕、有意侵权者胆怯，最后将来自于他律的
"外力"转化为自律的"内功"。

第二节　自律:博客的内在约束

一、博客的"双主体"

博客内容表达其实是博客用户和网络载体共同"合作"完成
的，也就是说在这里有两个博客主体:一是作为博客使用者的个
人，二是提供博客服务和负责博客管理的网站。在这个"双主
体"中，博客使用者是第一主体，起积极、能动的作用;博客服
务商是第二主体，起配合、辅助的作用。就像是材料与工具、内
容与形式这样不可分割的辩证关系一样，正因为如此，南京大学
新闻传播学院的陈堂发副教授才将中国博客网告上法庭，当然这
个案例中"烂人烂教材"的发布者是第一责任人，但作为信息过
滤和把关者的中国博客网也难辞其咎，监管不力并拒不删帖，无
形中起到了怂恿和帮凶的作用。

由此可见，博客功与过，两者都有份:有功谁也别抢夺，利
益应共享;有过谁也别推诿，责任共承担。特别是当下博客纠纷
与侵权屡屡发生的情况下，明确各自职责、共同加强自律显得尤
为重要。作为不同视角和不同层面的博客"把关人"，博客个人
和博客服务商每一方面都应该严格自律、自我约束，主动担负起
自己应尽的那份职责，共同努力营造和谐、有序的博客环境。

二、"第一把关人"——博客使用者

从某种意义上来说，每个博客的使用者都是博客传播的"把
关人"，写什么内容、看什么博客、用什么方式，都是由博客个人

自主选择和决定的。博客个人价值观念、思想觉悟以及自我约束、自我管理程度的高低，会直接反映在博客作品上，并决定着博客性质的优与劣和整个博客世界的发展方向与趋势。因此，博客使用者的"自我把关"，是博客自律的第一道门槛，是基础和起点。

那么，博客使用者应如何"自我把关"来实现自律呢？笔者认为可从以下三个方面入手。

首先，博客使用者要培养和加强个人的媒介素养能力，努力提高自己的思想觉悟，要自觉地使用文明规范的言辞与他人沟通交流，撰写和发布积极向上、健康有益的博客信息，同时要能够区分正确积极的网络信息和错误消极的有害信息。

其次，博客使用者要注重和加强相关法律法规知识的学习，努力提升个人的法律意识和道德素质，保证在法律与道德规定及允许的范围内发布、阅读和传播信息，力争做到知法、明理、守信，对于那些不合法、不道德的博客内容坚决不能发布，坚决不能阅读，坚决不能继续传播扩散。

最后，博客使用者应扮演好"意见领袖"角色，将那些优秀、规范、向上的博客向亲戚、朋友和同事进行积极推荐和广泛链接，使其更大范围、更快速度地传播，从而形成良好的舆论氛围和声势浩大的影响力，实现对博客健康发展的有效引导。

三、"第二把关人"——博客服务商

网站作为博客内容的传播载体，为博客的存在与发展提供了技术支持和管理保障，囊括了博客从制作、发布、编辑到上传等所有功能事项，承担着监督、审查和管理博客的系列职责。因此，博客网站或其操作者——博客服务商在博客自律中起着至关重要的作用，是博客自律的第二道门槛，是一个重头戏和关键环节。一旦博客使用者自律失控时，博客服务商可以起到再次筛

选、过滤和监督、把关的作用，从而有效地防止博客有害信息的产生、泛滥和扩散，使博客更加纯净、更加文明、更加具有吸引力，并朝着规范有序、健康有利的方向发展。

那么，博客服务商怎样才能做好博客传播的"第二把关人"呢？笔者认为可从以下几方面努力。

1. 加强网络技术的直接控制。可通过 ISP 的控制模式对博客发布者的不良信息进行过滤（可以传播的；禁止传播的）和分类（商业的；色情的；攻击的），① 然后决定对哪些博客内容"放行通过"，哪些博客内容"扣留屏蔽"，甚至删除或关闭。

2. 承担博客用户的教育职责。网站要与博客用户确定合约关系，告知其相关法律风险和行为准则以及相应的违约处理措施，让他们明确博客传播的界限和严重后果。博客服务商要对博客用户进行"网德"教育，督促并提升其道德水准和网络素质，使人们自觉遵守博客传播的"规则"。

3. 采取切实可行的治理措施。可以在博客网站上设置内容投诉、信息反馈、有奖举报、网民监督等互动栏目，积极有效地沟通双方，及时处理和制止可能引发争执与纠纷的不良博客行为；网站在审查和管理博客内容时，要奖惩结合，对那些规范、积极的信息采取等级推荐或分级奖励机制。

第三节　他律:博客的外在保障

博客是个技术中立、影响深远的传播介质，自其诞生以来充

---

① 王四新：《网络空间的表达自由》，社会科学文献出版社 2007 年 3 月第 1 版，第 240～242 页。

分体现了它既可"为善"又可"为恶"的双刃剑特征，而且近几年随着网络及博客的广泛使用，信口开河、不负责任的"滥骂"、"曝私"等其"为恶"的负面影响越来越大，这便导致了博客与博客之间、博客与网站之间的纠纷和侵权官司连续不断。其实著名传播学奠基人拉扎斯菲尔德早就提醒并告诫过我们，他说："大众媒介是一种可以为善服务、也可以为恶服务的强大工具，而总的来说，如果不加以适当控制，它为恶服务的可能性则更大。"这对把关不严的网络及博客媒体来说更为重要。因此，我们应慎重使用并合理规范博客，充分发挥其"为善服务"的一面，努力抑制其"为恶服务"的另一面，将博客引向健康有利的发展方向。

如今，规范博客信息传播已提到网络管理的重要议事日程上来，成为一项重要的系统工程，这从全社会企盼新闻法、拥护"服务公约"和公约正式出台等就可一斑见豹。显然，单纯依靠博客主体的"内在自律"是远远不能实现的，还必须辅助外在制约力，即其他法律、法规的有关规定和阐释以及相关行政部门的严格监督和科学管理。

一、相关法律法规的规定和阐释为博客监管提供了法律依据

首先是较为专门的法律法规。目前，有关博客的法律、法规尚未正式出台，但是，一些试行性的公约和条款已经拟定并投入使用，正在指导和规范着博客行为，如中国互联网协会起草的《博客服务自律公约》已于 2007 年 8 月 21 日正式公布，该公约共分四章十九条，分别对博客服务提供者和使用者提出了详尽细致的要求和规定，同时对各自的责任和权力进行了清晰的划分。该公约源于 2006 年 4 月 19 日博客网等 19 家博客网站共同签署的自律公约，其正式出台标志"对博客服务提供者和使用者的要求和规定"由民间走向政府、由自律走向他律、由提倡走向必需。此外,2007 年 6 月 9 日,华声在线还联合了新华网、中国网、国际在线、中国日报网、央视国际、中国广播网、千龙网、新浪网、网易、TOM 网、腾讯网、中华网、和讯网、博客网等15 家知名博客运营商（BSP）发布了《文明博客倡议书》,用来"规范博客行为,共建文明博客社区"和"构建和谐网络环境"。①

其次是较为直接适用的相关法规。2002 年 10 月颁布的《互联网信息服务管理办法》中就存在着适用于博客的部分条款内容,如第十五条规定,博客属于互联网信息服务提供者,和其他信息服务者一样,不得制作、复制、发布和传播含有"侮辱或者诽谤他人,侵害他人合法权益"的信息;第十六条规定,互联网信息服务提供者发现其网站传输的信息明显属于本办法第十五条所列内容的,应当立即停止传输,保存有关记录,并向国家有关机关报告。2000 年 12 月 28 日颁布的《全国人大常委会关于维护互联网安全的决定》第七条也有类似规定。

最后是从其他法律中借鉴和引用的条款。如关于博客匿名与实名制度的争议,可以从《居民身份证法》的"视读和机读"机制、从金融管理的"储蓄存款实名制"和"注册制度协议"中寻求启示。关于博客纠纷和侵权案件的处理方法,可以从《合同法》中的"要约制度"和"归责原则"的规定、《著作权法》中相关用词的定义、权利人的划分以及权限的规定等中获取解决途径。

---

① 胡卫民:《〈规范博客行为、共建文明博客社区倡议书〉出台了》,http://blog. voc. com. cn/sp1/huweimin/001857303794. shtml,2007 年 6 月 10 日。

二、政府相关部门限制博客内容为博客监管提供了有力保障

博客监管和互联网一样，需要政府各主管部门之间通力配合、齐抓共管、综合治理。首先是通过法律实现的内容控制：美国、法国、德国、新加坡等国政府通过立法方式对互联网危害青少年、违反公共道德、破坏国家安全与秩序等内容进行管制，取得较好的效果，这些经验值得我们借鉴；其次是通过 ISP 实现的内容控制：ISP 层面上存在的瓶颈为政府对互联网上的内容控制提供了过滤和分类两种可供选择的方式，政府可以责令 ISP 通过过滤软件控制服务器上的内容，也可以命令浏览器的分发者在过滤基础上划分网站或网页的商业、色情、仇恨言论等类别，从而对政府不喜欢或非法的内容进行堵塞和屏蔽。①

作为互联网的主管部门，信息产业部负责对全国 ICP、IP 地址、域名信息备案的管理工作及相关工作进行监督、指导和协调。2000 年信息产业部发布的《互联网电子公告服务管理规定》，对电子公告服务管理作了详尽细致的划分和规定，该规定也同样适合于博客管理。

三、公安部门依法打击博客犯罪为博客健康发展"保驾护航"

公安机关通过设立"网络警察"这一管理机制，运用关键字词进行搜索，当发现不良信息或违法信息时及时删除，情节严重的将对其 IP 进行封堵，以此来及时受理网上举报和求助，服务网民，威慑网上犯罪。此外，公安机关还对网吧进行监督和审

---

① 王四新：《网络空间的表达自由》，社会科学文献出版社 2007 年 3 月第 1 版，第 240～242 页。

查，在网吧落实实名登记、人员培训及持证上岗制度、信息留存制度等安全管理制度，同时每两三年对网吧管理人员进行技术、法律、法规的培训，加强其相关法律法规教育，提升其管理工作的能力，减少因无知和疏漏而造成的工作失误。

　　总之，对博客的规范与监管工作要从自律与他律两个层面上共同努力，自律是根本，是核心；他律是保障，是重点。监督管理博客行为时，要求既强调自律又确保他律，要"两手抓、两手都要硬"，只有在自律和他律同时运作和启动的情况下，博客传播才能实现真正意义上的趋利避害、健康发展。

参 考 书 目

著作类

1. 顺风、吴祐昕:《顺风新博客论——互联网 2.0 新思维》,东南大学出版社 2006 年 8 月第 1 版。

2. 〔美〕休·休伊特(Hugt Hewitt)著,杨竹山、潘浩译:《博客:信息革命最前沿的定位》,中国铁道出版社 2006 年 8 月第 1 版。

3. 方兴东、王俊秀:《博客:E 时代的盗火者》,中国方正出版社 2003 年 8 月第 1 版。

4. 吴飞主编:《传媒影响力》,中国传媒大学出版社 2005 年 1 月第 1 版。

5. 杨早、萨支山编:《话题 2006》,生活·读书·新知三联书店 2007 年 4 月第 1 版。

6. 〔英〕戴维·巴特勒著,赵伯英、孟春译:《媒介社会学》,社会科学文献出版社 1989 年 1 月第 1 版。

7. 马兰等:《点击传播》,经济管理出版社 2003 年 11 月第 1 版。

8. 〔美〕戴维·阿什德:《传播生态学:控制的文化范式》,华夏出版社 2003 年 7 月第 1 版。

9. 张慧元:《大众传播理论解读》,苏州大学出版社 2005 年

3 月第 1 版。

10. 徐国源、谷鹏:《当代传媒生态学》,上海三联书店 2002 年 12 月第 1 版。

11. 黄晓钟、杨效宏、冯钢主编:《传播学关键术语释读》, 四川大学出版社 2005 年 8 月第 1 版。

12. 郭庆光:《传播学教程》,中国人民大学出版社 1999 年 11 月第 1 版。

13. 张柠主编:《2006 文化中国》,广东省出版集团花城出版 社 2007 年 1 月第 1 版。

14. 上海文广新闻集团发展研究部编著:《传媒主张》,学林 出版社 2007 年 6 月第 1 版。

15. 梁景红编著:《网站设计与网页配色实例精讲》,人民邮 电出版社 2004 年 8 月第 1 版。

16. 秦学礼主编:《网站建设与实训》,科学出版社 2006 年 8 月第 1 版。

17. 张宏生主编:《西方法律思想史》,北京大学出版社 1990 年第 1 版。

18. 我为博狂:《打造你的金牌博客》,中国时代经济出版社 2007 年 6 月第 1 版。

19. 谢渊明编著:《你也可以成为博客高手》,中国纺织出版 社 2007 年 4 月第 1 版。

20. 刘京林主编:《新闻心理学原理》,中国广播电视出版社 2004 年 6 月第 1 版。

21. 李开复:《李开复文集——与未来同行》,人民出版社 2006 年 10 月第 1 版。

22. 王四新:《网络空间的表达自由》,社会科学文献出版社 2007 年 3 月第 1 版。

23. 赵凯主编：《解码新媒体》，文汇出版社 2007 年 5 月第 1 版。

24. 黄旦：《作者图像：新闻专业主义的建构与消解》，复旦大学出版社 2005 年 12 月第 1 版。

25. 朱力等著：《社会学原理》，社会科学文献出版社 2003 年 9 月第 1 版。

论文类

1. 老愚：《每一个个体都将成为发光的媒体》，《格言》2007 年第 2 期，第 21 页。

2. 曹文雨、解菁、单炜炜：《博客人气王为何这样红》，《每日新报》2007 年 1 月 4 日第 24 版。

3. 王轶斐：《全民娱乐 网络狂欢》，《每日新报》2007 年 1 月 5 日第 42 版。

4. 单炜炜、解菁、黄建高：《开骂 牢骚 恶搞——博客成了谁的秀场》，《每日新报》2007 年 1 月 6 日第 24～25 版。

5. 剑锋：《博客们，该洗个澡了》，《每日新报》2007 年 1 月 6 日第 2 版。

6. 张莹：《博客或将推行实名制》，《每日新报》2007 年 3 月 20 日第 37 版。

7. 新华社：《我国博客写手 2080 万，尝试"后实名前匿名"》，《城市快报》2007 年 1 月 11 日第 1 版。

8. 张莹：《博客服务商竞争出现泡沫》，《每日新报》2006 年 12 月 12 日第 19 版。

9. 张钢：《胡可博客遭遇性骚扰》，《每日新报》2007 年 1 月 11 日第 26 版。

10. 王轶斐：《名人博烦恼》，《每日新报》2007 年 1 月 14 日第 15 版。

11. 磊子:《电子杂志升级网络新花样》,《每日新报》2007年 4 月 22 日第 24 版。

12. 赵高辉:《博客传播中传者浅析》,《当代传播》2005 年第 3 期。

13. 邢珊:《"客文化"融入社区生活》,《每日新报》2007 年 4 月 12 日第 26 版。

14. 王佩:《无聊的沙发》,《格言》2007 年第 10 期,第 43 页。

15. 香草的天地博客 http://hi. baidu. com/xiangcao2006/ blog/item/,2007 年 5 月 18 日。

16. 梅潇、王丽:《网络公众自我议程设置》,《新闻爱好者》 2007 年第 2 期。

17. 赵雅文:《"三贴近"在政治与公众议程和谐统一中的作 用》,《新闻界》2006 年第 2 期。

18. 林俊荣:《博客的社会安全阀功能探析》,《中国青年研 究》2007 年第 3 期。

19. 言论自由:《博客对中国社会的作用》,http://blog. sina. com. cn/u/1269301247,2006 年 12 月 12 日。

20. xgws:《博客副作用及其消除方法》,http://research. blogchina. com/2338095. html,2006 年 1 月 2 日。

21. 那罡:《博客盈利和梦想与现实》,CIO Weekly 第 14 期,2007 年 4 月 16 日。

22. 张劼:《博客因特色而生存,不因大》,http://blog. bioon. cn,2005 年 10 月 4 日。

23. 方兴东:《2007 年成博客拐点》,《广州日报》2006 年 12 月 6 日。

24. 古远清：《百家廊：以文化手段疗救病态社会》，《文汇报》2004 年 11 月 10 日。

25. 北京青蛇：《中国博客的生存空间危机》，http：//mu-ses-lily. blog. hexun. com，2005 年 10 月 11 日。

26. 筇竹：《博客圈应彰显个性特征—"为碧水莲花博客缘"公博而作》，http：//blog. sina. com. cn，2007 年 1 月 12 日。

27. 曹文雨、解菁、单炜炜：《草根小 a "非明星"博主》，《每日新报》2007 年 1 月 4 日第 25 版。

28. 陈赛：《温凌：摄影博客 ZIBOY》，《三联生活周刊》2005 年 11 月 10 日。

29. 马驰：《温凌：中国第一"拍客"为你拍照》，《每日新报》2006 年 10 月 30 日第 31 版。

30. 单炜炜、解菁、黄建高：《写博客"歪文"，"刁民"成了专栏作家》，《每日新报》2007 年 1 月 6 日第 25 版。

31. 周白石：《500 万元"狂炒"个人博客》，《每日新报》2006 年 11 月 5 日第 3 版、6 日第 25 版。

32. 曹文雨、解菁、单炜炜：《用草根说警察故事》，《每日新报》2007 年 1 月 4 日第 25 版。

33. 单炜炜、解菁、黄建高：《娱乐圈"毒蛇"张钰：挑破潜规则，点击率换名气》，《每日新报》2007 年 1 月 6 日第 25 版。

34. 王晋燕：《探寻政坛领袖的博客生活》，《新华每日电讯》2006 年 4 月 17 日。

35. 丁柏铨：《论传媒市场》，《新闻记者》2002 年第 4 期。

36. 张钢：《引博客肥水，浇自家良田》，《每日新报》2006 年 8 月 20 日。

37. 田志凌：《韩寒博客再开骂：批评余秋雨 陈凯歌 陈逸

飞》,《南方都市报》2006年5月30日。

38. 新华网综合:《博客:"失控"的世界?》http://new.xinhuanet.com/new meaia,2006年3月8日。

39. 章杰:《"再也不当疯人院院长了"明星博客不再火了》,《新闻午报》2006年8月8日。

40. 李凤亮:《名人博客为何"博"不起来?》,金羊网,2006年8月12日。

41. 李红艳:《博客广告钞票往谁兜里塞》,《北京日报》2006年3月1日。

42. 干琛艳:《名人博客:难逃废墟命运》,《新闻午报》2006年2月8日。

43. 胡泳等:《博客为什么这么火》,《读者》2006年第13期。

44. 张奕姿:《洪姨写博客　实话实说》,《每日新报》2007年1月5日第17版。

45. 付松聚:《博客背后的道德考量》,《青年记者》2007年第3~4期。

46. 上官小烟:《网络社会中的理性交往者》,http://shangguanxiaoyan.bokee.com,2005年9月20日。

47. 舒文:《博客不是私人领地》,《环球时报》2006年11月29日。

48. 马晶:《博客频频引发纠纷　如何把握内容尺度引争议》,《新京报》2006年7月24日。

49. 范东波:《徐静蕾引爆名人博客利益纠纷　酬劳该如何分》,http://it.sohu.com/20060227/n242031098.shtml,2006年2月27日。

50. 李婧:《博客骂人首次被诉侵权,起诉博客真实身份难》，http：//www. xinhuanet. com，2006 年 3 月 7 日。

51.《千字文脏话十句"80 后"作家博客引争议》，http：//www. xinhuanet. com，2006 年 3 月 8 日。

52. 翠竹居士：《博客曝人隐私者侵权》，http：//liujian-ruck. blogchina. com/viewdiary. 16168098. html，2007 年 6 月 22 日。

53.《泄露他人隐私就是侵权　博客不能成为隐私播放站》，http：//stock. hexun. com/1965 _ 1759039A. shtml，2006 年 8 月 1 日。

54.《红斑狼疮事件》，http：//news. tom. com，2007 年 6 月 21 日。

55. 如此痴迷：《杨恭如为曝周海媚隐私向其致歉》，http：//post. baidu. com/f? kz＝87886980，2006 年 3 月 11 日。

56. 张笑宇：《周涛遭遇"博客"侵犯　昔日好友大曝婚姻隐私》，http：//www. xinhuanet. com，2006 年 3 月 7 日。

57. 新华网综合：《女主持"博客"曝周涛隐私　称要告媒体侵权》，http：//www. xinhuanet. com，2006 年 3 月 8 日。

58. 周秋含：《〈闪闪的红星〉遭网络恶搞》，《重庆晚报》2006 年 4 月 24 日。

59. 李振忠：《恶搞英雄的浆糊是如何熬成的?》，http：//view. QQ. com，2006 年 8 月 5 日。

60.《"红色经典"屡遭"恶搞文化"，专家斥为"败德行为"》，中国新闻网，2006 年 8 月 12 日。

61. 于泽远：《恶搞红色经典盛行令官方担忧》，http：//blog. sina. com. cn/s/blog _ 48f1bfa0010006ak. html，2006 年 12 月 20 日。

62.《红色经典岂能恶搞》，中国台湾网，2006 年 4 月

26 日。

63.《博客赢利成功案例》,http://www.xgdown.com,2005 年 12 月 17 日。

64. 陈堂发:《首例博客名誉侵权案法理探讨——兼与〈博客名誉侵权网络服务商该当何责?〉一文作者商榷》,《国际新闻界》2007 年第 2 期。

65. 邹宇航:《博客管理机制研究》,《重庆工商大学学报》(社会科学版)2007 年第 2 期。

66. 陈杰:《杨君佐:博客实名制不会限制发言自由》,《重庆商报》2006 年 11 月 5 日。

67.《博客赢利之路初见曙光》,http://net.Chinabyte.com,2006 年 8 月 30 日。

68. 刘晗:《博客实名制讨论铺天盖地,可能达成双赢》,《21 世纪经济报道》2006 年 10 月 27 日。

69. 刘菁、邹大鹏:《实名制:博客"毒药"还是"消毒剂"?》《新华每日电讯》2006 年 10 月 23 日。

70. 张黎明:《互联网协会力主博客实名制尽早出台》,《北京晨报》2007 年 5 月 22 日。

71. 马翠华:《博客注册实名制的前景思考》,《东南传播》2007 年第 2 期。

72. 贾中山:《互联网博客实名制 反方占上风》,《北京晚报》2006 年 10 月 23 日。

73. 温越岭:《博客实名制:草根之死还是博客重生》,《中国经营报》2006 年 10 月 28 日。

74. 唐礼武:《博客实名制:狼来了吗?》,http://blog.nnsky.com/blog_view_133946.html,2007 年 5 月 27 日。

75. 李仲天:《博客:"公""私"交叠的游走者》,《新闻传播》2007 年第 5 期。

76.《博客实名制的利弊分析》，中国经济网，2006 年 10 月 20 日。

77. 龙兵华：《张朝阳：博客实名制不能终结网络语言暴力》，http：//www. sohu. com，2006 年 10 月 21 日。

78.《博客公约出炉，鼓励实名注册》，http：//tech. QQ. com，2007 年 5 月 22 日。

79.《博客实名制，谁笑谁哭？》http：//www. itbear. com. cn/n1078c29. aspx，2007 年 5 月 26 日。

80. 徐超：《实名制到底约束了谁》，《通信产业报》2006 年 10 月 23 日。

81. 王莹：《博客实名制是否瓜熟蒂落》，《联网世界》2007 年 9 月 3 日。

82. 许金晶：《谢文：一刀切推行实名制断不可行》，http：//tech. QQ. com，2007 年 5 月 18 日。

83. 张雨林：《博客实名吹皱一池春水》，http：//media. ccidnet. com/art/2651/20061107/943495 _ 1. html，2006 年 11 月 7 日。

84. 尔心贵正：《谈自律》，http：//miao11yong. fyfz. cn/blog/miao11yong/index. aspx? blogid＝207890，2007 年 5 月 25 日。

85. 胡卫民：《〈规范博客行为、共建文明博客社区倡议书〉出台了》，http：//blog. voc. com. cn/sp1/huweimin/001857303794. shtml，2007 年 6 月 10 日。

86. 龚艳平：《博客商业化：概念躁动期？》《网络传播》2005 年第 5 期。

87. 王正伦：《QQ 的盲点和博客赢利的 N 种猜想》，《投资中国》2006 年 11 月 20 日。

88. 央视国际:《点击量突破千万,徐静蕾的博客值多少钱?》,2006 年 4 月 20 日。

89. 赵璐苹:《老徐:"我的地盘我做主",徐静蕾拿下博客自主权》,《京华时报》2006 年 3 月 26 日。

90. 顺风:《从"博客中国"改版看博客门户结构设计》,http://www.blogchina.com,2005 年 7 月 7 日。

91. 邱启发:《博客的商业价值在哪里》,http://www.xgdown.com,2006 年 9 月 7 日。

92. 孙鱼:《博客赢利的新方向能否成为主流》,http://tech.QQ.comxgdown.com,2006 年 9 月 1 日。

93. 《草根博客怎么生存?》http://www.manaren.com,2007 年 2 月 14 日。

94. 《博客媒体不是兴奋剂》,http://www.xinhuanet.com,2006 年 8 月 10 日。

95. 《博客隐私问题的文化背景》,http://blog.cnii.com.cn/? 37164/viewspace-4277,2006 年 8 月 16 日。

96. 薛学:《浙江首例博客日志名誉权纠纷案男主人公离婚》,http://www.chinacourt.org/html/article/200703/27 /239698.sht-ml,2007 年 3 月 27 日。

97. 《黄澄清称博客实名制目前条件还不成熟》,http://tech.QQ.com,2007 年 5 月 18 日。

附录一

作为生活方式的博客

——大学生博客使用状况调查研究报告

各类人士对博客有着各自不同的理解:"博客是用带着索引的文字进行对话的咖啡屋";博客是一个"快捷易用的知识管理系统";博客是"不停息的网上旅程";博客是"人工搜索引擎",是"专家过滤器";博客是网络时代的个人"读者文摘";"博客是一种与小群体进行经常性沟通的形式";"博客是自言自语的场所,甚至包括亵渎语言的发泄地。"以上对博客的描述出自人们使用博客的不同经历和体会。由此,我们可以真实地感受到博客的存在,博客正在以自己的方式参与展示、剖析甚至改造这个世界。

博客常常被用来表达出于个人视角的生活记录或实现信息共享。在博客上写日志成为很多人的一种生活方式,他们习惯于分享,与认识的或是不认识的人,分享自己的生活点滴和知识信息。博客使用者把博客当作自己与外界沟通的工具,他们把博客应用到研究、学习和工作中,与朋友交流中,个人日记、商业活动和市场营销中等等。

"博客"一词使用相当灵活,国内目前尚无统一的概念界定,既可以指代写博客的人,即博客作者(Blogger);也可以指代网络日志,即博客空间(Blog)。"博客"所涉及的一类人具有如下特点：他们既是这种特殊传播方式的传播主体，同时互为传播对象；既是阅读者，也是发表者。因此，为了避免术语使用的混乱，本文中"博客"仅指代博客空间，而用"博客作者"（Blog-ger/Blog writer）指代注册了博客空间的人，用"博客读者"（Blog reader）指代阅读（包括视听）他人博客空间文章（包括图片、音乐、视频等）的人。

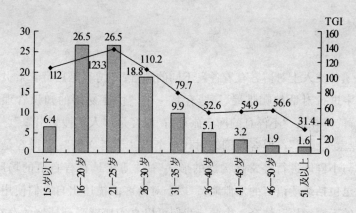

图 1　博客作者年龄构成

中国互联网络信息中心 2007 年 1 月发布的《中国互联网络发展状况统计报告》显示，目前中国网民中 18 岁～24 岁的人群所占比例最大，约为 35.2%；在校大学生（包括大专、本科、硕士、博士）比例约为 51.8%。此外，中国互联网协会政策与资源工作委员会博客研究组发布的《2006 中国博客调查报告》显示，年龄在 21 岁～25 岁的博客作者约占 26.5%（见图 1），[①]

① 《2006 中国博客调查报告》，中国互联网协会政策与资源工作委员会博客研究组，中国互联网信息中心，2007 年。

其中在校大学生（包括大专、本科、硕士、博士）比例约为
68.2%（见图2）;① 博客读者约为 20.1%（见图3），② 其中在
校大学生人群比例约占 38.3%（见图4）③。可见，无论网民还
是博客作者和读者中，在校大学生都占有相当大的比重，可以
代表主要的网民群体和主要的博客作者和读者。

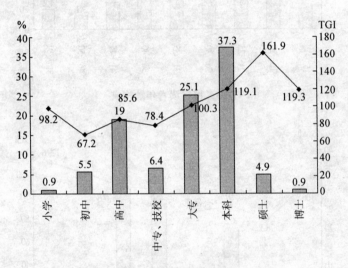

图2　博客作者学历构成

一、调查：大学生博客使用状况

本研究以问卷调查法为基础，在天津市选取了六所高校发放
问卷，采用当面作答或事后回收问卷的方式填答，以了解大学生

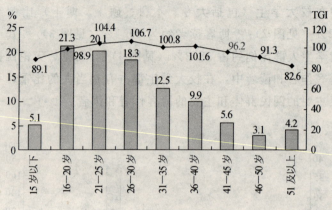

图3　博客读者年龄构成

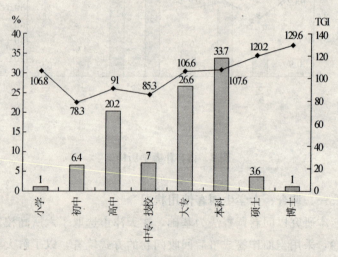

图4　博客读者学历构成

对于博客的使用情况和看法。本次调查采用随机抽样方法，依照采样比例，在天津市选取了天津大学、南开大学、天津师范大学、天津理工大学、河北工业大学和天津体育学院，共六所高

校。总计发出调查问卷 600 份，回收的有效问卷共 586 份，样本
回收率 97.7%。

　　在回收的有效样本中，291 人已经开始写博客（博客作者），
约占总样本的 49.7%；232 人没有写过博客，但是浏览过别人的
博客（博客读者），约占 39.6%；47 人没有写过博客也没有浏览
过博客，但是有尝试一下的意愿，约占 8.0%；此外的 16 人对
博客完全没有了解，也没有了解的意愿，仅占 2.7%（见图 5）。
近 90% 的调查对象为博客作者或读者，因而以下的分析主要针
对博客作者和博客读者两大群体进行。

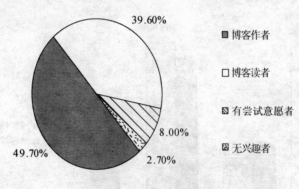

图 5　有效样本特征构成

　　样本的年龄分布大致如下：在博客作者中 20 岁以下的共 60
人，约占 20.6%；21 岁～25 岁的共 214 人，约占 73.5%；26
岁以上的仅占约 5.9%。在博客读者中 20 岁以下的共 48 人，约
占 20.7%；21 岁～25 岁的共 161 人；约占 69.4%；26 岁以上
的仅占约 9.9%。纵观博客作者和读者的年龄分布情况可以看
出，最主要的在校大学生博客人群年龄分布在 21 岁至 25 岁之

间。问卷统计显示，在校大学生博客人群中本科学历所占比例最大，而本科以下学历和硕士以上学历的比例非常小。这一点与《2006 中国博客调查报告》的数据吻合，恰好验证了本次问卷的有效性。

样本的专业基本构成大致如下：博客作者中，文史哲类 79人，理工农医类 163 人，艺术体育类 49 人，分别占 27.1％，56.0％和 16.9％。博客读者中，文史哲类 47 人，理工农医类162 人，艺术体育类 23 人，分别占 20.3％，69.8％和 9.9％。无论博客作者还是读者中，理工类学生都占据了较大比例（见图6）。

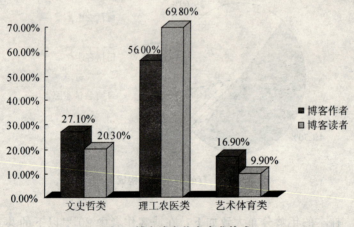

图6　博客读者作者专业构成

二、分析：大学生博客的主要特征

1. 丰富互动的网络社区

知识活动的反馈机制告诉我们，任何一个头脑健全的人在接受知识时，从来不是听任传播者把知识"推"（push）给他，而是被知识激活，在把知识从传播者那里"拉"（pull）出的同时，他的脑力也在不觉中汇入了原初所介入的知识共同体当中。而作为博客作者和读者主体的大学生，其自我意识水平和独立思考能力都处在不断提高的过程中，这使得他们极重视自己的意见和主张。因而，他们从不会只简单地接受信息，而是全方位、多角度地去了解信息，他们倾向于大胆发表自己的观点，并希望通过互动交流来探讨共同感兴趣的话题。

"个人性"是博客的核心特性之一。它使我们在成为互联网这个庞大公共群体的一部分的同时，还能够保持我们的个性面孔。博客不受任何形态的组织束缚，没有内容主题的要求，没有文体的限制，纯粹是一个自由状态的人的自发行为。个人性的行为，个人性的视角，个人性的思想，个人性的爱好和兴趣，这些正是博客能够吸引博客作者本人和读者的力量源泉。每个博客的页面上都有博客作者的特征标识，比如个人照片、个人说明等等。此外，所选用的模板和色彩、添加的背景音乐、常用网站和好友链接等，也可以从侧面反映出作者的个人风格。博客作者通过博客空间这个平台，向作为观众的博客读者展示自我形象或分享信息，并与之进行互动。家人、朋友、读者，以及所有关心、关注你的人，只要来到你的博客，就可以对你的生活、工作和思想，有着最真切、最全面的了解。

问卷统计显示，除了贴文章、日志、图片和音乐外，添加链接、引用、标签等也是博客作者很常用的博客功能。博客作者一般链接的资源主要包括：自己经常浏览的网站和博客、亲友的博客、与自己同类的博客、名人博客等（见图7）。有了这些链接形成的信息库，博客的读者在浏览博客时候，看到的不仅仅是孤立的网络日志，还会注意到博客作者添加的一些资源和朋友的链接。每个博客作者的大脑都有一张丰富复杂的"信

息地图",每个人的"信息地图"都有着独特的风景。读者顺
着博客上这些"信息地图"的线索继续浏览,就会进入一个网
络社区。这些关系紧密的网络日志或博客群构成的是一个交流
的平台。通过浏览、留言等方式,社区里的博客作者和读者可
以进行对话,分享彼此的生活,基本实现了无障碍沟通。博客
精神启发了人们的求知欲和表现欲,使得很多在现实生活中也
许少言寡语的人愿意通过博客把自己的想法表达出来,把自己
的特色展示出来。

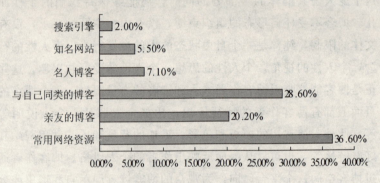

图 7　博客链接资源属性

　　博客作者和读者都信奉"拿来主义",博客作者们不断搜索
和提炼信息,并且不断学习和思考。他们最根本的信念就是,
"别人比我知道的更多"。凭借超链接的拓展功能,博客就像一个
包含了无数个门的"门厅",并且持续地把房间变成门厅,相对
于如同一个只有一个入口的房间的印刷文本,有着无穷延伸的优
势。凭借超文本和超链接构成的"知识网络",无数的"知识孤
岛"被相互链接、聚合在一起,形成了"知识共同体"。因此,
链接是最有力的武器,没有链接博客就失去了活力。

2. 信息增值的知识管理新手段

"开放性"是博客的另一核心特性。博客的"博"与博士的"博"不同，传统意义上的"博士"是花很多年的时间将知识装进自己的脑袋，从而变得知识渊博。而"博客"面对的是网络，装在个人脑袋里的东西再丰富，如不及时分享就形同乌有。在网络世界中，一个人知识是否渊博，衡量标准是要看其奉献程度。博客就是要把自己最有价值的收获奉献出来，从而使别人受益。因此，心胸开阔、思想活跃的大学生具备了成为一个好的博客作者的必要条件。博客作者就如同是"信息奶牛"，吃进去的是"信息草"，而挤出来的是"信息奶"。他们对信息进行了分类和筛选发布，使之变得更为"有用"。

博客被称为网络时代的个人"读者文摘"，除了充当个人媒体外，博客最大的功能便是充当知识和信息的"过滤器"和"指南针"。因而博客作者此时的角色就像传统媒体的编辑一样，其工作之一就是对信息和知识进行"再加工"。这个过程涉及对信息的筛选和甄别，不仅要求作者熟知获取网络有用资源的渠道，同时还要有去伪存真、筛选有效信息的能力。目前，互联网上虽有海量信息，但由于存在着大量低水平的简单复制，不仅导致了网络资源的严重浪费，也使得单位信息的实际价值严重缩水。而与普通网民相比，大学生群体的受教育程度较高，使得他们在对知识的加工整理方面更具优势。

问卷统计表明，样本的受教育程度基本构成如下：博客作者中，本科学历共 219 人，硕士学历共 67 人，分别占 75.3% 和 23.0%；而博客读者中，本科学历共 159 人，硕士学历共 66 人，分别占 68.5% 和 28.4%。可见，无论博客作者还是读者的受教育程度普遍较高，远高于一般网民的平均水平。因此，在博客使用中，他们并不是单纯罗列信息，而是会旁征博引，进而形成一个以某一专题为线索的有序的知识库。这点也可以从博客作者建立博客的目的中看出（见图8）。对此专题感兴趣的读者可以通过链接准确到达相关资料库，从而节省了大量的搜索时间。信息和知识经过"加工"后，其单位价值也得到了提升。博客作者秉承开放、分享的精神，把自己加工整理过的"作品"奉献给广大读者，从这个意义上讲，博客传播成为了一种全新的知识管理手段，也成为了一种高效的学习手段。

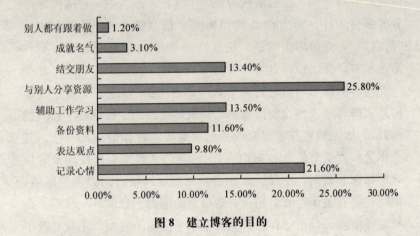

图8　建立博客的目的

博客代表着新的生活方式和新的工作方式，更代表着新的学习方式。通过博客，让自己学到很多，让别人学到更多。梅特卡夫定律指出，网络资源的丰富程度与索取资源的人数成正比。分享知识或自由获得教育内容，不会让原始拥有者有所损失，反而可能让内容增值并且获得积累和创新。与普通的经济资源正相反，"知识蛋糕"不会因为分享而导致每个人"切分"到的蛋糕变小。一个人享有一种知识，不妨碍其他人同时、同质、同量地享有这种知识。非但如此，一整块知识蛋糕在被分享的过程中很可能在质上更优、在量上更大。分享本身就是这块蛋糕变优变大的前提条件。

当然，博客作者也并非只是一味的奉献。"交互性"是博客活力所在的根本。"读者比我知道的更多，比我能够表达的更多"，因此，博客作者与作者，博客作者与读者，博客读者与读者之间的多重交互的沟通是关键。当自己的内容获得诸多意想不到的反馈时，就会明白博客作者不是简单地为读者奉献，同时自己也从读者那里得到极大的收获。

3. 助力校园文化的 BBS 博客社区

博客自身的原创性、自发性等特点与现代教育所倡导的在学习过程中，由学习者来构建自己的知识体系的理念不谋而合。因而，博客在教育领域的应用空间将非常广阔，并将发展并变成一个强大的、极便宜的电子学习（e-Learning）工具。不仅仅是在简单地辅助教学方面，博客在引导校园文化方向、促进良好的校园文化氛围形成等领域的潜力尚未得到充分开发。

博客是互联网上最新的发展潮流，是继 E-mail、BBS、ICQ 之后出现的第四种网络交流方式。博客一开始就是以一种新颖的网络交流方式的身份出现的，并以其开放、共享的精神很快赢得了年轻人的青睐。与 BBS 社区集中化的讨论不同，博客社区中博客作者和读者，均可以较为完整独立的形态来呈现自己的观点。目前，国内高校 BBS 系统里的博客社区，将新兴的博客与传统的 BBS 系统相结合，使二者形成优势互补，可算作较为成功的应用模式之一。高校内部网博客，首先是低成本、简便的知识管理新方式。通过博客，知识和信息资源得到充分的共享，交流和讨论还可以使其增值，并让更多的人从中受益。此外，在这里同学们可以充分发表评论，链接有价值的网络资源，促进彼此的交流沟通，形成良好的网络互动社区。其中，南开大学的我爱南开 BBS（NKWiKi）、南京大学的小百合 BBS（百合 Blog 区）、清华大学的水木清华 BBS（水木 Blog）、中国人民大学的天地人大 BBS（天地人大 Blog）、武汉大学的珞珈山水 BBS（山水Blog）等都开设有类似的博客社区，聚拢了相当数量的校园博客作者和读者群，形成了一定的校园影响力和号召力（见表1）。

表1　　　　　　　　　**国内著名高校 BBS 博客社区**

高校名称	南开大学	南京大学	清华大学	中国人民大学	武汉大学
BBS 名称	我爱南开	小百合	水木清华	天地人大	珞珈山水
博客社区	NKWiKi	百合 Blog 区	水木 Blog	天地人大 Blog	山水 Blog

4. 读者、作者、把关人角色转换

博客的出现改变了传播的方式，从传统媒体的"一对多"的传播变为"多对多"的传播，它颠覆了传统媒体中把关人、作者和读者之间的关系，实现了三者的统一。每个博客作者都是自己的博客的"媒体把关人"，把关的标准也因人而异，呈现出个性化、多样化的特点。

与作者和读者界限分明的传统媒体相比，博客不同之处在于，博客作者只是网络日志的初始作者和暂时作者，博客读者随时可以寻找介入这一知识传播、共享过程的机会，将信息或知识进行聚合、梳理，从而转换身份成为暂时的作者。博客正是以这种通过交流实现分享的精神，以及互动性强的特点吸引了广大的年轻人群参与进来。大学生人群的思维比较活跃，而且主体参与意识强。这些特点在接触博客的过程中也不例外，他们通常不满足单纯地以读者身份浏览博客和简单地复制信息，而是经过思考后，将自己的观点或新知融入对信息或知识的再加工过程。思考和交流，也是人们对于事物的看法逐步沉

淀和明晰的过程，在这一层面上展开的交流对话，在深度和广度上都得到了进一步拓展，这也是从博客读者到博客作者的角色转换过程。

三、思考：大学生博客的科学引导

1. 防止网络资源浪费

博客作者中，开通博客空间的时间达一年以上的共 121 人，开通时间还不到一年的共 156 人，其余 14 人，分别占博客作者总数的 41.6%、53.6% 和 4.8%（见表 2）。此外，通常博客作者申请开通过的博客数量为 1 个或 2 个，一般不超过 5 个，但最多者达 6 个甚至 10 个。而他们经常更新的博客数量最多者也不超过 3 个。

表 2　　　　　　　　　　博客开通时长概况

博客开通时间	一年以上	不足一年	其余
人数	121	156	14
比例	41.6%	53.6%	4.8%

可见，很多人由于种种原因四处开博后不少处于闲置状态或已被放弃，存在着相当程度的网络资源浪费。这些现象的存在与倡导节约网络资源、呼吁共享的博客精神背道而驰。大学生博客群体的受教育程度普遍较高，对于浪费网络资源的危害有着更清醒的认识，因此应当及时更新现有博客，添加有价值的资源，或适时关闭自己已经放弃的博客。

2. 促进网络生活日常化

博客使用者群体中，年轻人占大多数，博客是主体为了记录自己的日常生活和实现个人表达的工具，此外还是与其他博客作

者以及博客读者产生互动交流的工具。也就是说,博客一定意义
上,是一种个人传播工具,并且日益成为个体的日常信息沟通的
正常内容之一。在这个层面上,与网上聊天、网络游戏等容易使
主体脱离现实世界、沉迷其中的其他互联网衍生物不同,博客传
播更贴近日常生活,强调知识共享,使得主体的网络传播日
常化。

　　统计显示,作为被调查者的 291 名博客作者,每天更新至少
一次者 22 人,每周更新至少一次者 129 人,每月更新至少一次
者 140 人,分别占 7.6%,44.3% 和 48.1%。虽然能做到每天更
新的人只是少数,但多数都基本可以做到每周或者每月至少更新
一次(见图 9)。

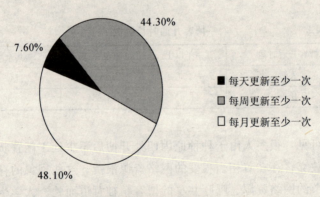

图 9　博客更新频率

　　博客作者进行更新的时间也各有不同,在早晨、下午、晚上
和不确定时段进行更新的人分别为 27 人、13 人、140 人和 111
人,分别占博客作者总数的 9.3%、4.5%、48.1% 和 38.1%
(见图 10)。因此他们主要在晚上或者其他不确定的零散空余时

间更新博客。根据校园作息时间分析，基本与正常的学习工作时间没有冲突。

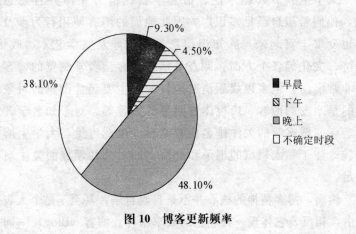

图 10　博客更新频率

　　日记和交流，是每个人的日常生活中的日常存在。之前无论是对网络的非议还是质疑，都认为网络"诱拐"了个体，使之沉迷其中，从正常生活中分离出去。对于网络的痴迷和过度使用，则使得个体无视现实生活中的行为、责任甚至忘记思考。而博客传播使得网络使用呈现一种与现实社会融合的态势，具有将网络回归日常社会的倾向。

　　3. 走出私人空间局限

　　从帖子的内容来看，博客大致可以分为三类：一类是以过滤、张贴各类新闻等时效性内容为主的博客；一类是专注于某一领域，以传播交流某类专业知识为主的博客；一类则是记录个人生活点滴，注重私人化交流的博客。博客作者的使用动机可以根据其帖子的内容来区分，问卷统计显示，在博客作者对自己的博客内容类别进行的主次排序中，记录感情几乎是每个人的首选，其他的内容依次为展示自我、沟通社会、提升自我、其他和商业营销。

　　大学生大多兴趣广泛、情感丰富、精力充沛并且思想活跃，他们希望自己见多识广，因此他们的博客使用行为涉及内容也变得丰富起来，除知识信息外，还涉及文学艺术、政治、经济、文化等各个方面。调查显示，博客读者常浏览的博客内容非常广泛，但多以娱乐消遣为目的，主要经常浏览的对象较多的是亲友的博客、影视体育明星的博客等，对于知名学者博客、新闻博客等的关注排名比较靠后。由此可见，大学生博客仍较专注于私人领域的记录和交流，而对公共领域的关注尚显不足。

　　然而，博客精神的核心并不是自娱自乐，甚至不是个人表达自由，相反，它体现一种利他的共享精神。博客（Blog）一词来源于"网络日志"（Web Log），而不是"网络日记"（Web Diary），二者侧重各有不同。日记，是指个人把每天发生的事、经历和观察到的东西写下的记录，体现了个人性、私密性，主要是为自己而写的。日志，即航海记录，是对船速、船程以及船上发生的所有对航海有意义的事件的记载，体现的是公开性，主要是为别人而写的。因此，博客是个人性和公共性的结合体，其精髓不是主要表达个人思想，不是主要记录个人日常经历，而是以个人的视角，以整个互联网为视野，精选和记录自己看到的精彩内容，为他人提供帮助。博客作者就像寻找蜂蜜的蜜蜂一样，在各个网站之间穿梭搜索，将链接指向有价值的内容，并加上自己的评论，使其具有更高的共享价值。

　　总之，博客的三大作用是：个人自由表达和出版，知识过滤与积累，深度交流沟通的网络新方式。要成为一名优秀的博客作者，就要使自己的博客发挥上述作用，对于博客读者的要求也是同样的。因此，没有对学习的激情，没有对自己关注领域的执著，没有对每天书写的着迷，是不可想像的。

　　博客可以咆哮，可以慷慨，可以评论，可以批评，但是必须向读者显示你独特的智慧，否则将无人喝彩。[①]

　　　　　　　（此调研报告由研究生朱珊负责调查并执笔）

　　①　方兴东、王俊秀：《博客——E时代的盗火者》，中国方正出版社2003年版。

附录二

博客实名制的现实困境及可行性分析
——网络及博客实名制调查研究报告

根据我国互联网络信息中心于 2007 年 7 月公布的第 20 次中国互联网络发展状况的报告，截至 2007 年 6 月，中国网民总人数达到 1.62 亿，仅次于美国 2.11 亿的网民规模，位居世界第二。与 2006 年末相比，新增网民 2500 万。网络成为人们沟通信息的重要渠道。

然而，互联网虚拟空间内的匿名状态使目前网络社会的秩序十分混乱，网络垃圾随处可见，重复、虚假的信息充斥网络空间，浪费了大量的网络资源。另外，网络暴力和网络犯罪大有越来越凶猛之势，以 2007 年"熊猫烧香"病毒为例，病毒不仅感染了多台计算机，其制造者还以此非法获利 10 余万元。

网络实名制就是在这样混乱的状态下被提出的，藉以规范网络社会秩序。但是，这个词从提出开始，就遭到了许多学者和网民的反对，甚至有人认为推行网络实名制就是对互联网自由精神的扼杀，背叛了互联网自由传递信息的基本理念。本调查就是为此而进行的，试图了解人们的真实态度，并为它的可行性操作提供科学的分析。

一、网络及博客实名制调查的基本信息

1. 课题调查说明

本调查目的在于了解人们对于网络及博客实名制的态度，为应如何发展和规范网络社会秩序提供必要的解决途径。本调查采取随机抽样的方法，调查对象为市内六区生活的市民，包括高校内的学生。调查随机抽取了南开区、和平区、红桥区三个区，采用问卷调查的方法，共计发放问卷 620 份，回收 607 份。其中有效问卷 587 份，有效率约为 96.71%。

2. 调查对象的基本情况

（1）调查对象的年龄分布。20 岁以下（含 20 岁）的约占 16.17%，21 岁～25 岁者约占 40.43%，26 岁～30 岁者约占 16.17%，31 岁～40 岁者约占 6.81%，41 岁～50 岁者约占 5.53%，51 岁以上者约占 14.89%。如表 1。

表 1

年龄	20 岁以下	21～25 岁	26～30 岁	31～40 岁	41～50 岁	51 岁以上
百分比	16.17%	40.43%	16.17%	6.81%	5.53%	14.89%

（2）调查对象的教育程度分布。初中以下程度约占 9.38%，初中程度约占 28.83%，高中、中专和技校程度约占 25.40%，大专程度约占 18.31%，本科程度约占 14.19%，研究生程度约占 3.89%。如表 2。

表 2

教育程度	初中以下	初中	高中、中专、技校	大专	本科	研究生
百分比	9.38%	28.83%	25.40%	18.31%	14.19%	3.89%

（3）调查对象的职业分布。工人 11.94%，企事业管理人员 16.86%，军人 1.41%，教师 4.22%，医生 0.47%，媒体工作者 1.64%，学生 25.76%，自由职业者 16.39%，其他 21.31%。如图 1。

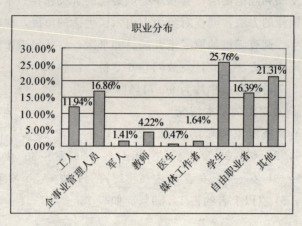

图 1

（4）调查对象的月收入状况。无收入者约占调查对象的 21.36%，500 元以下者约占 3.86%，501～1000 元约占 21.36%，1001～1500 元约占 18.86%，1501～2000 元约占 12.50%，2001～3000 元约占 7.95%，3001～5000 元约占 9.09%，5000 元以上者约占 5.02%。如表 3。

表3

月收入	无收入	500 元以下	501～1000 元	1001～1500 元	1501～2000 元	2001～3000 元	3001～5000 元	5000 元以上
百分比	21.36%	3.86%	21.36%	18.86%	12.50%	7.95%	9.09%	5.02%

（5）调查对象的上网频率。根据本次调查的数据显示，被调查者中有 35.81％的人表示自己天天上网，33.33％的被调查者经常上网，19.24％的人表示自己不怎么上网，3.44％的被调查者基本不上网，而还有 8.18％的人表示自己从来不上网。从数据中可以看出，网络已经成为人们日常生活的一部分，成为人们获知外界信息的重要渠道。如图 2。

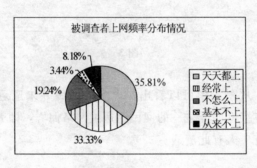

图 2

（6）调查对象的网龄。网龄在 1 年以内（含 1 年）的约占 6.48％，1 至 2 年（含 2 年）的约占 11.56％，2 至 3 年（含 3 年）的约占 11.91％，3 至 4 年（含 4 年）的约占 17.34％，4 年以上的约占 52.71％（如图 3）。从整体来看，初步接触互联网的人数占所调查人数的比重较小，而网龄较长的人所占比重很大。也就是说，对大多数人来说，互联网早已不陌生了，人们已经对互联网有了相当的认识，并积累了一定的互联网使用经验。

（7）调查对象是否遭遇过网络侮辱。网络侮辱指的是在网络空间中遇到的侮辱，包括利用文字或音像材料所进行的人格或人

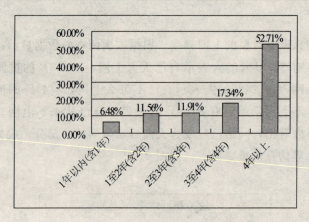

图 3

身的攻击。从图 4 中可以看出，大多数网民并未遭遇过网络侮辱，但是有接近四分之一的网民遭遇过网络侮辱，即大约每 4 个网民中就有 1 人有此遭遇。

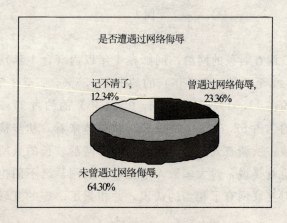

图 4

这接近四分之一的比例在一定程度上说明了网络环境的恶劣。网络环境中匿名状态的存在，使社会人成为一个个几乎同质的粒子：身份混同，且很少受到社会规范的约束。因此有些人放弃了应当遵守的义务与应承担的责任，在网络社会中表现出极强的攻击性。

二、网络及博客实名制的态度认知与现实困境

尽管网络及博客实名制有着实施的现实需要，即网络社会秩序急需调整和规范，但是，反对实施的声音一直很高。许多学者都认为，国内推行网络实名制和博客实名制的条件尚不成熟。

1. 网络实名制的基本认知

（1）关于网络实名制的认知情况。被调查者中听说过网络实名制的约占 50.26%，未听说的约占 49.74%。从数据中可以看出，网络实名制的认知度较高，已经成为人们关心的一个重要话题。

（2）关于了解网络实名制的渠道。通过报纸、电视和广播等传统媒体报道而得知网络实名制的约占 43.78%，而通过亲朋好友等人际传播手段而得知的约占 8.76%，通过上网得知的约占 47.46%（如图5）。因此网络传播是人们了解网络实名制的最主要手段，传统媒体的传播是人们了解网络实名制的重要途径，而通过人际传播了解网络实名制的人最少。

（3）关于网络实名制的详细内容。所谓详细内容，不仅指网络实名制这个概念，还包含其由来、内涵以及实施手段等细节。图6显示，只有约 22.75% 的被调查者表示自己了解网络实名制的详细内容，约有 54.79% 的人表示对于网络实名制的详细内容只是"知道一点"，对网络实名制"不了解，只是听说过"的约占 22.46%。

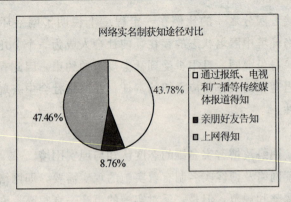

图 5

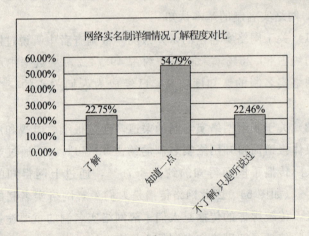

图 6

由此可知，虽然网络实名制为大家所共知，但大多数人只是知道一点内涵，还有相当一部分人只听说过这个概念，对其由来及详细内容和实施手段并不清楚，人们对于网络实名制的认识更多的是基于感性认识，并简单地从情感的喜好和厌恶上去肯定或否定实名制的实施。

2. 网络实名制的支持度和实施的必要性程度

（1）关于网络实名制的支持度。被调查者中，表示自己非常支持网络实名制的约占 15.54%，支持者约占 51.61%，不太支持的约占 30.79%，坚决反对的约占 2.06%（如图 7）。

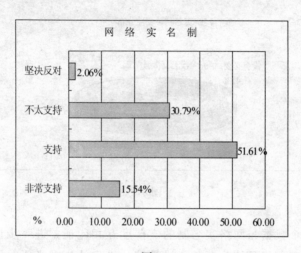

图 7

从数据中可以看出，尽管有相当一部分人对网络实名制的具体实施程序并不了解，仍有很多人反对其实施。但是，持极端态度即"非常支持"和"坚决反对"的人都比较少。值得一提的是，由于在媒体中所反映的意见往往是反对者多于支持者，因此，本调查的事前预测是持反对意见的百分比要大于持支持意见的百分比。然而，数据显示，实施网络实名制的支持者超过了反对者，这与调查前的预测恰好相反。表明人们对于目前网络环境普遍存在着巨大的担忧，大多数人认为有必要通过网络实名制对网络环境朝着健康方向发展进行某种程度上的引导。

（2）关于实施网络实名制的必要性。认为实行网络实名制

"迫在眉睫"的约占 15.25%，认为"有些必要"的约占 61.58%，认为"没有必要"的约占 21.41%，认为"完全没有必要"的约占 1.76%（如图 8）。

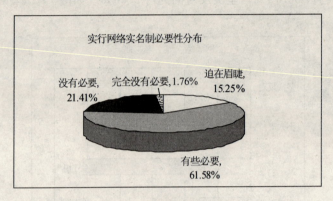

图 8

　　这个数据与网络实名制的支持度互相印证，进一步证实了人们对于网络环境失范的不满情绪，人们认为有必要对网络环境进行规范，而大部分人认为网络实名制的实施有其现实需要。

　　3. 网络实名制的现实困境

　　（1）普遍的担心。如果实行网络实名制，人们最担心的问题是"个人信息泄露"，占 46.68%；排在第二位的是"受到莫名其妙的骚扰"，约占 23.10%；排在第三位的是"无法正常表达自己的意见"，约占 13.26%；排在第四位的是"人身安全"约占 11.55%；只有 5.41% 的被调查者表示自己并未考虑过这一问题（如图 9）。

　　因此，个人信息泄露从而给生活带来种种困扰是人们最担心的问题，人们对自己的隐私权非常重视，而这一两年来不断发生

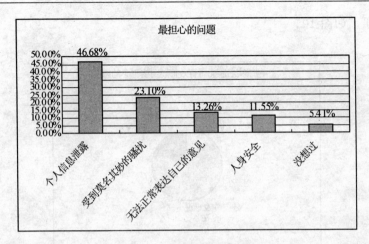

图 9

的网络事件更加加深了人们对于个人信息的担忧。例如，2006年轰动一时的"虐猫事件"以及"铜须门事件"中，网友仅凭借照片甚至 ID 就追寻到当事人，并将当事人的私人信息公之于众，导致不仅当事人受到了来自舆论的巨大压力，其亲朋好友也遭到了波及，给当事人造成了巨大的精神压力。

通常学者和精英们所反映的网络实名制违背互联网的自由精神这一问题是人们关注的焦点，然而数据显示，网络实名制是否会导致自己无法正常发表意见并没有排在第一位，对于大多数人来说，最关心的仍然是涉及到自身的更为现实的问题，例如遭到骚扰，甚至对人身安全感到担心的比例也达到了 10% 以上。

（2）关于网络实名制抑制网络犯罪的效果。认为网络实名制"当然能"有效抑制网络犯罪的约占被调查者比例为 19.42%，而持"不一定"和"难说"态度的约占 69.70%，另有 10.88% 的被调查者认为网络实名制不能有效抑制网络犯罪。如图 10。

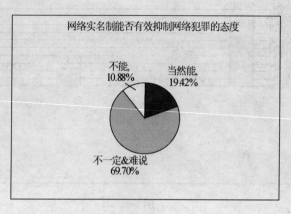

图 10

　　实行网络实名制的目的在于规范网络秩序，同时在有必要时提供一种"事后追惩"的手段。就网络犯罪而言，网络实名制应该是能提供抑制网络犯罪的方法，至少可以提供技术手段上的支持。但数据显示，人们对于网络实名制的效果大多持不信任的态度，接近七成的被调查者认为对于网络实名制并不一定或很难说会能取得有效的抑制效果。可见人们对于网络犯罪虽然有着一定的认识，却对网络实名制没有信心。

　　（3）关于网络实名制实施后的负面影响。精英们认为网络实名制固然对互联网朝着健康方向发展有着一定的积极意义，但是他们更加担心的是，实名制违背了互联网匿名而自由的精神，从而制约了人们发表言论的自由。对于这个问题，人们的态度如下：

　　认为网络实名制的实施对言论自由"影响非常大"的约占被调查者的 22.58%，认为"有一些影响"的约占 56.63%，"影响不大"的约占 14.34%，认为"没有影响"的约占 3.81%，还有 2.64%的被调查者表示自己未考虑过这个问题。如图 11。

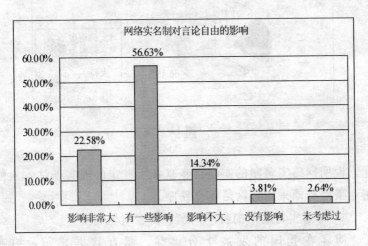

图 11

（4）关于网络实名制的具体操作方法。所谓具体操作方法是指除去目前在后台注册和前台发表均采用匿名状态以外的两种做法，一是"前虚后实"，即网民在后台申请注册时使用真实信息，前台使用真实信息或是使用匿名、笔名、昵称等信息，由网民与该网站服务商约定；另一种则是"前后都实"的方法，不论是后台申请注册还是在前台发布言论都采用真实信息。

从图 12 中可以看出，人们对于前虚后实的实名制操作方法采取了认可的态度，支持率达到了半数以上，甚至支持前台和后台都采用真实信息的也占了相当的比例，而对任意一种方式均不支持的人只占很少的比例。这实际上与调查时的预测有很大的出入，更加验证了人们对于目前网络环境的不满和担

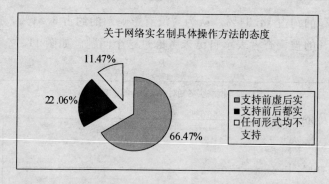

关于网络实名制具体操作方法的态度

11.47%

22.06%

66.47%

支持前虚后实
支持前后都实
任何形式均不支持

图 12

忧,说明网络实名制的实施已经具备了一定的现实条件,人们愿意采取行动来约束网络社会秩序。

4. 网络实名制中的特殊问题:博客实名制

博客在我国的发展十分迅猛。调查数据显示,约有38.06%的被调查者表示自己有博客,而59.78%的人表示没有,但只有2.16%的人表示自己不知道什么是博客。

(1) 开博客的初衷。该多选的调查中得知,开博客的初衷以记录生活为最多,约占51.67%,辅助工作与学习16.67%,情感交流27.22%,希望成名5%,分享资源20.56%,其他5%。事实上,大多数人把博客作为日记的延伸,以记录生活作为自己开博客的原始目的。如表4。

表 4

初衷	记录生活	辅助工作与学习	情感交流	希望成名	分享资源	其他
百分比	51.67%	16.67%	27.22%	5%	20.56%	5%

（2）关于博客网站的注册协议。在申请博客之前，网民必须点击同意该网站的协议才能获得该网站的资源，获得自己未来博客的地址和空间。被调查者中，仔细看过该协议的约占23.08％，48.71％的人只是浏览了一下，另外，还有28.21％的人并没有看过协议，而是直接点击"我同意"。这一点符合调查前的预测。如图13。

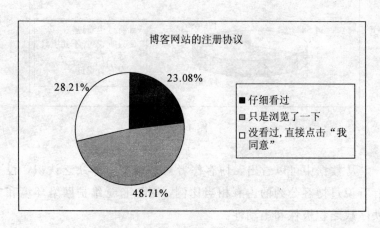

图13

从数据中可以看出，人们在网站注册时对于网站出示的网络协议并不在意，从而对于网站协议中规定的自己拥有的权利和所应当承担的义务并没有深刻的认识。在博客第一案中，虽然写日志辱骂教师的博客作者并没有被列为被告，但是他显然并没有认清自己在网络传播中所应当承担的责任。

（3）关于《博客服务自律公约》。2007年4月，中国互联网协会与新浪网、人民网、博客网等19家提供博客服务的网站和博客代表签署了《文明上网自律公约》，号召互联网从业者和广大网民从自身做起，在以积极态度促进互联网健康发展的同时，承担起应负的社会责任，同年 8 月 21 日《博客服务自律公约》正式颁布。被调查者表示自己"听过也看过"该公约的约占 17.76%，"只听说过，不知道具体内容"的约占 47.66%，34.58% 的人表示没有听说过该协议。如图 14。

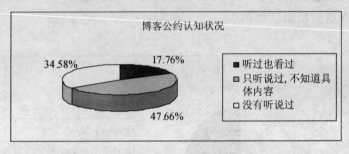

博客公约认知状况

34.58%　　　　　　17.76%

■ 听过也看过
▨ 只听说过,不知道具
　 体内容
□ 没有听说过

47.66%

图 14

　　从数据中可以看出，博客作者对于博客自律缺乏认识，没有听说过博客公约的占有相当比例，对于自觉维护网络环境和秩序缺乏积极性和主动性。

　　（4）如果实行博客实名制是否继续写。表示实行博客实名制后，自己会继续写博客的约占调查对象的 42.13%，看情况约占 43.06%，不会写的约占 8.80%，不知道或犹豫不决的约占 6.01%。如图 15。

　　博客作者对于博客实名制仍然是持观望态度的人较多，但也有高达四成的人表示无论采取哪种实名制方式，都会将博客进行到底。明确表示自己会退出博客写作的所占比例非常小，这与调查前的预测略有出入。

　　（5）对于博客作者实行实名注册做法的支持程度。考虑到

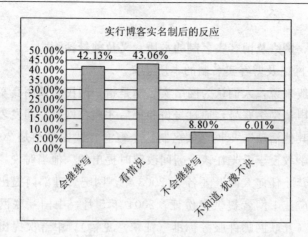

图 15

博客作者中在校大学生占有相当的比例，约为 68.2%。本题是插入另一项调查大学生博客使用状况调查问卷中采集的数据（该调查计发放问卷 600 份，回收 586 份）。数据显示，非常支持博客实名注册的约占 5.87%，支持者约占 36.04%，不清楚、因为不了解具体做法的约占 52.06%，没听说过的约占 6.03%。如图 16。

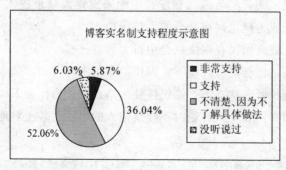

图 16

三、网络及博客实名制的本质意义及前景预测

1. 网络及博客实名制的本质意义

一般来说，人们认为网络实名制是指"网民必须用真实的身份证明申请网络账号，通过身份验证后才能在网络空间发表言论或进行其他活动"。① 网络实名制这个概念在我国最初是 2002 年清华大学教授李希光在谈及新闻改革时提出的。他当时说"中国人大应禁止任何人网上匿名"。2003 年，网吧管理部门提出网吧经营者应让上网者提供身份证；2004 年 5 月，中国互联网协会发布的《互联网邮件服务标准（征求意见稿）》中首次提出实名制，强调电子邮件服务商应要求客户提供真实的客户资料；同年 9 月，中国青少年网络协会成立了游戏专业委员会，并决定建立中国青少年全国游戏玩家俱乐部，为网络游戏中实施实名制打下了基础；2004 年，高校 BBS 开始实行实名登记注册。2005 年 7 月，深圳腾讯公司要求 QQ 群的创建者和管理者进行实名登记，被认为是"中国全面推行实名制的序幕"。2005 年 8 月，中国文化部、信息产业部联合下发《关于网络游戏发展和管理的若干意见》。要求"PK 类练级游戏（依靠 PK 来提高级别）应当通过身份证登录，实行实名游戏制度，拒绝未成年人登录进入"。网络实名制已成为规范网络社会的大势所趋。

（1）提高网民在网络社会中行为的责任感

在网络社会虚拟环境下，网民的身份不为人知，是未知的个体。在这种匿名状态下，网民往往忽略自己作为社会人应负的责任，从而在发表个人言论时不顾及他人的感受，甚至对他人进行

---

① 皮勇、胡庆海：《论网络实名制不应"独行"》，《信息网络安全》2006 年第 5 期。

人身攻击，任意侮辱和诽谤他人。网络及博客实名制的推行，可以使网民在虚拟社会交流时也意识到自己所承担的社会责任以及生活在社会中所应遵守的社会规范和法规，从而维护互联网环境的纯净。

（2）为事后追惩提供了线索

网络及博客实名制对利用网络进行犯罪活动的不法分子无疑是一种警告，更重要的是在于提供了事后追惩的线索。从目前来看，网络犯罪的案件大多数无法破解。以美国为例，网络犯罪的破案率不到10％，而其中定罪的不到3％。[①] 在我国，由于网民流动性大，特别是很多不法分子是在网吧内上网，来去匆匆，如果不实行网络实名制，很难对其进行追踪和侦查。推行网络实名制可以更快地将不法分子绳之以法，从而维护国家安全和公民的人身权利。

2. 韩国网络实名制的启示

事实上，网络实名制并非在网络社会中的一切行为都要使用真名。韩国早在2005年就开始推行实名制。博客的开放性为社会营造了一种宽松的舆论氛围，如何对博客的自由度进行界定也成为韩国社会瞩目的焦点。于是，韩国政府于2005年10月起实施互联网实名制。根据规定，网民在网络留言、建立和访问博客时，必须先登记真实姓名和身份证号，通过认证方可使用，如此一来，无论是博客主人还是访问者，都会在使用博客的过程中留下记录，这对规范网民的行为、预防网上犯罪起到了很好的作用。由于政府对合法的网络使用和博客行为采取宽容态度，并要求服务商对个人信息安全作出严格保护，因此实名制得到了韩国公众的认可。此外，网络实名制还促进了韩国网上银行、网络消

①　黄泽林：《网络犯罪的刑法适用》，重庆出版社2005年9月第1版，第17页。

费等产业的快速发展，吸引了大批资金进入网络产业，带动韩国网络产业不断升级，提升了网络服务的质量。韩国近年来还陆续出台和修订了《促进信息化基本法》、《信息通信基本保护法》和《电信事业法》等与网络信息相关的法律，对包括博客在内的各种新兴网络行为和现象加强管理，规定传播淫秽信息、损害他人名誉、危害公共安全和传播电脑病毒等都属于非法行为，为打击利用包括博客在内的网络手段进行犯罪的行为提供了法律依据。

韩国所推行的网络实名制有四种形式可供选择：一是纯粹的因特网实名制，即从加入会员到论坛发帖等所有步骤都需要进行实名确认；二是因特网留言板实名确认制，即只有通过登录和本人确认手续的会员才能在论坛上发帖；三是因特网留言板实名制，即在发帖的同时标注网上昵称和真实姓名；四是实名留言板优待制，即对实行因特网实名制的网站给予优惠政策。[①] 鉴于我国网络社会的混乱秩序，以及人们迫切需要对网络社会健康发展进行引导，我国可以采用上述四种形式之一，或根据网站及个人具体情况的不同而采取不同的实名制方式，规范网络社会秩序，推动网络经济的发展，推动个人信息保护法的建设。

3. 网络及博客实名制的前景展望

（1）前虚后实的网络实名制

所谓前虚后实的网络实名制就是指，网民在后台申请注册使用真实信息，前台使用真实信息或是使用匿名、笔名或昵称等，由网民与服务商约定。以论坛为例，网民在注册时必须使用自己的真实信息进行登记，由网站核实并通过验证后才能在论坛上发言。而发言时网民就可以自由使用想使用的名字，既可以是真名，也可以是匿名或昵称。推行"前虚后实"的网络实名制，可

---

① 张利：《韩国计划实行因特网实名制》，《新华网》2005 年 8 月 8 日。

以保证网民发言的自由，又可以约束网民注意自己的言行，遵守公共道德，净化网络社会的环境。为网络犯罪的追惩提供有力的技术支撑，在一定程度上能够遏制网络犯罪。

网络及博客实名制的实施有着现实条件，随着近年来网络事件的不断发生，网络暴力不断演化，人们切身体会到营造和谐的网络社会秩序的必要性。但是，由于人们对于网络及博客实名制的内涵和具体实施方法并不了解，因此还对其抱有怀疑态度。若要推行网络及博客实名制，首要的是使网民了解实名制的本质意义。通过报纸、广播、电视等传统媒体以及网络媒体进行宣传，使实名制的具体实施措施透明化，才能消除人们的疑虑，得到更多的支持。

(2) 完善各项法律法规和技术建设，保障个人信息安全

完善相关法律法规建设和技术建设是实施网络及博客实名制的必要条件。首先，网络特别是博客正日益成为人们生活中非常重要的一部分，博客甚至有可能成为网民新的生活方式。自2003年博客元年以来，博客作者中大多数人把记录个人生活作为其开博的首要原因，其日志内容必定会涉及身边的人和事，甚至涉及到个人的隐私。在这种情况下，个人信息是否安全成为网民最担心的问题，因此特别要制定相关的法律法规保护个人信息不受非法侵犯。对于未经网民同意私自泄漏网民个人信息的网站要给予重罚，造成严重后果构成刑事犯罪的要依法承担刑事责任。其次，针对许多人担心的言论自由是否会受到实名制的影响，相关的法律法规要作出相应的规定，保障网民的发言权，努力营造宽松的舆论环境。只要言论不涉及国家安全和机密，不对社会安定造成重大影响或侵犯他人正当权利，就应当保持网络言路的畅通，特别要防止有人借用手中的权力打击报复。

另一方面，网络技术更新和发展的速度非常快。据媒体报

道，我国现在已经出现了针对网络及博客实名制而开发的身份证号码生成软件，可以轻易地生成身份证号码，并通过网站的验证。因此，技术上的更新对于网络实名制的贯彻实施极为重要，如果技术手段跟不上，很容易导致网络及博客实名制在事实上被架空，也就失去了其事先约束和事后追惩的意义，对于网络犯罪更起不到有效的抑制作用。

（3）提高网民素质，自律与他律结合

在采用各种制度、法律和技术手段的同时，也要加强网民素质的建设。只有网民素质的提高才能从根本上遏制网络犯罪的发生以及网络暴力的泛滥。现在网络已经进入千家万户，要针对不同年龄段的网民进行网络素养的教育，特别注意从青少年开始提高他们的网络素养。使他们养成良好的上网习惯和使用规范的网络语言，在学校内开设网络道德教育的讲座，说明网络行为一样要承担社会责任。在加强打击网络犯罪行为的同时要做好宣传工作，使网民充分意识到自己在网络环境下不当行为的后果。

（此调研报告由研究生李欣负责调查并执笔）

后　记

　　2002 年 8 月，方兴东将博客引入中国，但前三年"养在深闺人未识"，开博者多为 IT 界人士及互联网先驱者，直到 2005 年才"走下神坛"、"飞入寻常百姓家"，其标志就是名人博客的兴起和草根博客的广泛普及。2006 年中国迎来"博客元年"，正是从这时开始，我将媒介传播的研究视角转向了互联网中的博客与播客，并由此掀开了我近三年系列学术选题的诞生：《互联网博客与播客产生的原因及发展态势研究》、《互联网新媒体传播方式的新变革》和《对互联网及博客管理与引导研究》。

　　我对博客传播现象的认识经历了三个发展阶段：2004 年博客渐热之时，我是很反对甚至是讨厌的，那时仅仅是一个普通受众视角的感情冲动；随着对博客了解的增多和深入，到 2005 年初博客热遍全国时，我已坦然接受，并于 3 月 8 日也赶时髦地以匿名开了博；2006 年下半年，随着博客的迅速降温，我也随之清醒和理智了许多，这时便开始以研究者视角观照、审视起博客。正是出于对博客现象的好奇与兴趣、出于传媒研究者的使命与责任，我和我的同事们作为一个团队一起申报了天津市"十一五"社科研究规划课题和天津师范大学引进人才基金项目，幸运的是最终都得到批准和经费支持。

　　与传统媒介的传播及交流方式相比，博客是个崭新的传播现象和方式，作为新生事物，必然有其兴起与发展的深刻背景和充足理由，即所谓"存在即合理"。但博客是一把双刃剑，它给人际传播与交流带来惊喜、便捷和奇迹之时也的确产生了一系列的纠纷和侵权，甚至危及了人际的和谐和社会的稳定。在这种情况下，普通博客或一般受众可以等闲视之，但有责任和使命感的传媒研究者是决不会袖手旁观、任其发展的，特别是对我这样一个有血性、易冲动的人来说，更是深感责任之重大。我觉得，一个传媒研究者关注传播理论、传播历史固然重要，但如何使理论结合现实，特别是使理论指导传媒实践更为重要。传媒研究不能总停留在"空中楼阁"这个理论层面上，关注理论和历史不是目的只是过程，最终目的是指向传媒现实或实践，是要实实在在地"落到地上"的。我还觉得，传媒学术研究也要讲究时效性，要与时俱进地关注传统媒体和新媒体，特别是互联网与百姓生活联系紧密的传媒现实问题，其中博客就属于当下最突出的问题。

　　本书是 2006 年天津市"十一五"社会科学研究规划课题和 2006 年度天津师范大学引进人才基金项目的研究成果的主要呈现，全书共分十三章，从博客形态与形式和博客功能与特征入手，对博客传播的自然属性、生存发展和生态环境等三个方面进行了系统化的分析与论证。其中，最有亮点和创新的是第三、六、十、十一、十二章。第三章"博客理论与应用"，将传播学"把关人"、"议程设置"、"沉默的螺旋"和"意见领袖"等四种基本理论引入其中，提升了博客传播的理论深度，为博客寻找到了更为深厚的理论根基；第六章"博客草根与名人"，较为深入地研究了草根博客向名人博客的演变以及名人博客的心理动机、兴衰原因和繁荣假象，在此基础上提出了名人博客开博与写博的基本原则；第十章"博客纠纷与侵权"，先"以案说法"谈国内

外博客侵权的危害，然而分析三类典型侵权案例，最后指出规避
博客纠纷的主要管理方法；第十一章"博客匿名与实名"，从博
客实名制的提出背景和利弊分析入手，深入剖析博客实名制所面
临的尴尬困境，提出了四点切实可行的实施原则，同时也展望了
博客实名制的现实意义和美好前景；第十二章"博客伦理与道
德"，揭露了各类博客的丑陋众生相，并对博客的角色失误和道
德背离进行了深刻的分析与批判，阐发了博客的道德要求与
策略。

当然，本人也十分清楚，同其他所有学术研究一样，这本书
的成果也是站在前人的肩膀上面完成的。目前，我所见到的国内
关于博客的专著共有四本：方兴东、王俊秀著《博客：E 时代的
盗火者》，顺风、吴祐昕著《顺风新博客论——互联网 2.0 新思
维》，谢渊明编著的《你也成为博客高手》和我为博狂著的《打
造你的金牌博客》，它们的国外观照、技术分析以及经典案例都
给我以深刻启迪和帮助，还有近百篇博客研究的相关论文也让我
受益匪浅，同时几十位博友的浓缩式点评也开阔了我的思路，因
此更要感谢这些不知名的朋友们。

我还要感谢我学术研究的强大后盾——天津师范大学新闻传
播学院的领导及同事们，是他们的无私奉献和全方位支持使这本
书能够得以顺利出版。

我还要感谢我的爱人和女儿，她们在生活上无微不至的关怀
和持续不断的鼓励让我信心倍增，特别今年刚上大学的女儿出于
对博客的热爱和兴趣，提出了诸如"80 后博客"、"博客粉丝"
等一些对立性意见和善意提醒，对我的研究来说更是有益的参考
和借鉴。

我还要感谢我的几位硕士研究生的基础性调研和书名措词的
启发性建议。

　　正是上述无数人的帮助与支持,这部专著才得以顺利完成,从这个意义上说,它应是集体力量与智慧的结晶。这本书的出版给了我更大的信心,也为今后的学术研究"壮了胆"、"垫了底"。我会在前人铺就和众人搀扶的传媒学术研究大道上执著前行、永不停歇!

赵雅文

2008 年 1 月 10 日